Von Haifa bis Havanna

Von Haifa bis Havanna

Mit Frankfurter Groundhoppern rund um den Globus

Ingo Braun

TROLSEN

Trolsen communicate! 2010

ISBN 978-3-9812649-7-5

Sämtliche Fotos von Ingo Braun.

TROLSEN communicate!
Johann-Rist-Kehre 30
25451 Quickborn
Deutschland
www.trolsen.de

Wir bei Trolsen bemühen uns um eine konservativ-zurückhaltende Umsetzung der diversen Rechtschreibreformen, die die deutsche Sprache in den letzten Jahren heimgesucht haben. In Zweifelsfällen ziehen wir den „Wahrig“ heran.

Inhalt

Ich widme dieses Buch Willi und Gaff – ruhet in Frieden.

Vorwort

Das Schicksal nimmt seinen Lauf

Was ist eigentlich Groundhopping?

Aus dem Englischen übersetzt heißt es in etwa „Stadionhüpfen“. Was der Sache schon recht nahe kommt. Erklärtes Ziel eines Groundhoppers ist es, so viele Fußballspiele wie möglich in so vielen unterschiedlichen Stadien und Ländern wie möglich zu sehen.

Die Interessen sind dabei breit gefächert. Da gibt es beispielsweise Groundhopper, die weder auf die sportliche Bedeutung noch auf die Atmosphäre der von ihnen besuchten Spiele Wert legen und sich sogar an Partien à la Holzbein Kiel gegen den SV Süderbrarup erfreuen können. Andere wiederum möchten unbedingt die renommierten Topclubs wie Real Madrid, AC Milan oder Manchester United sehen.

Für wieder andere ist der sportliche Hintergrund nur zweitrangig, und sie wollen Spiele mit möglichst fanatischem Publikum erleben. Diese Hopper finden ihr Glück jenseits des Äquators; in Südamerika. Oder in den meist sportlich unattraktiveren Ligen Südosteuropas.

Was mich betrifft, so bin ich bei der Auswahl meiner Ziele nicht immer ganz so konsequent und lasse mich von Lust und Laune leiten. Im Prinzip konnte ich mich schon immer für alles begeistern – vor allem aber für die Begegnungen, die vielleicht nicht Hunderttausende vor den Bildschirm locken, dafür aber Zehntausende ins Stadion.

Aber wie wird man zum Groundhopper? Erst einmal natürlich durch den Hang zum Fußball. Das klingt nach einer plausiblen Erklärung, warum Hopper nach Spanien oder Brasilien reisen. Aber reicht das Interesse am Fußball wirklich als Erklärung für einen Besuch solch erfolgreicher Fußballnationen wie San Marino oder Papua-Neuguinea aus? Vermutlich nicht. Fernweh, Abenteuerlust und ein besonders ausgeprägter Reisedrang sind weitere gewichtige Faktoren, die den Hopper immer wieder aufs Neue in die Fremde locken.

In der katholischen Herz-Jesu-Klinik in Fulda erblickte ich 1978 das Licht der Welt. Aufgewachsen bin ich in einer benachbarten 2.000-Seelen-Gemeinde in der Hessischen Rhön. Das beschauliche Örtchen Oberaschenbach, in dem ich mit meiner Familie lebte, zählte sogar nur etwas über 70 Einwohner.

Wir lebten umringt von Bauernhöfen, obwohl meine Eltern keine Landwirte waren. Was damals noch die große Ausnahme war. Inzwischen gibt es auch in Oberaschenbach nur noch wenige Bauernhöfe.

Vor der Wiedervereinigung waren wir das letzte Bollwerk des nichtsozialistischen Westens, denn von unserem Ortsschild bis zu den innerdeutschen Grenzanlagen waren es nur knapp zwei Kilometer. Ich wuchs sozusagen am Arsch der Welt auf, aber wenigstens auf der goldenen Seite des Eisernen Vorhangs.

Mittlerweile leben in Oberaschenbach nur noch um die 40 Menschen, darunter meine Eltern und mein Bruder. Die Landflucht der Jugend ist eben nicht nur ein Problem Ostdeutschlands.

Wenn man in so einer wertkonservativen Region aufwächst, ist der weitere Lebensweg durch die Umgebung schon fast vorherbestimmt. Schule, Ausbildung, Job, Familie gründen und ein Haus bauen. Sicherlich alles sehr ehrenwerte Ziele, aber damit muss man ja nicht gleich nach der Schule anfangen. Daher stammt wohl mein Fernweh, denn ich hatte erstmal andere Pläne für mein Leben. Ich träumte von der großen weiten Welt und war begeistert von der Vorstellung, fremde Länder zu bereisen, die ich nur aus Fernsehreportagen und Büchern kannte.

Die Reiselust habe ich vermutlich von meinem Vater geerbt. Der Apfel fällt bekanntlich nicht weit vom Stamm. Mein Vater wurde selbst erst richtig sesshaft, als er meine Mutter traf, heiratete und Kinder in die Welt setzte. Doch kaum waren meine Geschwister und ich erwachsen genug, um unsere eigenen Wege zu gehen, kauften sich meine Eltern ein Wohnmobil. Damit reisen sie auch heute noch in ihrer Freizeit quer durch Europa.

Wie die meisten Jungs, so interessierte auch ich mich schon früh für Fußball. Mein damaliges Idol war Diego Maradona. Als Achtjähriger drückte ich im WM-Finale 1986 deswegen Argentinien die Daumen. Asche auf mein Haupt. Aber was war schon ein Lothar Matthäus gegen einen Diego Maradona?

Ich träumte davon, so spielen zu können wie „El Diez". Allerdings war ich alles andere als talentiert und kam über ein paar Einsätze als Verteidiger in den Jugendmannschaften unseres Dorfvereins, des 1. FC Nüsttal, nicht hinaus. Unser Vereinslogo sah fast so aus wie das des großen „Glubb" aus Franken, nur dass unsere Farben blau-weiß waren. Mangels Veranlagung zum Weltfußballer gab ich meine aktive Karriere schon bald wieder auf und konzentrierte mich fortan auf andere Dinge.

Im Idealfall werden Jungs zum ersten Mal von ihrem Vater mit ins Stadion genommen. Meiner machte sich aber überhaupt nichts aus Fußball und schaute höchstens mal ein Länderspiel im Fernsehen an. Meine Onkels dagegen waren zwar fußballinteressiert, hielten aber leider zu Bayern München und zum HSV. Ins Stadion fuhren die glücklicherweise nie; hätten sie mich mitgenommen, hätte ich vermutlich einen ganz anderen Werdegang hingelegt.

Zum Fußball fand ich erst zurück, als mich ein paar Freunde mit ins Frankfurter Waldstadion nahmen. Ich war sofort angetan von dem Geschehen auf dem Platz. Noch viel mehr faszinierte mich jedoch das Verhalten der Zuschauer, die Gesänge aus dem G-Block, die Fans mit ihren Kutten (Ultras gab es da noch nicht), eben das ganze Drumherum, das man nur im Stadion erlebt. Das war fortan meine Welt und sollte meinen Lebensweg entscheidend beeinflussen. Es trieb seine Blüten sogar soweit, dass ich zum Ende meiner Schulzeit während der einwöchigen schriftlichen Abschlussprüfung den prüfungsfreien Mittwoch nutzte, um mit dem Sonderzug zum Auswärtsspiel der Eintracht nach Zwickau zu fahren. Die Prüfung am nächsten Tag trat ich etwas unausgeschlafen an, aber auf dieses Spiel hätte ich beim besten Willen nicht verzichten können. Schließlich ging es bei der Eintracht um den Wiederaufstieg in die 1. Bundesliga, und da setzte ich seinerzeit die Prioritäten ziemlich deutlich.

Von Groundhopping hatte ich zu dem Zeitpunkt noch nie etwas gehört. In einem Fanmagazin der Eintracht las ich dann zum ersten Mal über dieses außergewöhnliche Hobby. Als Fußballfan verfolgte ich natürlich die Geschicke der großen europäischen Clubs wie beispielsweise Real Madrid oder Liverpool FC, aber was waren das, bitte schön, für Typen, die sich für die vierte englische Liga oder für den Tabellenletzten der holländischen Ehrendivision interessierten? Und wo zum Teufel liegen die Färöer Inseln?

Heute kann ich über so viel Ahnungslosigkeit nur lächeln.

Wann ich das erste Mal selbst „hoppen" war, weiß ich gar nicht so recht. Schließlich wacht man nicht eines Morgens auf, entschließt sich, Groundhopper zu werden, und sucht sich dann das nächstbeste Ziel aus.

Es muss wohl so gewesen sein: Irgendwann kam jemand aus meinem heimischem Eintracht-Freundeskreis auf die Idee, man könnte mit dem Wochenendticket der Deutschen Bahn zu Spielen des FSV Frankfurt, Waldhof Mannheim oder auch Rot-Weiß Erfurt fahren; halt zu irgendwelchen Partien, die wir aus unserer Ecke gut erreichen konnten. Das Wochenendticket war Ende der Neunziger tatsächlich auch für das ganze Wochenende gültig, und so nutzten wir nach den Auswärtsfahrten mit der Eintracht das Ticket zur Weiterfahrt für unser neues Hobby.

So richtig exzessiv wurde es bei mir mit dem Fußball abseits der Eintracht erst während meines Grundwehrdienstes, denn Wehrdienstleistende konnten unter bestimmten Voraussetzungen sehr günstig mit der Bahn fahren. Und weil fast alle meine Kameraden aus den neuen Bundesländern kamen, verbrachte ich die Freizeit neben der

Eintracht nun beim Fußball in Magdeburg, in Dresden, in Leipzig oder sonstwo in Ostdeutschland.

Nach meinem Grundwehrdienst suchte ich mir einen Ausbildungsplatz und zog im September 1999 in meine neue Wahlheimat Frankfurt am Main. Das hatte den Vorteil, dass ich nun näher am Waldstadion wohnte und viele neue Leute kennenlernte – darunter auch gleichgesinnte Fußballfans, mit denen sich in Sachen Groundhopping völlig neue Möglichkeiten eröffneten. Die Nähe zum Rhein-Main-Airport und dem Billigfliegerdrehkreuz Hahn tat ihr Übriges dazu.

Nun lagen die Reiseziele quer über den Kontinent verteilt, und Europa wurde eine Art zweites Wohnzimmer für mich. Es hatte durchaus etwas Verführerisches, meine Wochenenden in Metropolen wie London, Mailand, Rom oder Prag zu verbringen.

Groundhopping führte mich allerdings auch regelmäßig in die weniger interessanten Orte dieses Kontinents: Die Kehrseite der Medaille hieß dann Vaasa, Dravograd oder Milton Keynes. Oder Hani Hotit. Schlag einfach mal im Atlas nach.

Doch auch diese Orte haben ihren ganz eigenen Reiz, und sei es nur, weil sie die Heimat des letzten Grounds sind, der einem in der jeweiligen Liga noch fehlt.

Früher oder später war Europa auch nicht mehr genug, und die Welt rief. Fußball wird eben nicht nur vor der Wohnzimmertür gespielt. New York, Kairo, Buenos Aires oder auch Beirut. Alles im Namen des runden Leders.

Als fußballverrückt würde ich mich deswegen selbst nicht bezeichnen. Diesen Status reserviere ich für Jungs wie meinen Arbeitskollegen Christian: Der inhaliert förmlich den *Kicker*, kennt jedes Ergebnis aus den großen Ligen vom letzten Wochenende und zählt regelmäßig die spektakulärsten Spielzüge der Top-Spiele auf – er ist ein wandelndes Lexikon, was das Fußballspiel an sich angeht.

Für mich steht beim Groundhopping nicht das sportliche Ereignis allein im Vordergrund. Es ist vielmehr die gesunde Mischung aus

Begeisterung für das runde Leder und der Lust auf Abenteuer, die ich so mag. Wenn nur die sportliche Qualität des Spiels maßgeblich wäre, würden Groundhopper Ländern wie Malta, Usbekistan oder Honduras vermutlich nie einen Besuch abstatten.

Inzwischen habe ich Fußballspiele in dutzenden Ländern und annähernd tausend Stadien besucht, Tendenz steigend. Ich war auf allen Erdteilen unterwegs. Bis auf Australien. Aber diesen Kontinent kann man fußballerisch auch vernachlässigen. Was nicht heißen soll, dass ich dort nicht auch hin will.

Sicherlich gibt es Hopper, die mehr Länder bereist und mehr erlebt haben. Aber pfeif drauf! Denn ich mache das doch nicht, weil ich andere damit beeindrucken will, sondern weil es mir Spaß macht.

Ein altes Sprichwort sagt: „Wenn einer eine Reise tut, dann kann er was erleben“. Und dabei kann auch so einiges schiefgehen.

In den nachfolgenden Kapiteln kannst du selbst lesen, was meine Freunde und ich auf unseren Trips durch die internationale Fußballlandschaft so erlebt haben.

Wenn du Spaß an den Geschichten hattest und deine Reiselust geweckt wurde, hock dich an den PC, lade dir den Spielplan deiner Lieblingsliga runter, setze dich ins Auto, in den Flieger, den Bus oder die Bahn und mach dich auf den Weg. Du wirst es bestimmt nicht bereuen. Aber immer dran denken: Nicht immer alles so verbissen sehen und hin und wieder auch mal über sich selbst lachen. Der Spaß und die Lust am Abenteuer sollten im Vordergrund stehen, nicht das „Kreuzle machen“.

Kapitel 1

Derby Time

Belgrad im November 2001

Die Frankfurter Eintracht war mal wieder in die 2. Bundesliga abgestiegen, und das DSF bescherte uns Eintrachtfans mit den Montagsspielen viele lange Wochenenden, an denen wir uns anderswo austoben konnten.

Mein Kumpel Thorsten ist einige Jahre älter als die meisten anderen Frankfurter Hopper. Mit seinem 1,96 Meter und seinen seinerzeit annähernd 150 Kilo Kampfgewicht war er eine imposante Erscheinung, war aber mehr als sanfter Riese bekannt. Er hat zwar selten ein glückliches Händchen, wenn es um die Auswahl stimmungsmäßig attraktiver Fußballspiele geht, aber er ist ein überaus gemütlicher Typ Mensch, mit dem man sich einfach gut verstehen muss. Für ihn ist meist nur wichtig, dass er ein Stadion besuchen kann, in dem er zuvor noch nicht war. Und wenn dabei noch die landestypische Küche ausgiebig genossen wird, umso besser.

Wirklich wichtig sind für ihn nur Eintracht Frankfurt und die TSG Wörsdorf, sein heimischer Amateurverein, der es sogar bis in die Oberliga Hessen schaffte. Umso verwunderlicher war es da, dass Thorsten Mitfahrer für eine Tour zum Stadtderby in Belgrad suchte. Billigflieger gab es damals noch nicht – wir durchquerten halb Europa mit dem Auto. Simon, Gonzales und ich waren natürlich hellauf begeistert von Thorstens Plänen und sagten sofort zu.

Simon ist auch Groundhopper und war meist mit dem Interrail-Ticket der Bahn quer durch Europa unterwegs. Später beschränkte er sich jedoch mehr auf exklusivere Touren mit der deutschen Nationalmannschaft oder tourte durch Südamerika. Simon ist ein durchaus lustiger und vor allem trinkfester Zeitgenosse. Sobald man ihn auf eine x-beliebige Stadt in Europa ansprach, begann er seine Schilderung mit: „Oh, da kenne ich eine Spitzen-Kneipe!“ Dieser harmlos klingende Satz hatte uns schon in so manche verkeimte Spelunke geführt.

Auch Gonzales ist ein Fall für sich. Chronisch knapp bei Kasse, war er trotzdem überall dabei. In Argentinien verwurzelt, aber im tiefsten Hintertaunus beheimatet, gehört er sicherlich zu den sympathischsten – aber auch verwirrtesten – Typen, die in der Eintracht-Fanszene zugange sind.

Thorsten wollte zusammen mit Marco vorab, unter der Woche, das UEFA-Cup-Spiel zwischen Marila Pribram und PAOK Saloniki sowie die Partie in der Champions League zwischen Sparta Prag und Bayern München sehen. Denn neben der SGE und der TSG Wörsdorf ist Thorsten auch noch ein großer Freund des tschechischen Fußballs.

Marco dagegen ist Fan von Rot-Weiss Essen und war bei uns wegen seiner Heimatstadt besser als der Bottr(h)opper bekannt. Im Gegensatz zu den meisten Zuschauern an der Essener Hafenstraße trug er weder Vokuhila-Matte noch eine nassrasierte Glatze. Mit seinen friseur-gepflegten glatten langen Haaren wollte er nicht ganz in das Klischee passen, das wir Hessen von den Bewohnern des Ruhrgebietes hatten.

Damals studierte Marco noch Sport und Geographie auf Lehramt an der Ruhr-Uni in Bochum. Das klang in meinen Ohren nach dem idealen Studiengang für einen Groundhopper.

Persönlich hatte ich mit Hoppern von anderen Vereinen als der Eintracht anfangs nur selten Kontakt, geschweige denn, dass ich Touren zusammen mit ihnen unternahm. Es war für mich einfach undenkbar, tagelang mit Leuten unterwegs zu sein, die im Bundesligaalltag einen anderen Club als die Eintracht unterstützten. Aus demselben Grund konnte ich beispielsweise auch Oliver Kahn bei der Nationalmannschaft nie wirklich bejubeln. Als gegnerischen Torwart bei unseren Spielen gegen die Bayern hasste ich ihn einfach viel zu sehr. Das war nichts Persönliches – aber auch einer der Gründe, warum ich die von mir besuchten Länderspiele der Deutschen Nationalelf an beiden Händen abzählen kann. In Sachen Fußball war ich manchmal etwas engstirnig.

Marco aber war ein durchweg angenehmer Zeitgenosse und Fußballfan von ganzem Herzen. Er begeisterte sich wirklich für jedes Fußballspiel, stand selbst für den Kreisligisten Fortuna Bottrop zwischen den Pfosten und schreckte beim Hoppen sogar vor Besuchen von Spielen der niederländischen D-Jugend nicht zurück.

Mit Thorsten und Marco hatten wir abgesprochen, dass sie uns drei nach ihrem Tschechien-Ausflug am Donnerstagabend in meiner WG in der Frankfurter Innenstadt einsammeln würden. Frankfurt lag zwar von Prag aus gesehen nicht wirklich auf dem Weg nach Belgrad, aber von uns konnte keiner schon während der Woche freimachen und die beiden auf ihrer Aperitif-Tour begleiten – und Thorsten und Marco wiederum wollten nicht auf ihren Trip verzichten.

Normalerweise fanden in meiner gemischten WG regelmäßig legendäre Partys statt, doch ein Großteil meiner Mitbewohner stammte aus dem Osten der Republik, und an diesem Donnerstag hatten sich viele der Jungs und Mädels schon vorzeitig ins Wochenende verabschiedet. Es herrschte triste Leere in der ansonsten so belebten Bude. Daher zogen wir es vor, nicht in der WG auf die beiden Europapokalfahrer zu warten, sondern ein oder zwei Bier in unserem damaligen UF-Stammlokal „Gaslicht" in Alt-Sachsenhausen zu trinken. Das Frankfurter Kneipenviertel ist zwar ziemlich runtergekommen, aber das „Gaslicht" war der ideale Ort, um nach einem Heimspiel der Eintracht mit 200 Leuten eine geniale Party nach der anderen zu feiern. Doch der Laden war heute Abend genauso leer wie meine WG. Außer uns dreien waren nur noch ein Eintrachtfan namens Trendy-Andy und die Bedienung Steffie anwesend. Da die Hütte ausnahmsweise mal nicht zum Bersten gefüllt war, konnte man erst jetzt richtig erkennen, wie schäbig die Pinte eigentlich war. Der beste Beweis, dass eine *Location* erst von ihren Gästen zum Leben erweckt wird. Eigentlich fast so wie im Stadion, wo erst die Fans den nackten Betonstufen Leben einhauchten und dem Spiel seinen wahren Charakter verliehen.

Simon führte zu der Zeit eine angeblich rein platonische Beziehung zu Steffie. Zumindest war es in seinen Augen eine rein platonische Angelegenheit, denn Steffie war weniger angetan von Simons andauernder Zurückhaltung, wenn es sich um gewisse körperliche Vergnügungen drehte. Vermutlich verstand sie einfach nur Simons Logik der perfekten Beziehung nicht, die in etwa lautete: Eine Kellnerin als Freundin bedeutet günstiges Bier und einen billigen Schlafplatz in Sachsenhausen. Der Rest interessierte ihn nicht weiter.

Solch einen ereignislosen Abend mussten wir uns schöntrinken, und so ersann Trendy-Andy ein Trinkspiel. Ich hatte keine große Zeit, über die Regeln dieses Würfelspiels nachzudenken, aber wir mussten dabei jede Menge Schnaps trinken. Erinnern kann ich mich nur noch an einen Schnaps, der „Krabbel die Wand nuff“ hieß – irgendein mit Tabasco gemischter Klarer, der höllisch in der Kehle brannte.

Ich weiß nicht, wie spät es war, als wir uns wieder auf den Weg zurück zur WG machten, aber in jedem Fall futterten wir vorher noch eine türkische Pizza mit extra viel Knoblauch und Zwiebeln. Als Thorsten und Marco nach ihrem langen Ritt in Frankfurt eintrafen, zeigten sie sich angesichts der drei zusteigenden stinkenden Alkoholleichen sichtlich begeistert. Die beiden hatten wahrscheinlich gehofft, nach der Rückfahrt aus Prag einen Fahrerwechsel machen zu können, aber nun mussten sie auch noch bis zu unserem ersten Etappenziel Budapest fahren. Während wir auf der Rückbank unseren Rausch ausschliefen, hielten sich die beiden tapfer, und zehn Stunden später erreichten wir in den Morgenstunden die ungarische Hauptstadt.

Die Hinterbank war mittlerweile wieder einigermaßen nüchtern, und nach Simons Logik war das ein Grund, endlich mal wieder ein Bier zu trinken. Ohne mich! Von einem Konterbier hielt ich rein gar nichts. Meine ausgetrocknete Kehle schrie nach sprudelndem Mineralwasser, und der Pelz auf der Zunge wollte meiner Zahnbürste Guten Tag sagen. Simon war da schmerzfreier. Außerdem kannte er ein chinesisches Spitzenlokal unweit des Budapester Hauptbahnhofs, das er uns unbedingt zeigen wollte.

Unser Plan sah vor, die restliche Strecke nach Belgrad mit dem Nachtzug zurückzulegen. Doch Thorsten hatte ein wenig Angst um seinen Mazda 626. Vermutlich hatte selbst die osteuropäische Autoschiebermafia genug Anstand, um die Finger von seiner alten Klapperkiste zu lassen, doch sicher ist sicher. Also stellten wir Thorstens Kiste gegen ein kleines Entgelt auf einem bewachten Hotelparkplatz in der Nähe des Hauptbahnhofs ab und machten uns dann auf den Weg, uns Tickets für die Weiterfahrt nach Belgrad und zurück zu besorgen.

Das gestaltete sich jedoch gar nicht so einfach – beim Ticketkauf fühlten wir uns in die dunkelste Ostblockzeit zurückversetzt. Englisch sprach von den älteren Damen hinterm Schalter keine einzige, und wir waren als Kunden scheinbar alles andere als erwünscht. Mit Hand und Fuß erklärten wir einer mürrischen Babuschka in Uniform unser Anliegen. Nach langem Hin und Her ließ sie sich dazu herab, uns Fahrkarten auszustellen, die zuvor mit gefühlten tausenden von Stempeln versehen wurden. Ganz so, wie es sich für eine staatliche Eisenbahn gehört.

Budapest ist ohne Frage eine der sehenswertesten Hauptstädte Osteuropas, in die wir später auch noch regelmäßig zurückkehrten. An diesem Tag aber stand uns der Sinn nicht nach Kultur, denn Simon war in seinem Element und hatte zur Kneipentour gerufen. Bars und Restaurants gab es in der Stadt zuhauf, aber Simon kannte natürlich wieder eine „Spitzen-Kneipe“. Und selbstverständlich präsentierte er uns auch seinen „Spitzen-Chinesen“! Ganz großes Kino! Im Land des Szegediner Gulasch erfreute sich Simon an Katz’ und Hund in süß-saurer Soße.

Auf einer anderen Tour lockte er uns in ein mieses Budapester Nachtlokal, in dem das Bier nach Spülmittel schmeckte. Jeder ließ die ungenießbare Plörre stehen, nur Simon störte der ekelhafte Nachgeschmack wenig und leerte sein Glas bis zum letzten Tropfen – was seine Vorstellung von „Spitzen-Kneipen“ vielleicht etwas ins rechte Licht setzt.

Die Planung der meisten Touren lief ungefähr gleich: Wir suchten uns ein Hauptspiel raus, in diesem Fall das Duell zwischen Roter Stern und Partizan, und bastelten darum herum weitere meist sportlich weniger attraktivere Spiele zusammen. Je nachdem, was der Spielplan hergab und ansatzweise auf dem Weg lag. Das Internetzeitalter hat die Planung der Touren über die Jahre hinweg natürlich stark vereinfacht. Es gibt heute kaum noch eine Liga, deren Anstoßzeiten sich nicht auf der Verbandsseite oder dem Internetauftritt eines Sportwettenanbieters finden.

Am frühen Abend erwartete uns im Megyeri úti Stadion mit dem Erstligaspiel zwischen Újpest Budapest und Györi ETO das erste Spiel der Tour. Das war alles andere als ein Topspiel der ungarischen Liga, doch war es das einzige zeitlich machbare in der Region. Sportlich hatte ich mir dementsprechend nicht allzu viel erhofft. Die einheimische Ultragruppe „Ultra Viola Bulldogs“ hatte einen passablen Ruf über die Landesgrenzen hinaus, sofern man damaligen Fanmagazinen wie „Match Live“ Glauben schenken durfte.

Das Stadion war gerade erst modernisiert worden und wirkte mit seinen glänzenden, lila-weißen Sitzschalen wie ein Fremdkörper in der ansonsten recht heruntergekommenen Gegend, in der meist nur die für Osteuropa typischen Plattenbauten zu sehen waren. Vielleicht war das auch Budapest nobelstes Wohnviertel, aber ich würde mir hier trotzdem keinen Zweitwohnsitz zulegen wollen. Die Masse der Fans hatte sich auf der Hintertortribüne eingefunden, nur eine zwanzigköpfige Schar haarloser Jugendlicher trieb auf der Haupttribüne ihr Unwesen. Eine besonders einfallsreiche oder lautstarke Show lieferten die Újpest-Anhänger nicht ab, und aus Györ war erst gar niemand zu sehen.

Es gab Spiele, da wünschte ich mir, die 90 Minuten würden nie vorbeigehen. Dieses Spiel gehörte jedoch zu der Kategorie, bei der ich nach gefühlten 90 Minuten auf die Uhr sah und feststellen musste, dass erst 20 Minuten gespielt waren. Ich hasste diese Art von Kicks, bei denen weder auf dem Rasen noch auf den Rängen großartig etwas passierte. Eine ziemlich langweilige, fast einschläfernde Angelegenheit. Eben die Schattenseite des Groundhoppings. Na ja. Schließlich kann nicht jedes Spiel ein Knaller sein.

Wir waren fast erleichtert, als Simon uns nach dem Spiel in die nächste Bahnhofsspelunke führte, in der wir die Zeit bis zur Abfahrt des Nachtzuges verbrachten.

Die ungarische Staatsbahn nutzte wie viele Ostblockstaaten die abgenutzten Waggons und Triebwagen der ehemaligen Reichsbahn der DDR. Wir konnten ein eigenes Abteil in dem Museumsstück ergattern, und wenn das Interieur auch veraltet wirkte, war es doch irgendwie gemütlicher als die steril wirkenden Züge der Deutschen Bahn. Außerdem hatten wir die nötige Bettschwere längst erreicht, und nichts sollte uns daran hindern, ins Land der Träume zu entschwinden. Abgesehen von der Lärmbelästigung. Damit meine ich nicht zwangsläufig das Gerüttel des Zuges. Fünf Kerle in einem Abteil, da kann sich jeder ungefähr vorstellen, wie viele Wälder dort drinnen umgesägt wurden. Verschärfend hinzu kam noch der liebliche Duft Thorstens gefürchteter Käsefüße, die den übermüdeten Insassen den Rest gaben. Da war Schlafen nichts anderes als reiner Selbstschutz.

Die ungarischen und jugoslawischen Grenzsoldaten hielten leider wenig von unserem Plan, bis nach Belgrad durchzuschlafen. Den

Ungarn genügte es zwar, dass uns der Schaffner aus dem Tiefschlaf riss und die Pässe zur Ausreisekontrolle mitnahm. Die Jugoslawen ließen es sich jedoch nicht nehmen, selbst nachzusehen, welche Deutschen da in ihre Heimat einreisen wollten. Zu zweit stiefelten die Uniformierten durch den Zug und rissen die Tür zu unserem Abteil auf. Während der eine großkotzig an seiner MP rumbastelte, leuchtete uns der andere mit seiner Taschenlampe in die schlaftrunkenen Gesichter. Da die Soldaten des Englischen nicht mächtig waren und wir kein Wort Serbisch sprachen, knurrten die Uniformierten nur ein knappes „Passport".

Von vorherigen Trips wussten wir, dass Grenzsoldaten auf dem Balkan bei deutschen Reisenden gerne mal nach einem Obolus verlangten, um ihren geringen Sold aufzubessern. Aber an unseren Transitvisa war sehr zum Leidwesen der Grenzer nichts zu beanstanden, und so konnten wir wenigstens die letzten Stunden bis Belgrad ohne Störungen verbringen.

Das Visum musste man sich im Vorfeld im jugoslawischen Konsulat in Frankfurt besorgen. Im Jahr 2001 bezeichnete sich unser Zielgebiet noch offiziell als „Bundesrepublik Jugoslawien". Die Nation bestand nach den Bürgerkriegswirren faktisch nur noch aus Serbien und Montenegro. Daher nannte man sich kurze Zeit später auch so, bis auch dieser Staatenbund sich in die Unabhängigkeit der beiden Republiken auflöste. Um an das Visum zu kommen, musste man ein Einladungsschreiben eines staatlichen Hotels vorzeigen. Wir verfuhren so, wie wir es danach auch bei der Visabeschaffung für andere Länder handhabten: Man reservierte eines der teuren staatlichen Hotels, ließ sich von der Hotelverwaltung ein Einladungsschreiben vorlegen und beantragte damit das Visum. Sobald das Visum erteilt war, stornierten wir die Reservierung wieder und suchten uns eine günstigere Bleibe.

Etwas zerknittert erreichten wir in den frühen Stunden eines kalten Herbstmorgens die jugoslawische Hauptstadt. Belgrad wirkte ziemlich trist und machte keinen besonders einladenden Eindruck auf mich. Inzwischen wurde wie in den anderen Metropolen des ehemaligen Jugoslawiens viel Geld in die Sanierung und den Aufbau der Infrastruktur gesteckt. Belgrad präsentiert sich heutzutage als eine junge aktive Stadt mit wichtigen kulturellen Veranstaltungen und einem erlebenswerten Nachtleben. Doch so kurz nach dem Bürgerkrieg schienen die Stadt und ihre Einwohner noch völlig ihrer Lethargie ergeben.

Der Geruch von Braunkohle lag in der Luft, und es stank nach Autoabgasen der überall knatternden Ladas. Die Häuser waren grau in grau gehalten, und der leichte Nieselregen tat sein Übriges zum Erscheinungsbild dazu. Die größten Zerstörungen an den Gebäuden waren zwar inzwischen beseitigt, aber vor allem im ehemaligen Botschaftsviertel standen etliche zerbombte Häuserfassaden am Straßenrand. Die Folgen des Bürgerkriegs waren der Stadt vielleicht nicht überall anzusehen, doch man konnte sie deutlich spüren.

Marco und Thorsten waren erst vor ein paar Monaten, anlässlich einer Länderspieltour auf dem Balkan, in Belgrad gewesen und kannten, na klar, eine Spitzen-Kneipe. Wenig später wurde uns dort „Jelen Pivo“ und Cevapcici zum Frühstück serviert. Allerdings nur für Simon und den Bottr(h)opper, denn selbst Thorsten war es um 8 Uhr morgens noch zu früh für solche Delikatessen. Gonzales und ich begnügten uns mit Tee und Kaffee, um erst mal wieder wach zu werden.

Praktischerweise liegen die Stadien von Roter Stern und Partizan fast nebeneinander und waren vom Hauptbahnhof zu Fuß in einer knappen halben Stunde erreichbar. Zur Mittagszeit herrschte vor dem Ground bereits emsige Geschäftigkeit. Für 15 DM sicherten wir uns bei den zahlreichen fliegenden Händlern Tickets für die relativ neutrale Haupttribüne. Das Derby sorgte regelmäßig für viel internationales Aufsehen, da es auch schon mal vorkam, dass das Spiel nach fünf Minuten aufgrund von Krawallen wieder abgepfiffen wurde. Da war es ratsam, nicht zwischen die verfeindeten Lager zu geraten.

Vor dem abendlichen Derby bot sich uns nachmittags die Gelegenheit einer Visite der Erstligapartie zwischen dem Belgrader Club FK Čukarički und Mladost Lucani. Im gleichnamigen Stadion kostete das Ticket für die Tribüne nur umgerechnet 2 DM, und wir stellten fest, dass das Interesse der Einheimischen am Fußball abseits der beiden Topclubs nicht sonderlich groß war. Ins Stadionrund verirrten sich nur knapp 500 Zuschauer, darunter auch 30 Jugendliche, die ihr Team mit Fahnen und bengalischen Fackeln anfeuerten. Trotz der sehr engagierten Unterstützung seiner Fans musste sich der FK Čukarički mit 0-1 geschlagen geben. Der Kick stieß bei Teilen unserer Reisegruppe nur auf mäßige Begeisterung. Es war halt die typische Art von Spiel, das man auf dem Weg zu etwas Größerem mitnahm. Umso gespannter waren wir auf den Abend.

In Serbien ist es nicht unüblich, dass das Stadion den Namen des Clubs trägt, aber das Stadion von Roter Stern wird im Volksmund nur „Marakana“ genannt. Das geschieht in Anlehnung an den brasilianischen Fußballtempel „Maracanã“ in Rio de Janeiro, denn auch das serbische Pendant hatte früher ein Fassungsvermögen von 100.000 Plätzen. Heute finden nur noch 55.000 Menschen Platz im Stadion, doch selbst die Stadtderbies sind selten ausverkauft.

Am Marakana war die Stimmung schon am Kochen. Polizei und Militär waren in voller Kampfmontur zahlreich aufmarschiert und wirkten etwas hektisch.

Die Anhänger von Partizan nennen sich „Grobari“, was zu Deutsch „Totengräber“ heißt. Ein ziemlich martialisch klingender Name, der ursprünglich wohl den schwarz-weißen Vereinsfarben Partizans und einem in der Nähe des Grounds befindlichen Friedhof geschuldet war. Inzwischen gehen aber auch einige Tote in Folge der regelmäßigen Ausschreitungen rund um die Spiele von Partizan direkt auf das Konto der Totengräber. Die „Grobari“ marschierten geschlossen vom Partizan-Stadion zum Marakana, und die Sicherheitskräfte wollten auf jeden Fall ein Aufeinandertreffen mit den „Delije" verhindern. Delije ist die Bezeichnung für die Anhänger von Roter Stern und heißt übersetzt „Die Mutigen".

Wir ließen uns von dem Treiben nicht beirren und suchten den Eingang zu unserer Tribüne. Simon hatte irgendwie keine Lust auf Suchen, spazierte in einen x-beliebigen Eingang und wurde erst nach dem Abpfiff von uns wiedergefunden.

Auf der Haupttribüne lief uns dafür Dragan in die Arme, der wie Simon zur Frankfurter Ultragruppe „Binding Szene" zählte.

Das ist auch so eine Sache, die ich am Hoppen liebe: Egal, an welchem noch so entlegenen Ort du dich befindest, es besteht immer die Wahrscheinlichkeit, dass du bei diesem Hobby einem Bekannten über den Weg läufst. Dragan war gerade zu Besuch bei Verwandten und nutzte die Gelegenheit, um zusammen mit seinem Onkel Partizan die Daumen zu drücken. Zudem versorgte er uns mit jeder Menge Insiderwissen über das Spiel und riet uns, nach dem Abpfiff der Innenstadt fern zu bleiben, da es dort möglicherweise Ärger zwischen den verfeindeten Anhängern geben könnte.

Von unseren Plätzen hatten wir ideale Sicht auf die beiden Fankurven und beobachteten interessiert, was auf den Rängen los war. Die Grobari standen verteilt in der Gästekurve, kurz vor dem Anstoß jedoch ging ein Pfiff durch die Menge, und alle Partizan-Anhänger sammelten sich geschlossen hinter dem Tor, um ihr Team gemeinsam anzufeuern.

Die „Belgrade Ultra' Boys" von Roter Stern begrüßten ihre Mannschaft beim Einlaufen zum 117. Stadtderby mit hunderten rot-weiß-gelber Fahnen und dutzenden bengalischer Fackeln. Beide Fankurven standen mit dem Anpfiff nicht mehr still und sangen ihren Favoriten nach vorne. Immer wieder wurde das Stadion durch bengalische Fackeln erleuchtet, und die Fans schwenkten unermüdlich ihre Fahnen.

Dragans Onkel drehte sich lachend zu mir um, und ich signalisierte ihm mit einem Daumen nach oben, dass ich das Spiel super fand. Darüber war er sichtlich glücklich.

Die Atmosphäre im Stadion war phänomenal, nur das Geschehen auf dem Rasen war eher ermüdend: Dem Spiel fehlten ein paar Tore, die den Hexenkessel richtig zum Kochen gebracht hätten.

Sportlich war die jugoslawische Liga leider kein Highlight, was daran lag, dass kein Club seine Stars halten konnte und diese schon bald in Italien, Deutschland oder sonstwo spielten. Der Liga fehlten zudem die sportlich attraktiven Begegnungen mit den anderen Spitzenvereinen aus dem ehemaligen Jugoslawien. Vor dem Bürgerkrieg trafen die Belgrader Vereine noch auf namhafte Gegner wie Hajduk Split, Dinamo Zagreb, Velez Mostar oder Vardar Skopje. Den ehemaligen Kontrahenten geht es in deren eigenen Ligen ähnlich, da auch dort die traditionellen Topmannschaften und Gegner von früher fehlen. Zwar gab es gelegentlich Überlegungen, wieder eine gemeinsame Liga mit den alten Clubs zu gründen, aber dieses Vorhaben scheiterte bereits im Vorfeld an Sicherheitsbedenken.

Trotz des torlosen Unentschiedens war dieses Derby ein echtes Erlebnis: Solch eine Intensität bei der akustischen Unterstützung der Mannschaft durch die Fans kannten wir aus deutschen Stadien nicht. Sicherlich war der Lautstärkepegel noch nach oben offen, aber ohne Tore explodieren nur die wenigsten Hexenkessel.

Im heimischen Waldstadion war die Stimmung zwar auch super, aber doch eher einseitig, da wir über kein Derby mit einem gleichwertigen Gegner verfügten.

Nach dem Abpfiff wurden die Sicherheitskräfte außerhalb des Stadions wieder ziemlich hektisch. In der stockdunklen Nacht wollten wir nicht versehentlich zwischen die Fronten geraten, und so zogen wir uns in die nächstgelegene Gaststätte zurück. Außer uns tummelten sich in dem rustikal eingerichteten Wirtshaus nur bärtige alte Männer, die mit ihren Fellmützen aussahen, als hätten sie noch als Partisanen gegen die deutschen Besatzer gekämpft. Genau so hatte ich mir immer die typischen Tito-Partisanen vorgestellt. Die würzigen Cevapcici und das kühle Bier waren trotzdem nicht zu verachten, und die alten

Herren beließen es bei ein paar missgünstigen Blicken in Richtung unseres Tisches.

Der wenige Schlaf und die Bierchen zwischendrin forderten irgendwann ihren Tribut, und wir sehnten uns nach unserem eigenen Abteil im Nachtzug zurück nach Budapest. Ein Bett im Hotel wäre zwar bequemer gewesen, aber mit dem Nachtzug sparten wir uns die Kohle für die Übernachtung. Als Azubi hatte ich meist ein sehr kleines Reisebudget. Gonzales und dem Bottr(h)opper ging es da ähnlich, und Simon war eh immer alles egal, solange es was zu trinken gab. Nur Thorsten war nicht immer ganz so begeistert von diesen Übernachtungsmethoden, schließlich fungierte er meist als Fahrer und musste die Meute sicher nach Hause bringen.

Die Kontrollen an der jugoslawisch-ungarischen Grenze störten unseren Schlaf zwar genauso wie auf dem Hinweg, doch waren sie nicht ganz so nervig. Die jugoslawischen Grenzer zeigten kein gesteigertes Interesse mehr an uns, und die Ungarn waren so entspannt wie bei der Ausreise.

Das monotone Geratter des Zuges wiegte mich nach der Kontrolle schnell wieder ins Land der Träume, und im Schlaf erlebte ich das Derby zwischen Roter Stern und Partizan erneut. Erst die Lautsprecherdurchsagen auf dem Budapester Ostbahnhof Keleti pályaudvar holten mich aus dem Tiefschlaf zurück.

Viel Zeit zum Frischmachen oder frühstücken blieb jedoch nicht. Thorsten rief uns zur Eile, denn es war bereits wieder Zeit für Fußball, dieses Mal in Tschechien. Am Vormittag stand das Drittligaspiel zwischen dem FC Kyjov und den Gästen von Slavia Kromeriz auf dem Plan, welches die Gastgeber 2-0 für sich entscheiden konnten. Das gehörte nicht unbedingt zu der Art von Spielen, die mich sonderlich interessierten – ich redete sie mir im typischen Groundhopperstil mit Phrasen wie „Das lag auf dem Weg!“ oder „Wenn man schon mal da ist...“ schön. Mein Gladbacher Hopperfreund Frank pflegte solche Kicks immer mit den Worten „Weiß gar nicht, was du hast, ist immerhin ein europäischer Drittligist!“ zu kommentieren.

Ein anderer oft gehörter Hopperslogan lautet: „Hoppen ist kein Wunschkonzert“. Wer sich solchen Blödsinn ausgedacht hat, gehört gesteinigt! Einer der Gründe, warum ich später bevorzugt alleine auf Tour ging: Da konnte ich wenigstens selbst bestimmen, welche Grottenkicks ich meinen Augen antat.

Gonzales und Simon waren angesichts der Spielauswahl mindestens genauso gelangweilt, Thorsten und der Bottr(h)opper jedoch waren voll bei der Sache. Aber die beiden konnten sich auch für alles begeistern, Hauptsache, der Ball rollte.

Wenigstens war das örtliche VMG-Stadion gelegentlich Austragungsort von Länderspielen der tschechischen Juniorennationalmannschaft und dementsprechend mit einer Sitzplatztribüne verhältnismäßig gut ausgebaut. Mehr ist mir davon nicht in Erinnerung geblieben, wie so oft bei unterklassigen Spielen in Tschechien.

Am Nachmittag war Erstligafußball in Uherské Hradiště angesagt. Der Ort liegt im südöstlichen Teil der Tschechischen Republik, und der denkmalgeschützte, historische Stadtkern ist über die Landesgrenzen hinaus bekannt. Für derlei touristische Nebensächlichkeiten hatten wir aber keine Zeit, denn in der „Gambrinus Liga“ trafen der Lokalmatador FC Synot und der FC Hradec Králové aufeinander. Es war eine der letzten Gelegenheiten, um der Spielstätte „Na Siruch“ einen Besuch abzustatten: Der FC Synot ließ ein neues Stadion bauen.

Zuschauermäßig war in Tschechien abseits von Banik Ostrau, Sparta und Slavia Prag meist wenig los. Das Land war bei uns aus anderen Gründen beliebt: Tschechien konnte wegen der günstigen Eintrittspreise, des ehrlichen Fußballs, der gepflegten Sportanlagen und vor allem wegen des günstigen Pivo und Klobaza – Bier und Paprikawurst – punkten. Thorsten schaffte es bei einer späteren Tour sogar, an einem Tag unglaubliche zehn Stück dieser extrem fetthaltigen Grillwürste zu verschlingen. Die Legende der „Zehn auf einen Streich“ machte schnell die Runde in der Hopperszene und rief etliche Nachahmer auf den Plan. Ich war meist nach einem Fettschlauch schon bedient und versuchte es erst gar nicht. Hin und wieder schaffte mal jemand fünf oder sechs Stück, und mir ist zu Ohren gekommen, dass ein Chemnitzer sogar mal acht Stück geschafft hat. Aber niemand konnte Thorstens Bestmarke erreichen. Ein Rekord für die Ewigkeit, der nach einem Eintrag ins Guiness-Buch der Rekorde schreit.

Heute war leider Alkoholverbot im Stadion, was nicht bei jedem Mitreisenden besonders gut ankam. Wenigstens kam mit den „Cigaro“-Würstchen eine einheimische Spezialität auf den Grill. Obwohl das tschechische Fußballoberhaus den Sponsorennamen einer großen Brauerei trug, wurde das köstliche Pivo zunehmend aus den Stadien der ersten Liga verbannt und durch die alkoholfreie Variante ersetzt. Für manche Hopper war dies durchaus ein Grund, der Gambrinus-Liga fernzubleiben und auf die unteren Ligen auszuweichen. Simon war da ebenso konsequent und verließ das Stadion schon mal während des laufenden Spiels, um sich in der nächsten Kneipe etwas Flüssignahrung zu organisieren.

Zur Halbzeit stand es 1-0 für den Gastgeber. Den 2-0-Endstand in der 90. Minute erzielte ein gewisser Lubomir Blaha, ein Talent, das der eigenen Jugend entstammte. Der Stürmer schoss in der Hinrunde in vierzehn Einsätzen sechs Tore und wechselte mit dieser Empfehlung in der Winterpause zum Rekordmeister Sparta Prag, konnte dort aber nicht an seine Erfolge anknüpfen.

Diese Schicksal ist bezeichnend für viele junge Fußballer, die den Errungenschaften des modernen Fußballs erliegen: Ein Spieler wird in der Jugend aufgebaut und spielt im Anschluss recht erfolgreich in der eigenen Profimannschaft. Nach den ersten Erfolgen lockt der Rekordmeister mit einem deutlich höher dotierten Vertrag und der möglichen sportlichen Perspektive. In der mit Topspielern gespickten Mannschaft ist der junge Spieler dem Druck nicht gewachsen und schafft den Durchbruch nicht. Die nächsten zwei Spieljahre landet er auf der Bank oder der Tribüne und findet danach nie mehr zu seiner alten Form zurück.

Was wäre wohl aus Lubomir Blaha geworden, wenn er noch ein oder zwei Jahre bei seinem alten Verein geblieben wäre? Auch in der Bundesliga finden sich dazu regelmäßig Beispiele, die da heißen Sebastian Deisler, Jan Schlaudraff oder Tobias Rau.

Für uns ging mit dem Abpfiff der Partie die Tour dem Ende entgegen. Auf dem Rückweg nach Deutschland legten wir am tschechisch-deutschen Grenzübergang noch den obligatorischen Stop auf einem der Asia-Märkte ein. Dort konnte man von den meist vietnamesischen Händlern alle möglichen gefälschten Designer-Klamotten, Tabak, Alkohol und vieles mehr kaufen. Thorsten schmuggelte jedoch regelmäßig ganz andere Produkte in die Heimat: Für seine Mutter und ihre Freundinnen musste er tonnenweise Backoblaten mitbringen. In den anschließend stattfindenden Backorgien wurden diese Oblaten von den Damen in leckere Plätzchen und Kuchen verwandelt, die gelegentlich auch den Weg zum Sportplatz der TSG Wörsdorf fanden und dort den hungrigen Besuchern zum Kaffee kredenzt wurden.

Irgendwann in der späten Sonntagnacht waren wir wieder zurück in Frankfurt. Ein anstrengendes, aber lustiges Wochenende mit einem geilen Derby ging zu Ende. Und am Montagabend stand mit dem Zweitligaspiel zwischen der Eintracht und dem VfL Bochum auch schon wieder das geliebte Pflichtprogramm auf der Tagesordnung.

Kapitel 2

Bayer Neverkusen

Champions-League-Finale im Mai 2002

Im Frühjahr 2002 hatte ich meine Ausbildung erfolgreich abgeschlossen. Allerdings stand zu dem Zeitpunkt schon fest, dass ich im Herbst mein Studium beginnen würde. Das hieß, wieder weniger Geld zur Verfügung zu haben und beim Hoppen einen Schritt kürzer zu treten. Da erschien es mir nur sinnvoll, die Zeit, in der ich volles Gehalt bezog, zu nutzen, um mir ein paar interessante Spiele zu gönnen.

Bayer Leverkusen war in der Saison 2001/2002 auf dem Weg zum Dreifach-Erfolg der verspielten Pokale und Meisterschaften. Nachdem bereits das DFB-Pokalfinale und der Endspurt um die Deutsche Meisterschaft verloren wurden, stand das Champions-League-Finale in Glasgow gegen Real Madrid noch aus.

Deutsche Fußballfans haben die irrige Angewohnheit, im Europapokal auch anderen deutschen Teams die Daumen zu drücken. Ich nicht! Warum sollte ich zu einer anderen deutschen Mannschaft halten? Wegen der UEFA-Fünfjahreswertung und der damit verbundenen Aufstockung der Europapokalplätze? Es ist zwar nicht unmöglich, aber doch unwahrscheinlich, dass die Eintracht davon profitieren würde.

Außerdem hieß der deutsche Finalteilnehmer Bayer Leverkusen. Der Club hat nicht sonderlich viele eigene Fans und gilt bei den meisten Anhängern anderer Vereine als unbeliebt. In Frankfurt war Leverkusen aus mindestens zwei Gründen nicht gerne gesehen: Noch bevor man an Wolfsburg oder Hoffenheim dachte, war Leverkusen das Aushängeschild der fortschreitenden Kommerzialisierung des Fußballsports, denn ohne den Chemiegiganten Bayer im Hintergrund hätte sich dieser Club niemals im Profifußball halten können. Zudem verband die Fans aus Leverkusen eine Art Freundschaft mit den in Frankfurt noch weniger beliebten Anhängern der Kickers aus Offenbach. Leverkusen war mir also herzlich egal, aber es war eine super Gelegenheit, um günstig an Karten für ein Champions-League-Finale zu kommen.

Thorsten kümmerte sich um die Organisation, und außer mir waren noch Simon – unser Kneipen-Experte von der Belgrad-Tour –, Frank und Stefan mit von der Partie.

Frank ist Fan von Borussia Mönchengladbach, aber verschiedene Vereinszugehörigkeiten wurden bei uns meist nur zum Spaß ein Problem. Frank war ein Verfechter des Mottos „Support your Local", worunter Briten wahlweise die Unterstützung des lokalen Fußballvereins, aber auch des nächstgelegenen Pubs in der Nachbarschaft verstehen. Daher führte ihn sein Weg auch regelmäßig zu den Kicks seines örtlichen Clubs Hassia Bingen oder in seine Stammkneipe, die der Rheinhesse gerne als „Gary Glitter Bar" anpries. Leider kam ich nie in den Genuss eines Besuches dieser Spelunke und werde wohl immer rätseln, ob es sich dabei um eine Trinkerkneipe handelte, aus deren Jukebox den ganzen Tag Glam-Rock dröhnte, oder ob es der örtliche Puff war.

Stefan ist auch so ein Sonderfall der Frankfurter Szene: Für ihn gab es so viele abschätzige Spitznamen, dass wir uns irgendwann auf „Hannoveraner" einigten. Er hatte nämlich eine Zeitlang die unsinnige Angewohnheit, sich von allen Vereinen, bei denen er als Hopper zu Besuch war, eine Wollmütze zu kaufen, und so lief er eine Weile mit einer Mütze von Hannover 96 herum. Zu seinem Glück passierte dies zu einem Zeitpunkt, als es zwischen den Ultras in Hannover und Frankfurt noch keine Berührungspunkte gab. Aufgrund des allmählichen Linksrucks in der Frankfurter Ultraszene stieg die Hannoveraner

Szene in Frankfurt zeitweilig zum Feindbild Nr. 1 auf: Bei einem Auswärtsspiel im Niedersachsenstadion war der gesamte Gästeblock mit Aufklebern und Graffiti beschmiert, auf denen in Italienisch zu lesen war: „Scheiß Ultras Frankfurt. Nur Türken, Zigeuner und Juden." Und diese Schweinerei stieß in Frankfurt mächtig sauer auf.

Seinen Spitznamen hat unser „Hannoveraner" trotzdem behalten.

Das Endspiel der Champions League war für Mittwoch angesetzt. Drumherum ließen sich noch ein paar andere Spiele auf der Insel finden, und so starteten wir bereits am Freitag vom Billigfliegerdrehkreuz Hahn nach Glasgow-Prestwick. Frank und Simon waren nach dem einstündigen Flug dermaßen ausgetrocknet, dass sie direkt nach der Landung in den Flughafen-Pub stürmten und sich ihr erstes Pint in den Hals schütteten.

Thorsten stellte sich wie so oft als Fahrer des Mietwagens zur Verfügung, aber ähnlich wie bei Fußballpartien, so hatte er auch bei der Auswahl der Fahrzeuge nie ein wirklich glückliches Händchen: Zu fünft quetschten wir uns in einen mickrigen Toyota, obwohl wir für nur ein paar Euro mehr ein deutlich größeres Auto hätten bekommen können. Mit solchen Aktionen sorgte er immer wieder für Kopfschütteln.

Sein Tankverhalten rief auf einer anderen Tour ebenso viel Unverständnis hervor.

„Thorsten, warum tankst du eigentlich immer an der Autobahn? Da ist das Benzin doch viel teurer."

„Ich tanke so oft, da macht das nix mehr aus."

Ja, genau. So haben wir auch gegrübelt.

Ein anderes Mal behauptete er mit einer schier unglaublichen Entschlossenheit, dass die sardische Provinzstadt Cagliari auf Sizilien liegen würde. Er hielt so energisch an dieser Fehleinschätzung fest, dass seine Mitmenschen bereits an seinem Verstand zu zweifeln begannen.

Sein Kleidungsstil war ebenso umwerfend. Er trug in den kühleren Monaten immer einen ausgewaschenen Baumwollzipper in orange-rosa-gelb kariertem Muster. Eine modische Todsünde, derentwegen Thorsten etliche dumme Sprüche über sich ergehen lassen musste. Doch meist stand er über den Dingen und ließ sich nur selten aus der Reserve locken. Nur einmal erlebte ich, wie Thorsten die Contenance verlor: Wir besuchten die Leverkusener BayArena, um den tschechischen Meister Banik Ostrau in der Champions League zu unterstützen. Ein zehnjähriger Junge stolperte mit seinen Pommes Frites und schmierte unabsichtlich etwas Ketchup an Thorstens liebstes Kleidungsstück. Daraufhin schnappte Thorsten sich den Ärmel des Kindes, um damit unter wüsten Beschimpfungen den Ketchup wieder abzuwischen. Der kleine Junge brach sofort in Tränen aus und suchte das Weite. Vermutlich wird der Bube in seinem Leben noch einige Stunden auf einer roten Couch verbringen müssen, um dieses grauenhafte Erlebnis vollends aufzuarbeiten.

Fußball sollte erst am Samstag in England gespielt werden, und so stand für den Tourauftakt ein Besuch des „Home of Football“-Museum im englischen Ambleside an. Das Museum entpuppte sich als durchaus sehenswert. Vor allem wegen des freien Eintritts und der zahlreich ausgestellten Aufnahmen aus britischen Fußballstadien. Es war jedoch nicht vergleichbar mit dem „National Football Museum“ in der nordenglischen Kleinstadt Preston. Das Museum dort gehört zum Stadionkomplex von Preston North End FC, des ersten englischen Meisters. Ausgestellt ist dort die gesamte Geschichte des „Beautiful Game“ von den Anfängen bis zur Gegenwart. Vor allem dem WM-Finale von 1966 und dem 5-1-Auswärtssieg der englischen Nationalelf in München 2001 wird, irgendwie wenig überraschend, sehr viel Bedeutung beigemessen. Es wurden aber auch alte Filmaufnahmen aus den Siebzigern gezeigt, wo man Aufnahmen des Kop von Liverpool oder des Shed von Chelsea sehen konnte. Als ich mir diese alten Filmaufnahmen ansah, wurde ich schon etwas melancholisch. Stehplätze, Fahnenmeere, andauernde Fangesänge. All das gibt es heutzutage im Mutterland des Fußballs nicht mehr, und die modernen Stadien wirken ziemlich steril.

Die Nacht verbrachten wir in Preston, und wie in allen größeren britischen Ortschaften bot sich hier ein belebter Stadtkern mit jeder Menge Bars und Pubs. Simon und ich mussten uns alleine unseren Weg durch das Nachtleben bahnen, da die anderen Herren ein wenig erschöpft waren. Leider riefen die traditionellen Pubs gegen 23 Uhr die „Last Order" aus und machten kurz danach dicht. Die Sperrstunde ist ein Überbleibsel aus den Zeiten des 1. Weltkrieges, als die Regierung verhindern wollte, dass die Fabrikarbeiter zu tief ins Glas schauten und nicht mehr arbeitstauglich waren. Die „Last Order" gab den Besuchern des Pubs noch die Möglichkeit eines schnellen letzten Pints. Danach bekam man nur noch in den Clubs etwas zu trinken. Inzwischen wurde die Sperrstunde gelockert, und die Pubs dürfen länger öffnen, aber 2002 war für uns um Punkt 23 Uhr Schluss.

Wir versuchten noch Einlass in einen Club zu erhaschen, doch erhielten wir von den Türstehern immer die gleiche deprimierende Antwort: „Sorry, no entry". In unseren Sneakern hatten wir keine Aussicht auf Erfolg, in einen der belebten Läden zu gelangen. Schließlich wurden wir in einem abseits gelegenen Rockschuppen noch fündig und tobten uns beim Dark Wave mit der „Harry-Potter-Fraktion" aus, wie Simon die Anhänger der Gothic-Szene scherzhaft bezeichnete.

Zu später Stunde meldet sich nach einer durchzechten Nacht meist auch der Magen wieder, und dank Simons Empfehlung hatte ich zum ersten Mal Kontakt mit indischem Fast Food. Diese dreieckigen Teigtaschen nannten sich Samosa und waren gefüllt mit Hackfleisch, Zwiebeln und Erbsen. Das Zeug wurde in eine höllisch scharfe Chili-Soße getunkt und brannte dermaßen, dass man danach gleich wieder das nächste Pint ordern konnte. Die britische Ess- und Trinkkultur hatte mich als Schüler immer abgeschreckt, aber inzwischen fand ich mehr und mehr Gefallen an Pommes mit Essig und Salz, deftig gefüllten Pies oder an dem *überaus kalorien- und fettarmen* English Breakfast. Die Briten wissen, was zu einem anständigen Frühstück gehört, und so wurden uns zum morgendlichen Kater Bohnen, Würstchen, Speck, Spiegeleier und Blutwurst aufgetischt. Das Ganze wurde mit einer braunen Essigsoße veredelt, die der Einfachheit halber nur „Brown Sauce" genannt wurde.

Nach dem Frühstück zog es Frank und mich ins Old Trafford nach Manchester, während Thorsten und der Rest zu den Bolton Wanderers wollten. ManU hatte in dieser Saison Bayer Leverkusen wieder mal etwas voraus. Sie hatten Meisterschaft, Pokal und Champions League bereits vor Wochen verspielt.

Das Old Trafford war trotzdem ausverkauft, und sogar 3.000 Anhänger von Charlton Athletic waren zugegen. Das letzte Spiel der Saison ist bei den englischen Clubs etwas Besonderes. Es ist durchaus üblich, dass sich die Gästeanhänger zum letzten Auswärtsspiel der Saison wie beim Karneval verkleiden. Da werden die Tribünen schon mal von Captain America, schwarz angemalten Buschmännern in Baströckchen, Typen in Frauenkostümen und den Schlümpfen bevölkert.

Zu dem Zeitpunkt war die Ticketbeschaffung für die Premier League noch nicht ganz so kompliziert wie ein paar Jahre später, und so saßen auch wir auf den Rängen des „Theatre of Dreams". Eigentlich bin ich mehr ein Freund der altehrwürdigen Stadien, aber dieser Fußballtempel ist eine Klasse für sich. Alleine der Fanshop ist so groß wie ein durchschnittlicher deutscher Supermarkt.

Der englische Fußball gefällt mir persönlich sehr gut, auch wenn die Top-Vereine wie ManU oder Arsenal sportlich eher einen kontinentalen Stil pflegen. Die Schiedsrichter lassen viele Aktionen laufen, die in anderen europäischen Ligen längst abgepfiffen worden wären. Dadurch gibt es entsprechend weniger Unterbrechungen, was dem Spielfluss ein konstant hohes Tempo verleiht. Auch das heutige Duell gegen den Südlondoner Club fand auf technisch hohem Niveau statt, doch gab es leider kein Tor zu bejubeln.

Den ursprünglichen „Kick and Rush"-Fußball konnte man ab der zweiten Liga wieder finden: Zwanzig Feldspieler warten im Mittelkreis auf den Abschlag und versuchen, mit roher Gewalt den Ball in Richtung des gegnerischen Tors zu treten. Ein herrliches Bild.

Stimmungsmäßig begeisterte mich der englische Fußball allerdings weniger. In unseren Breitengraden wurde die Stimmung in den englischen Stadien überall glorifiziert, meist von Menschen, die in ihrem Leben noch nie ein Match live auf den Rängen verfolgt hatten. Die Wirklichkeit sah jedoch ganz anders aus.

Nach der Katastrophe während des FA-Cup-Halbfinales im Sheffielder Hillsborough-Stadion am 15. April 1989, bei der 96 Liverpool-Anhänger ums Leben kamen und hunderte Zuschauer verletzt wurden, begann der Zusammenbruch der traditionellen englischen Strukturen. Die Stadien der alten First Division wurden im Zuge des sogenannten Taylor-Reports in reine Sitzplatzstadien verwandelt, und damit stiegen natürlich auch die Eintrittspreise. Dies führte wiederum dazu, dass die traditionell für Stimmung sorgende jüngere Klientel weitgehend von den Tribünen verschwand.

Natürlich gibt es noch Partien, bei denen Leben in der Bude herrscht, beispielsweise beim Derby zwischen Newcastle United und dem Sunderland AFC, oder wenn Sheffield United auf den Lokalrivalen Sheffield Wednesday trifft. Dann erhitzen sich die Gemüter auf dem Rasen und den Rängen. Aber das waren leider Ausnahmen und nicht der Regelfall.

Die weltweit beachteten Duelle zwischen Liverpool und ManU oder Chelsea und Arsenal sorgen zwar für Begeisterung vor den Bildschirmen, doch auf den Rängen herrscht eine eher triste Atmosphäre.

Im Highbury-Stadion von Arsenal London war es so still wie in einer Bücherei, darum auch der Spitzname „Highbury the Library". Meine einzige Erinnerung an diese Traditionsstätte war das Klappern der alten Holzsitze, wenn die Zuschauer bei einer Torchance aufsprangen.

Die Leute zahlen 200 Pfund und mehr auf dem Schwarzmarkt, um einmal ManU gegen Liverpool live sehen zu können, und erhalten dafür eine Stimmung wie auf dem Friedhof. Bei vielen der großen Clubs konnte man zunehmend den Eindruck gewinnen, es finden sich mehr Touristen auf den Rängen als Supporter. Die echten Fans können sich kaum noch die Tickets leisten, und wer sich doch eines leisten kann, sieht sich mit dutzenden Verboten und massiver Kameraüberwachung konfrontiert. In Großbritannien kann man für jeden Mist eine Strafanzeige und ein lebenslanges Stadionverbot bekommen. Rauchen auf der Tribüne – Stadionverbot. Stehen im Block – Stadionverbot. Lautes Fluchen – Stadionverbot. Unter diesen extremen Einschränkungen leidet selbstverständlich auch die Stimmung – und in meinen Augen somit das großartigste Erlebnis eines Stadionbesuchs.

Auch im Old Trafford ließ die Atmosphäre heute zu wünschen übrig. Laut wurde es nur bei der Bekanntgabe der Vertragsverlängerung von David Beckham. Sein zukünftiges Gehalt würde 100.000 Pfund pro Woche betragen. Das waren im Mai 2002 immerhin 150.000 Euro – Dimensionen, bei denen die Bundesliga selbst in den kühnsten Träumen des DFL-Vorstandes niemals würde mithalten können.

Thorsten sammelte uns auf dem Rückweg aus Bolton wieder auf, und wir checkten im „Embassie Hostel" in Liverpool ein, das uns für die nächsten Tage als Quartier dienen sollte. Hostels sind zwar nur bessere Jugendherbergen und gerade in Großbritannien nicht unbedingt die saubersten Unterkünfte, aber sie sind meist günstig, und man lernt viele lustige Leute kennen. Liverpools Nachtleben gilt sowieso als legendär, daher war es der passende Ort für unser Hauptquartier.

Auf dieser Tour war ich zum ersten Mal in der Stadt, doch ich kam danach noch etliche Male wieder. Hier konnte man jeden Tag eine Party steigen lassen. Selbst am Wochenanfang lockten viele Pubs, und zwar mit dem „Blue Monday“: Dann kostete das Pint Lager nur 79 Pence! In der Innenstadt gab es jede Menge coole Pubs und Clubs, in denen man sich richtig wohlfühlen konnte. Die Anzahl von Music-Pubs, in denen auch Beatles-Coverbands auftraten, war enorm hoch. Bemerkenswert war auch immer wieder der sehr hohe Frauenanteil – und besonders die Trinkfestigkeit der englischen Ladies. Selten habe ich Mädels gesehen, die sich so schamlos die Birne zukippen, dass sie sich sogar mit den Türstehern prügeln wollen.

Vor allem der Kleidungsstil junger und auch älterer britischer Frauen sorgt beim männlichen Geschlecht für ordentliche Testosteronschübe. Egal, ob Sommer oder tiefster Winter, die Mädels tragen immer High Heels und extrem kurze Röcke. Dabei ist es vollkommen egal, ob sie 16 oder 56 Jahre alt sind oder ob sie Kleidergröße 32 oder 46 tragen. Ein herrlicher Anblick. Wie sang die Band *Dimple Minds* schon in den Achtzigern? „Im Suff sind alle Frauen schön!“ Kein Wunder, dass Großbritannien die Statistik der jüngsten Mütter anführt.

Die Engländer sind schon ein irres Volk, aber liebenswert. Immer ganz auf die Etikette bedacht, aber wehe, der Alkohol kommt ins Spiel, dann geht es rund.

Der Sonntag führte uns zurück nach Schottland, da in England die Saison zu Ende gespielt war. Der Motherwell Football Club traf heute in der schottischen Premier League auf Dundee United. Der Fir Park ist ein All-Seater, der für knapp 14.000 Zuschauer ausgelegt ist. Außer uns wollten das noch knapp 7.000 weitere Zuschauer sehen, denn auch in der schottischen Liga waren alle sportlichen Entscheidungen längst gefallen.

Celtic war mit überragenden 18 Punkten Vorsprung Meister vor den Rangers geworden, und die beiden heutigen Kontrahenten hatten den Klassenerhalt bereits lange zuvor klargemacht.

Dundee United war immerhin 1983 zum letzten Mal Meister geworden, aber Motherwell kam jedoch schon 1932 zu seinen ersten – und einzigen – Meisterehren. Die Vorherrschaft der Old Firm aus Glasgow war einfach zu stark, als dass sich ernstzunehmende sportliche Konkurrenz in Schottlands Liga entwickeln konnte. Dementsprechend niedrig waren die Zuschauerzahlen bei den übrigen Clubs. Der letzte Meistertitel, der nicht nach Glasgow ging, wurde 1985 vom Aberdeen FC unter Trainer Alex Ferguson geholt, der damals allerdings noch ohne Ritterschlag auskam.

Motherwell gewann das Spiel 2-1, und die Zuschauer stürmten zum Feiern auf das Feld. Nur hatte der Referee noch gar nicht abgepfiffen, und so ging es im selben Tempo zurück auf die Tribüne. Zum echten Abpfiff stürmten wieder alle auf den Rasen, vorbei an den völlig machtlosen Ordnern. Nachdem der Stadionsprecher die Fans aufforderte, wieder ihre Plätze einzunehmen, und versicherte, dass die Mannschaft sich noch mal zeigen würde, liefen wieder alle Zuschauer zurück auf die Tribünen. In dem Moment, als sich der erste Motherwell-Spieler auf dem Rasen zeigte, rannten wieder Hunderte in Richtung der Spielerkabinen. Ein nett anzusehendes Katz-und-Maus-Spiel.

Wir zogen es dagegen vor, schnellstmöglich wieder in Richtung Liverpool aufzubrechen; schließlich galt es noch ein paar Pubs vor der Sperrstunde zu besichtigen.

Ein Grund, warum die erwähnte Sperrstunde in den Pubs aufgehoben werden sollte, war die Tatsache, dass die Menschen sich den Gegebenheiten anpassten und einfach ihr Trinktempo deutlich erhöhten; ein Phänomen, das man auch als „Binge Drinking" bezeichnet. Punkt 23 Uhr werden die Massen aus den Lokalen auf die Gasse gekehrt, und wenn nur noch Betrunkene auf den Straßen unterwegs sind, ist Ärger vorprogrammiert. Zu den beliebtesten Hilfsgegenständen bei Kneipenschlägereien zählen Biergläser, die auf dem Kopf des Gegenübers zertrümmert werden und üble Schnittverletzungen zur Folge haben. Einige Pubs reagierten darauf, indem sie Getränke nur noch in Plastikkrügen ausschenkten, doch dadurch brach der komplette Umsatz zusammen. Daraufhin wurden Gläser mit einer Speziallegierung entwickelt, die beim Aufschlag nicht mehr zersplitterten und dementsprechend weniger Schaden anrichteten. Die Engländer haben schon eine komische Herangehensweise an ihre gesellschaftlichen Probleme. Wie gesagt, ein irres Volk.

Die Innenstadt von Liverpool machte mit den detailreich verzierten Fassaden der renovierten Hotels und den viktorianischen Gebäuden echt was her. Sobald man der Innenstadt den Rücken kehrte, zeigte Liverpool das traurige Gesicht einer vom wirtschaftlichen Niedergang gezeichneten Hafenstadt. Viele der Wohnsiedlungen bestanden aus den typisch englischen zweistöckigen Backsteinreihenhäusern. Doch die Fenster und Türen etlicher Gebäude waren mit Sperrholz verriegelt. Sogar ganze Straßenzüge standen zum Abriss bereit. Mieser sah es in Bukarest auch nicht aus. Um es nicht ganz so trist erscheinen zu lassen, hatte die Liverpooler Stadtverwaltung das Sperrholz bemalen lassen, damit es wenigstens aus der Entfernung so aussah, als ob die Häuser noch bewohnt wären. Keine Ahnung, warum man diese Baracken nicht einfach abgerissen hatte. Die stehen heute noch an Ort und Stelle.

Den spielfreien Montag nutzten Thorsten, Stefan und ich für einen Besuch des legendären Stadions an der Anfield Road und des Beatles-Museums an den Albert Docks. Simon und Frank waren ziemlich platt von den nächtlichen Alkoholexzessen und schliefen lieber aus, damit sie am Abend wieder fit für die nächste Pubtour waren. Natürlich saßen wir abends wieder zusammen in unserem *Local* und sahen uns im TV das Abschiedsspiel der Gunners-Legende Tony Adams zwischen Arsenal und Celtic an.

Am Dienstag fand das Freundschaftsspiel zwischen Wales und Deutschland statt, einer der letzten Tests vor der WM 2002 in Südkorea und Japan. Das 1999 eröffnete Millennium Stadium in Cardiff verfügt über ein verschließbares Dach und wurde dafür ähnlich wie die Schalker

Arena von den Fans als Turnhalle verspottet. Mir persönlich gefiel das Stadion nicht, da es mit seinen 74.500 Sitzplätzen für Fußballspiele überdimensioniert wirkte. Für ein Freundschaftsspiel kamen zwar beachtliche 50.000 Zuschauer ins walisische Nationalstadion, aber richtige Stimmung wollte während des Spiels nicht wirklich aufkommen.

Vor dem Stadion unterhielt ich mich mit ein paar bekannten Gesichtern aus der Fanszene von Holstein Kiel darüber, welche Leute so vor Ort waren. Bis sich ein ungepflegtes Speckgesicht zu uns gesellte und ungefragt ein „Hä, hä, die Offenbacher sind auch da!“ von sich gab. Ich hatte soeben Bekanntschaft mit dem Aushängeschild der Offenbacher Hopperszene, dem sogenannten „*OFC-Dummy*“, gemacht. Kein Wunder, dass die Offenbacher niemand ernst nehmen kann.

Die deutschen Länderspielfahrer zeigten sich heute nicht gerade supportwillig. Richtig peinlich wurde es, als irgendwelche Karlsruher versuchten, „Bomben auf Engeland“ anzustimmen. Da hatten die Waliser schon den besseren Chant parat: „Stand up if you hate England!“ Dabei sprang das gesamte Stadion von den Sitzen, und die Einheimischen ließen ihrer Abneigung gegen die englische Krone freien Lauf.

Für ein Freundschaftsspiel mag die Atmosphäre zwar okay gewesen sein, aber Länderspiele waren einfach nicht mein Ding und können mich bis heute nicht in Begeisterungsstürme versetzen.

Unsere Nationalmannschaft unterlag den schwachen Walisern mit 1-0 durch ein Tor des aus Sambia stammenden Cardiff-City-Stürmers Robert Earnshaw. Nach dieser enttäuschenden Vorstellung konnte man echt nicht erwarten, dass unsere Nationalelf bei der WM tatsächlich bis ins Finale vorstoßen würde.

Wir verabschiedeten uns derweil von den uns bekannten deutschen Länderspielfahrern und feierten unseren Abschied von Liverpool mit ein paar Pint Lager und Bacardi Breezern.

Ja, man könnte sagen, die britischen Pubs übten eine magnetisch wirkende Anziehungskraft auf uns aus. Ein Pub ist auch eine soziale

Institution, in dem sich Hinz und Kunz trifft, und nach einem Bier konnte man mit jedem ins Gespräch kommen. Außerdem strahlten die Pubs echte Gemütlichkeit aus: dicke Teppiche auf den Böden, Ledersofas und Polstersessel als Sitzgelegenheiten – und an der Theke eine breite Auswahl an lokalen Biersorten und Cider. Dass Briten ihr Ale lauwarm trinken, ist ein Gerücht aus der Vergangenheit. In vielen Pubs war an der Theke sogar eine Temperaturanzeige angebracht, an der man die aktuelle Trinktemperatur ablesen konnte, die meist zwischen 1 und 3 Grad Celsius lag.

Von anderen Deutschen, wohlgemerkt keineswegs Fußballfans, wurde ich oft gefragt, ob man als Deutscher nicht Probleme in England bekommen würde. Einige erzählten sogar Geschichten von gewalttätigen Übergriffen. In all den Jahren, in denen ich in Großbritannien unterwegs war, hatte ich nicht ein einziges Mal ernsthaften Ärger aufgrund meiner deutschen Herkunft. Natürlich bekamen Freunde und ich immer wieder mal ein „Fucking Kraut" zu hören, oder es ließ sich mal ein Verrückter zu einem Zucken im rechten Arm hinreißen, aber das war nie boshaft gemeint. Die Anzahl an spendierten Pints übersteigt die Anzahl von dummen Sprüchen deutlich. Die Tommies waren sogar begeistert, wenn man ihnen erzählte, dass man wegen des Fußballs auf ihrer Insel war. Natürlich sollte man dabei vermeiden, einem Villa-Fan zu erzählen, dass das eigene Herz für den Lokalrivalen Birmingham City schlägt.

England löste ein paar Jahre später Italien als mein Lieblingsreiseziel für Hoppingtouren ab. Zwar war die Stimmung in den Grounds aus den beschriebenen Gründen selten gut, aber der britische Way of Life übte eine zunehmende Faszination auf mich aus.

Stefan ging sogar noch einen Schritt weiter.

Er entwickelte sich zum absoluten England-Fanatiker und bekam nicht genug von der Insel. Er zog sogar mal für ein Jahr in den Ostlondoner Stadtteil Leyton und verdiente sich seinen Lebensunterhalt mit Toilettenputzen in einer McDonalds-Filiale. Völlig durchgeknallt.

Das alles nur, um noch mehr Fußballspiele in England sehen zu können.

Das Champions-League-Finale sollte mittwochs im schottischen Nationalstadion „Hampden Park“ in Glasgow über die Bühne gehen. Der Ground hatte nach diversen Umbauten ein Fassungsvermögen von 52.500 Sitzplätzen. Der offizielle Zuschauerrekord datiert vom 17. April 1937, als Schottland und England vor fast 150.000 Zuschauern aufeinandertrafen. Kurioserweise ist das Nationalstadion nicht Eigentum des Schottischen Fußballverbandes, sondern des Glasgower Traditionsvereins Queen’s Park.

Glasgow ist die Partymetropole Schottlands, ungefähr vergleichbar mit dem, was Liverpool für England und Cardiff für Wales waren. Die Pubs und Clubs in dieser Stadt waren ein Traum. Das Nachtleben zwischen England, Schottland und Wales unterscheidet sich nur wenig voneinander, höchstens, dass die Röcke der Mädels von Süden nach Norden immer kürzer werden, die Hüften dafür breiter und der Dialekt immer unverständlicher.

Sinnvollerweise hatte Thorsten schon Wochen vorher eine Bleibe in der Glasgower Innenstadt reserviert. Am Spieltag selbst hätte man wenig Chancen auf eine bezahlbare Unterkunft gehabt. An unserem Bed and Breakfast hatten wir uns mit Gaff vom EFC Griesheim verabredet, der nur für das Endspiel angereist war. Zusammen stimmten wir uns im nächsten Pub auf das Endspiel ein und belächelten die wenigen angereisten Leverkusener.

Vor dem Hampden Park war die Hölle los. Die Fans von Real Madrid und die fußballbegeisterten Schotten sorgten für echte Partystimmung. Glücklicherweise hatte mein Kumpel Schöö Kontakte nach Leverkusen und besorgte uns Tickets zum Originalpreis. Zwar waren 55 Euro für die billigste Kategorie immer noch verdammt viel Geld, aber auf dem Schwarzmarkt hätte man ein Vielfaches zahlen müssen. Einziger

Nachteil war, dass wir Karten für den Bereich der Bayerfans hatten. Unter den 5.000 Rheinländern entdeckten wir zahlreiche Hopper aller möglichen Vereine. Somit waren wir nicht die einzigen, die sich aus dem Bayer-Kartenkontingent bedient hatten. Aber war es unsere Schuld, dass Bayer Leverkusen seine Karten nicht anderweitig loswurde?

Die Madrilenen hatten mit rund 25.000 Anhängern klar die Überhand im Stadion, konnten aber keine Atmosphäre erzeugen, die einem Europapokalfinale würdig gewesen wäre. Die Spanier wurden zwar immer als heißblütige Südländer gepriesen, aber innerhalb des Stadions bekam man davon selten etwas mit. Von den berühmt-berüchtigten „Ultras Sur“ der Madrilenen war auch weit uns breit nichts zu sehen.

Von den Rheinländern erwarteten wir in Sachen akustische Unterstützung überhaupt nichts. Wir sollten auch nicht eines Besseren belehrt werden. Für Unterhaltung sorgten lediglich zwei Schotten, die nackt über den Rasen flitzten, und Zinedine Zidane mit seinem fantastischen 2-1-Siegtor kurz vor der Halbzeit.

Während Leverkusen seinen dritten Vize-Titel in Folge feierte und in den britischen Gazetten als „Bayer Neverkusen“ verspottet wurde, überreichte man den Königlichen passend zum 100-jährigen Jubiläum den Champions-League-Pokal. Die Anhänger der Madrilenen zogen feiernd durch die Gassen, und das traurige Häufchen Leverkusener Anhänger trat niedergeschlagen den Heimweg an. Fast hätte man so etwas wie Mitleid empfinden können.

Fast. Im Bayer-Anhang tummelten sich auch einige OFC-Fans, und die brachten etwaige Emotionen sehr schnell wieder auf den Boden der Frankfurter Tatsachen zurück. Unser Kumpel Gaff war nun voll in Fahrt und teilte jedem Offenbacher mit, was er von dessen unsäglichem Verein halten würde. Gaff war ein echtes Original der Frankfurter Szene und Eintracht-Fan von ganzem Herzen. Leider weilt er nicht mehr unter uns, doch bin ich dankbar, dass ich mit Gaff Tage wie diesen erleben durfte.

Das Endergebnis war natürlich ein Feiertrag für uns, und so mischten wir uns unters Volk und feierten ordentlich mit. Natürlich wurden wir in der City als Deutsche erkannt und ständig auf das verlorene Endspiel angesprochen. Wir hatten aber auch kein Problem damit, jedem, der es hören wollte, zu erklären, dass Leverkusen zu den am wenigsten ernst genommenen Proficlubs in Deutschland gehört. Wer seine Karten zum Teil verschenkte, seinen Anhängern kostenlose Transfers zum Endspiel anbot und trotzdem noch 7.000 Karten zurückgehen ließ, wäre einfach kein würdiger Europapokalsieger gewesen. Am Abend hallte noch öfter ein „Scheiß Leverkusen“ durch die Straßen Glasgows. In einem richtig fetten Club feierten wir bis tief in die Nacht und belächelten milde die paar Bayerfans, die nicht sofort nach Hause geflüchtet waren. In besagtem Club trafen wir sogar auf eine Besatzung des Presswerks Rüsselsheim, die sich ebenfalls das Endspiel angesehen hatte. „Frankfurt around the world“, sagt man bekanntlich.

Nach einer genialen Europapokalnacht wurden wir auf dem Weg zum Flughafen wieder von Hinz und Kunz bemitleidet, und wieder erklärten wir jedem bereitwillig, dass wir keine Anhänger von Bayer Leverkusen waren.

Die genialste Szene ereignete sich bei der Einreisekontrolle am Flughafen Hahn.

„Sie kommen aus Glasgow?“

„Ja.“

„Ich trau mich gar nicht zu fragen: Waren Sie beim Endspiel?“

„Ja.“

„Oh, da sind Sie bestimmt sehr enttäuscht.“

„Nein, die bessere Mannschaft hat doch verdient gewonnen!“

„Wow, Ihre Haltung zeugt von echtem Sportsgeist und Fairness!“

Ich musste mir verkneifen, lauthals loszulachen, als ich unter dem Applaus zweier Grenzbeamtinnen die Abflughalle verließ.

Im Nachhinein ärgerte es mich nur, dass ich vergessen hatte, mir ein Programmheft dieses denkwürdigen Spiels zu kaufen. Darin enthalten war nämlich auch ein Nachdruck des Programms vom Finale im Europapokal der Landesmeister 1960. Damals hießen die Gegner Real Madrid und Eintracht Frankfurt. Die Eintracht ist übrigens der erste deutsche Verein, der jemals in das Finale der Landesmeister einzog – ein Spiel, das von britischen Sportjournalisten zum besten Endspiel aller Zeiten gekürt wurde.

Das ist Tradition, von der Leverkusen noch in Jahren träumen darf.

Kapitel 3

Basta con la Mafia

Süditalien im Dezember 2002

Es gibt verschiedene Typen von Groundhoppern – im Grunde aber lassen sie sich in zwei große Kategorien einteilen: Die einen besuchen jedes Spiel ihres Vereins, und wenn es die Zeit zulässt, werden noch Spiele abseits des eigenen Clubs besucht. Die anderen hingegen interessieren sich nur noch wenig für die Spiele ihres eigenen Vereins und haben dadurch mehr Zeit zum Hoppen. Ende 2002 zählte ich mich noch eindeutig zur ersteren Kategorie.

Das machte die Planung beim Hoppen entsprechend schwieriger. Im Sommer wurde mit nervöser Sehnsucht der Spielplan der Bundesliga erwartet und mit denen der anderen europäischen Ligen abgeglichen. In der Bundesliga blieb eigentlich nur die Winter- und Sommerpause zur freien Verfügung. Der Rest der Saison beschränkte sich aufgrund des üblicherweise am Samstag stattfinden Bundesligaspieltages meist auf Tagestrips ins benachbarte Ausland oder auf englische Wochen in den anderen europäischen Ligen.

In der 2. Bundesliga gab es etwas mehr Möglichkeiten, da die Eintracht oftmals freitags oder montags spielte und der Rest des Wochenendes frei planbar war. Dummerweise bestimmte der für die TV-Übertragung verantwortliche Pseudosportkanal liebend gerne erst zwei Wochen vorher, welche Partie des Spieltages am Montag ausgetragen werden sollte. Das konnte einem die mühselige Planung ganz schnell zunichte machen.

In Italien hatte ich meine nächste große Fußballliebe nach der Eintracht entdeckt, den Calcio. Dabei begeisterte mich weniger der

„Catenaccio", die italienische Verkörperung des unansehnlichen Defensivfußballs, sondern die grenzenlos scheinende Begeisterung der Zuschauer, vor allem der Ultras in ihren bunten und lauten Kurven.

In den letzten Jahren verlor der Calcio stark an Anziehungskraft, und andere Länder sind zunehmend in den Fokus meines Interesses gerückt. 2002 aber war die Welt des Calcio noch in Ordnung.

Die Bundesliga hatte sich bereits in die Winterpause verabschiedet, und das Vorweihnachtswochenende war die perfekte Gelegenheit, um ein paar Tage im Ausland zu verbringen. Mein Gladbacher Kumpel Frank schlug vor, einen Abstecher nach Süditalien zu unternehmen, da er schon lange nach Neapel und Reggio di Calabria wollte. Unsere gemeinsamen Hopperfreunde Wolfgang und Stefan waren sofort begeistert und mit von der Partie. Wolfgang war der beste Freund vom „Hannoveraner" und wurde nur kurz „Wolle" gerufen. Wie Stefan und ich, so war auch er Anhänger von Eintracht Frankfurt. Wolle und Stefan traten eigentlich immer im Doppelpack auf und waren in der Szene auch als „Pinky und der Brain" aus der gleichnamigen Zeichentrickserie bekannt. Die Rollenversteilung war auf den ersten Blick ersichtlich. Ähem, sagen wir es mal so: Der „Hannoveraner" war in dem Duo nicht das „Brain".

Das Motto unserer Fahrt war, sich verkleidet als Clochards durch Süditalien zu schlagen. Drei Tage ohne Gepäck, nur mit Zahnbürste bewaffnet, dass fand sogar die Stewardess beim Einchecken ein wenig eklig. Per Billigflieger steuerten wir am Freitag vom Drehkreuz Hahn aus die „Hauptstadt der Welt" an, wobei die Billigflieger nicht direkt in Rom landen, sondern im südöstlich gelegenen Ciampino. Von Ciampino waren wir schnell am „Roma Termini", dem Hauptbahnhof der italienischen Hauptstadt, und von dort erreichte man mit dem Nachtzug die halbe Republik.

Unser erstes Ziel war Neapel, die weltberühmte Hauptstadt der süditalienischen Provinz Kampanien. Dort sollte am Samstagabend das Spiel zwischen dem SSC Neapel und dem AC Venezia stattfinden. Neapel war gerade erst in die italienische zweite Liga, die Serie B, abgestiegen und lag dort etwas abgeschlagen. Nämlich auf dem letzten Platz.

Sicherlich war kein fußballerisches Highlight zu erwarten, aber da der Traditionsverein Neapel zu dem Zeitpunkt vor dem freien Fall in die fußballerische Bedeutungslosigkeit stand, wollten wir vorher noch schnell mal dort vorbeischauen.

Die Fahrt mit dem Nachtzug verlief ziemlich ereignislos, und mehr oder weniger ausgeschlafen erreichten wir in den frühen Morgenstunden „Napoli Centrale". Vor Ort mussten wir leider feststellen, dass wir am Abend, nach dem Spiel, keinen Nachtzug zur Weiterreise nach Reggio di Calabria bekommen würden und somit gezwungen waren, eine Unterkunft in der Stadt zu suchen.

Zuerst versuchten wir es in der Nähe des Stadio „San Paolo", aber die Rezeptionisten der umliegenden Hotels riefen Preise auf, die nicht im Entferntesten unseren Vorstellungen entsprachen. Außerdem waren wir mittlerweile schon zu fünft, denn Frank hatte mit seinem Geruch einen vierbeinigen Flohteppich angezogen. Wir tauften unseren neuen Begleiter „Lassie", mussten uns aber schon bald wieder von ihm trennen, da wir die Hotelsuche auf die Gegend rund um den Hauptbahnhof „Napoli Centrale" verlegten, die offenbar nicht mehr zu seinem Revier gehörte.

Auf dem Bahnhofsvorplatz, der Piazza Garibaldi, wurden wir mit dem Hotel „Albergo Sayonara" schnell fündig. Wir waren auf unseren Touren nie sonderlich viel Komfort gewöhnt und übernachteten auch schon mal an Flughäfen oder im Auto, aber in solch einer Absteige hatten auch wir noch nie übernachtet: Die Fassade des Gebäudes war wegen eines Baugerüsts nicht zu erkennen – das Gerüst diente aber bestimmt nur zur Tarnung, damit man wenigstens den Anschein aufrechterhalten konnte, dass man irgendwann mal renovieren würde. Der

Fahrstuhl war ein quadratmetergroßer Käfig, den man vor Fahrtantritt mit 5 Cent füttern musste, der aber so wenig vertrauenserweckend aussah, dass wir doch die Treppe bevorzugten. Unser Zimmer bestand aus vier wackeligen Betten und zwei Kommoden. An der Wand hingen noch ein paar einsame Fließen, und hinter einer spanischen Wand war ein Waschbecken versteckt. Die sanitären Anlagen befanden sich auf dem Gang, und der Waschraum war so schwarz vor Schimmel, dass duschen schon mal nicht mehr zur Debatte stand. Man konnte glatt vergessen, dass man sich noch in Europa befand. Aber die „Albergo Sayonara" hatte einen immensen Vorteil: Mit 18 Euro pro Person für ein Bett im verwanzten Viererzimmer war sie zwar immer noch unverschämt teuer, aber dennoch mit Abstand die günstigste Absteige in der Gegend. Außerdem: Immer noch besser, als mit den ganzen Obdachlosen in der Bahnhofshalle zu übernachten.

Nachdem wir unser „5-Sterne-Luxushotel" bezogen hatten, betrieben wir ein wenig Sightseeing in der Weltstadt Neapel. Das „Spitzenspiel" der Serie B stand ja erst am Abend an.

Ich werde nie verstehen, was Touristen an Neapel so begeistert. Ich empfand die Stadt einfach nur als dreckig und nervig. Die Häuser waren heruntergekommen und sahen aus, als würden sie gleich zusammenfallen. Der Verkehr trug ein Übriges zum Erscheinungsbild bei: Hupende Fiats und Vespa-Roller machten aus einer Fahrspur drei Spuren, und wild gestikulierend wurde auf den jeweils anderen Fahrer geschimpft, dass man selbst doch eigentlich Vorfahrt hätte. Die Italiener erhalten nicht zu Unrecht regelmäßig den Preis für die schlimmsten Autofahrer Europas.

Nach ein paar italienischen Lagerbieren der Sorte „Peroni" waren wir gut drauf und freuten uns auf das bevorstehende Spiel. Auf dem Weg zum Stadion schauten wir noch mal an der Piazza Garibaldi vorbei. Dort war gerade Markt, und es wurde so ziemlich alles angeboten, was man sich vorstellen konnte.

Franks Augenmerk fiel bald auf einen Mann, der Digicams anbot. Irgendwie war Franks Interesse geweckt, und mit 150 Euro sollte das Teil auch noch wesentlich billiger als in Deutschland sein. Die Herkunft dieser Digitalkameras war dabei im Moment erst einmal egal. Der Schwarzhändler verpackte die Kamera vor unseren Augen in eine Plastiktüte und drückte sie Frank in die Hand. Plötzlich wollte er aber 180 Euro statt der vereinbarten 150 Euro haben – also gab Frank die Tüte zurück, und wir gingen. Der Schwarzhändler war aber gleich wieder zur Stelle und entschuldigte sich; er habe Frank nur falsch verstanden, und 150 Euro wären natürlich in Ordnung. Das Geschäft wurde über die Bühne gebracht, und Frank meinte dann noch ganz lapidar: „Wir sind hier in Neapel! Die sind so billig, weil die am Hafen ganze Container von den Dingern stehen haben!"

Und da stand auch schon der Nächste vor uns und bot die seinerzeit gerade erst auf dem Weltmarkt erschienenen Klapphandys mit integrierter Kamera an. Wolfgang und ich hatten uns von Franks Euphorie anstecken lassen und schlugen bei 90 Euro für zwei Handys zu. Als es ums Bezahlen ging, verlangte auch dieser der Händler mehr Geld als vereinbart, und wir winkten dankend ab. In dem Moment, als wir uns umgedreht hatten, sagte aber auch dieser Händler, er habe sich nur verhört, und der Preis wäre schon okay so.

Mit der Digicam und unseren neuerworbenen Handys wollten wir nun nicht unbedingt ins Stadion und suchten am „Centrale" nach Schließfächern. Dabei witzelten wir noch, dass wir nächstes Jahr wieder runterfliegen würden und dann sämtliche Weihnachtsgeschenke auf dem Neapolitaner Schwarzmarkt kaufen würden. Da der Bahnhof über keine Schließfächer verfügte, entschieden wir uns, den wertvollen Inhalt unserer Plastiktüten kurzerhand ins Hotel zu bringen. Außerdem konnten wir dann auf dem Zimmer noch mal unsere neu erworbenen Schätze betrachten. Doch statt zweier nagelneuer Panasonic-Handys fanden wir nach dem Auspacken nur noch eine mit Leitungswasser gefüllte Flasche „Gatorade" vor.

Wolfgang und mir fiel in dem Moment alles aus dem Gesicht.

Frank stand daneben und lachte sich tot: „Ihr Deppen habt euch abziehen lassen!"

„Mach erst mal deine eigene Tüte auf!" konterten wir.

Frank wurde ziemlich blass, als er statt seiner Digicam für 150 Euro ein Kilo Salz aus der Verpackung zog. Das wäre der perfekte Zeitpunkt gewesen, um rohe Kräfte sinnlos walten zu lassen. Wäre unser Zimmer nicht bereits eine Ruine gewesen, dann hätten wir spätestens jetzt die verbliebenen Möbelstücke zu Kleinholz verarbeitet. So mussten wir unserem Frust anderweitig rauslassen und schimpften wie die Rohrspatzen auf diese miesen Aushilfsganoven.

Wir konnten erst gar nicht begreifen, wie uns die Typen betrogen hatten, aber dann fiel es uns wie Schuppen von den Augen: Der Schwarzhändler hatte die Gegenstände vor unseren Augen verpackt und uns die Tüte in die Hand gedrückt. In dem Moment, als er dann den falschen Preis nannte, gaben wir die Tüte zurück und drehten uns um. Den Moment musste er genutzt haben, um mit einem Komplizen blitzschnell die Tüten auszutauschen, denn nur Sekunden später sprach er uns ja wieder an, dass er den Preis doch akzeptiere. Oh Mann, wie naiv kann man eigentlich sein?! Abgezockt von Aushilfsmafiosi!

Aber auch so eine Niederlage kann einen echten Groundhopper nicht vom eigentlichen Weg abbringen. Fußball stand auf dem Programm, und wir mussten los zum Stadion. Um den Frust ein wenig abzubauen, vernichteten wir noch ein oder zwei Dutzend Flaschen „Peroni", und schnell konnten wir über unsere Naivität nur noch lachen. Aber für uns war klar, dass wir uns die verlorene Kohle auf irgendeine Art und Weise von der italienischen Volkswirtschaft zurückholen würden.

Gedanken um die „Bigletti" brauchten wir uns heute Abend keine zu machen: Das „Stadio San Paolo" hatte ein Fassungsvermögen von knapp 80.000 Plätzen, doch seit dem Abstieg kamen im Schnitt nur noch 20.000 Zuschauer, zumal Neapel auch noch den letzten Platz in der Serie B belegte. Kaum vorstellbar, dass die Eintracht und der SSC Neapel nicht einmal zehn Jahre zuvor im UEFA-Cup gegeneinander gespielt hatten.

Außer uns verirrten sich nur knapp 15.000 Zuschauer ins Stadion, darunter auch ein gebürtiger Neapolitaner namens Carlo Pedersoli, in unseren Breitengraden besser bekannt als Bud Spencer. Der etwas ergraute Held pädagogisch äußerst wertvoller Filme wie „Sie nannten ihn Mücke“ und „Buddy haut den Lukas“ winkte fröhlich von der Anzeigetafel. Im leeren Stadionrund fühlte er sich aber bestimmt genauso verloren wie wir.

Zudem konnten wir den Gästeblock der Venezianer nicht entdecken. Venedig und Neapel sind zwar nicht gerade Nachbarstädte, aber für italienische Tifosi war es schon ungewöhnlich, dass keinerlei Gästeanhänger mitgereist waren.

Die Napoli-Fans waren angesichts des sportlichen Niedergangs ihres Clubs wenig motiviert, für etwas Stimmung zu sorgen, was man ihnen angesichts der dargebotenen fußballerischen Leistung ihres Teams auch nicht verdenken konnte. Zu Beginn der zweiten Halbzeit fing es in dem Block unter uns plötzlich zu brennen an. Rund 50 Gästeanhänger hatten sich nun doch noch im Stadion eingefunden und begrüßten ihre Mannschaft mit bengalischen Fackeln. Hören konnte man die Venezianer allerdings nicht, da sie von den Neapolitanern sofort ausgepfiffen wurden. Die Gästeanhänger beließen es bei dem kurzen Auftritt, und wir widmeten uns wieder dem Geschehen auf dem Platz. Das Spiel endete übrigens unentschieden; 1-1.

Wäre ich doch nur ein paar Jahre früher geboren, dann hätte ich hier mit der Eintracht meine Visitenkarte abgegeben oder sogar die Schaffenszeit von Diego Maradona live miterleben können. Besonders berauschend war das alles hier halt nicht, und somit wird mein nächster Besuch in Neapel erst wieder in Verbindung mit einem Europapokalspiel von Eintracht Frankfurt stattfinden. Zum damaligen Zeitpunkt spielte die Eintracht mal wieder vorübergehend nur in der 2. Bundesliga, aber selbst heute ist eine Europapokalpartie zwischen Neapel und der Eintracht eine äußerst unrealistische Vorstellung.

Nach dem Spiel zogen wir zurück in die Innenstadt, wo wir in einer nordafrikanischen Imbissbude noch einen der leckersten Kebabs aller Zeiten verdrückten. Wenigstens *etwas* Positives an Neapel. Und weil wir nach den Ereignissen des Tages alle ziemlich platt waren, landeten wir zeitig im Bett. Nach dem Hoppen ist vor dem Hoppen – das gilt nicht erst seit Sepp Herberger. Schließlich stand für uns am morgigen Sonntag das nächste Spiel an.

Mit einer gewissen Beruhigung stellten wir morgens fest, dass wir weder von Wanzen noch von Kakerlaken aufgefressen worden waren, und freuten uns auf unsere Zugfahrt nach Kalabrien. Keiner von uns weinte Neapel auch nur ein Träne nach.

Per Bummelzug gondelten wir die nächsten sechs Stunden entlang der pittoresken Küstenlandschaft in Richtung Kalabrien, dem Fuße Italiens entgegen. Die Strecke war einfach sagenhaft; rechts das Mittelmeer und links Orangen- und Zitronenplantagen. In „Reggio" schien auch brav die Sonne, so dass wir bei blauem Himmel den Weg vom Bahnhof zum Stadion gerne zu Fuß zurücklegten. Nur Frank war etwas nervöser als sonst, da sich Wolle und der Hannoveraner nicht an seine Empfehlung gehalten hatten, ohne Rucksack zu reisen, und so möglicherweise für Norditaliener gehalten werden konnten. Aber natürlich geschah nichts, und wir erreichten unser Ziel völlig unbeschadet.

Das Stadio „Oresto Granillo" liegt circa 100 Meter vom Mittelmeer entfernt, und von der Tribüne kann man fast nach Sizilien spucken. Überhaupt ist das Stadion fantastisch; keine Arena, sondern ein einfaches reines Fußballstadion mit 4 Tribünen, wobei nur die Haupttribüne überdacht ist. Der AC Reggina wird im Volksmund als „Amaranti" bezeichnet, was ins Deutsche übersetzt „Die Blutroten“ bedeutet und von der Vereinsfarbe des Clubs herrührt. Reggina spielte in der Saison 2002/2003 nach einer Ewigkeit mal wieder in der Serie A und löste in der Region eine unheimliche Euphorie aus. Das Stadion fasste 25.000 Zuschauer, wobei der Club alleine 22.000 Dauerkarten verkaufte. Die Tifosi standen wie eine Wand hinter der Mannschaft und dürften ihren Teil zum Klassenerhalt beigetragen haben. Mit der Mannschaft von Piacenza Calcio traf man heute auf einen direkten Konkurrenten im Abstiegskampf. Das Spiel versprach also spannend zu werden.

Außer uns waren noch rund 50 japanischen Touristen und ein Dutzend japanischer Pressefotografen vor Ort, die den japanischen Mittelfeldspieler Shunsuke Nakamura sehen wollten. Nakamura konnte sich bei Reggina Calcio nie richtig durchsetzen, war in seiner Heimat aber ein Topstar. Er lief erst zu seiner Zeit bei Celtic Glasgow zu Höchstform auf, wo ich ihn noch mehrmals spielen sah und er 2007 sogar Spieler des Jahres wurde.

Das Spiel lief, wie man es sich nicht besser wünschen konnte. Piacenza ging mit 0-1 in Führung, aber die Gastgeber drehten danach richtig auf und fegten die Norditaliener mit 3-1 vom Platz. Aus Piacenza waren kapp 100 Ultras vor Ort, was bei über 1.200 Kilometern einfachen Anfahrtswegs schon eine Leistung für sich ist. Der Gästeanhang setzte sich während der 90 Minuten mehr oder weniger lautstark, in jedem Fall aber gekonnt in Szene.

Mit den Gästen aus Piacenza verband ich meinen ersten Besuch in einem italienischen Fußballstadion: Im Januar 2000 nutzten ein paar Jungs aus der Frankfurter Ultraszene die Winterpause, um sich aus den italienischen Fankurven etwas Inspiration für das heimische Waldstadion zu holen. Am Samstagabend war nur ein Spiel im Norden terminiert, und so landeten wir bei der Serie-A-Partie zwischen Piacenza und Udinese. Wir waren mit drei Autobesatzungen unterwegs, und naiv wie wir waren, liefen wir in voller Montur in Richtung Stadion – das soll heißen, jeder trug die seinerzeit üblichen New-Balance-Schuhe,

Umbro- oder Home-of-Football-Klamotten. *Sehr* unauffällig! Natürlich liefen wir direkt vor die Heimkurve und trafen auf die dort wartenden Ultras Piacenza. Die musterten uns sofort und hielten uns für Ultras Udinese. Irgendwie sahen wir aber doch nicht wie Italiener aus, und so trat der Capo der Einheimischen auf uns zu.

Er babbelte uns auf Italienisch zu, bis ihm jemand aus unserer Gruppe ein „Tedesci!" entgegenstammelte.

„Ah, Germania. Berlino? Hamburgo?"

„No, Francoforte."

„Ah, FRANKFURT AM MAIN! Sieg Heil!" hallte es uns entgegen.

Dabei streckte der Kerl seinen rechten Arm in die Höhe. Ein Problem, mit dem man als Deutscher im Ausland auch Jahrzehnte nach Kriegsende regelmäßig konfrontiert wurde. Dementsprechend waren wir überhaupt nicht begeistert von diesem Auftritt.

Der Typ wünschte uns mit einem breiten Grinsen im Gesicht viel Spaß beim Spiel und verabschiedete sich zurück zu seinen Jungs. Tja, was soll ich sagen, genau dieser Zweimetertyp stand nun dort im Gästebereich des Stadio Oreste Granillo und dirigierte oberkörperfrei den Ultraanhang der Gäste.

Das „Commando Ultra Curva Nord" vom AC Reggina feierte heute sein 20-jähriges Bestehen und trieb die Mannschaft in den blutroten Trikots mit einer kontinuierlichen Leidenschaft nach vorne, wie wir es in Deutschland nur selten erlebt hatten. Schließlich war dies ja kein Derby gegen einen der Clubs aus Sizilien oder der Hauptstadt, sondern nur ein normales Ligaspiel, mitten in der Saison. Die italienischen Fangesänge waren phantastisch. Sie klangen viel melodischer als unsere eigenen deutschen Lieder. Kein Wunder, dass über die Jahre viele italienische Melodien ihren Einzug in deutsche Fußballstadien hielten.

Die Entwicklung der letzten Jahre ist bezeichnend für die auch in den Fankurven stattfindende Globalisierung, die nicht zuletzt massiv von Groundhoppern und ihren Geschichten beeinflusst wurde. Völlig fasziniert blickten deutsche Fußballfans jahrelang nach Italien – heute laufen deutsche Fankurven in Sachen Choreographien und Stimmung den Italienern problemlos den Rang ab.

Wir waren hochzufrieden, dass sich der Trip nach Kalabrien für uns sportlich wie stimmungsmäßig so gelohnt hatte. Weil wir nach dem Spiel erst abends spät mit dem Schlafwagen zurück nach Rom fahren wollten, hatten wir noch ausgiebig Zeit, uns den einheimischen Köstlichkeiten zu widmen. Entgegen der landläufigen Meinung ist Pizza in Italien keine Hauptspeise, sondern nur Teil eines Abendessens. Daher öffnen die Pizzerien meist erst gegen 19 Uhr. Die Zeit war heute aber nicht das Problem, und wir erspähten schnell eine Pizzabude, in der wir die Stunden bis zur Abfahrt verbringen konnten. Für 3 Euro wurde eine der leckersten Pizzen serviert, die ich je auf italienischem Boden verspeisen durfte. Und weil es so günstig war, futterte jeder gleich zwei Stück. Nachdem wir Kulturbanausen den gesamten Vorrat an Beck`s-Bier vernichtet hatten, machten wir uns rundum befriedigt auf zum Nachtzug. Dank des Alkoholkonsums wachten wir auch erst wieder kurz vor der Ankunft am Roma Termini auf.

Der Rückflug nach Deutschland war erst für den Abend vorgesehen, und so blieb uns der Rest des Tages zur freien Verfügung. Bei den meisten Hoppingtouren kommen die Sehenswürdigkeiten abseits des Stadions meist etwas kurz, aber diesmal nutzte ich die verbleibenden Stunden für die Sehenswürdigkeiten der „Caput Mundi“. Währenddessen gaben sich die anderen drei Patienten damit zufrieden, an den Spanischen Treppen eine Flasche Peroni für den Abzockpreis von 5 Euro erworben zu haben und den Rest des Tages die Signorinas vor der Fast-Food-Filiale am Bahnhof Termini zu begaffen.

Zu diesem Zeitpunkt konnte ich noch nicht wissen, dass dies meine letzte Groundhoppingtour als Single sein sollte.

Am 2. Weihnachtsfeiertag kam ich mit Jessica zusammen, die später auch meine Frau werden sollte.

Auf meinen Drang nach Fußballreisen hatte unsere Beziehung vorerst nur wenig Einfluss, denn Jessica war dem Fußball selbst nicht abgeneigt. Allerdings interessierte sie sich weniger für Groundhopping, sondern für ihren eigenen Lieblingsverein. Unsere Beziehung sorgte anfangs für mächtig Wirbel, aber ein Sprichwort sagt bekanntlich: „Was sich liebt, das neckt sich“, oder auch: „Gegensätze ziehen sich an“.

Denn Jessica ist Dauerkarteninhaberin bei dem rot-weißen Jammerlappenverein von der anderen Mainseite. Das hat sie von meinen Schwiegerpapa Werner geerbt, denn der ist seit Jahrzehnten bekennender OFC-Anhänger und weigert sich kategorisch einzusehen, dass die Kickers auf immer und ewig ein Loser-Club bleiben werden. Für Spaß und Unterhaltung ist da natürlich immer gesorgt.

In unseren beiden Fußballfreundeskreisen ernteten wir einiges an Kopfschütteln. Für uns beide hatte die Sache immer etwas Verbotenes, ein bisschen wie bei Romeo und Julia. Inzwischen haben sich unsere engsten Freunde an eine friedliche Koexistenz gewöhnt und sich auch mit dem „Feind“ von der anderen Mainseite arrangiert.

Außerdem sind die sportlichen Fronten geklärt, denn die Eintracht hat seit 1984 kein Spiel mehr gegen die Kickers verloren.

Das sagt doch eigentlich alles.

Kapitel 4

Die einzig wahren Freunde und Helfer

Schweiz im September 2003

Während des Bürgerkriegs im ehemaligen Jugoslawien suchten viele Flüchtlinge Schutz in Deutschland, und selbstverständlich auch im Rhein-Main-Gebiet. Auch wenn im Vorzeigeland Deutschland nicht alles Gold ist, was glänzt, entschieden sich viele Flüchtlinge nach dem Kriegsende, in ihrer neuen Heimat zu bleiben. Wie bei den meisten Auswanderern wird aber immer die Erinnerung an die alte Heimat erhalten bleiben – und wenn es nur das Interesse am Lieblingsclub ist. Dadurch gibt es auch in der Fanszene von Eintracht Frankfurt einige Anhänger von Clubs aus dem ehemaligen Jugoslawien.

Hajduk Split war in der vergangenen kroatischen Meisterschaft nur Zweiter geworden und musste sich über die finnische Mannschaft Haka Valkeakoski für den UEFA-Cup 2003/2004 qualifizieren. In der 1. Hauptrunde traf Hajduk schließlich auf die Grasshoppers Zürich, und für etliche kroatische Fans aus dem Großraum Frankfurt war dies ein willkommener Anlass, um ihrer alten Liebe einen Besuch abzustatten.

Für Simon, Martin, Easy Dan und mich war das Europapokal-Hoppen eine willkommene Abwechslung zum Ligaalltag mit der Eintracht. Mit Simon war ich ständig auf Tour. Martin hatte mit Hoppen eigentlich wenig am Hut, aber war für jeden Spaß zu haben, und wenn sich eine lustige Tour anbot, konnte der Megafon-Mann der Frankfurter Kurve auch nicht Nein sagen. Easy Dan hatte mit Hoppen überhaupt nichts zu tun, aber als kroatischstämmiger Hajduk-Sympathisant war er schnell für die Fahrt zu begeistern. Überhaupt ging es uns beim Hoppen nie darum, irgendwelche Kreuze zu machen, sondern mehr um den Spaß und die Action auf solchen Touren. Als „Kreuz machen" bezeichnet man in Groundhopperkreisen übrigens das Abhaken von besuchten Stadien im „Groundhopping Informer", einer Art Telefonbuch, in dem so ziemlich alle großen Clubs der Welt aufgelistet werden. Die „Kreuzlemacher" waren mit Abstand die nervigste Variante Groundhopper, die einem begegnen konnte. Wenn mich ein fremder Hopper mit dem Satz „Und wie viele Grounds und Länderpunkte hast du?" ansprach, durfte er gleich wieder abtanzen.

Logisch, auch ich führe eine Statistik, in welchen Ländern und Stadien ich schon war, aber dies mehr, um den Überblick zu behalten, und nicht, um wildfremden Leuten damit auf die Nerven zu gehen. Zumal die meisten dieser Typen bei dieser Art von „Schwanzvergleich" sowieso den Kürzeren zogen.

Da in unserem Freundeskreis auch Anhänger von Dinamo Zagreb vertreten sind und wir keinem auf den Schlips treten wollten, war schnell klar, dass wir nicht mit den südhessischen Hajduk-Anhängern nach Zürich fahren würden, sondern uns auf eigene Faust auf den Weg in die Schweiz machten. Allerdings kann auch ein harmloser Tagesausflug wie dieser voller Tücken und Pannen stecken.

Ursprünglich wollten wir an dem Mittwoch um 13 Uhr am Eintracht-Shop in der Frankfurter Bethmannstraße starten, aber aufgrund beruflicher Verpflichtungen konnte Martin erst um halb zwei Feierabend machen. Dies war erst einmal nicht weiter tragisch, denn Anpfiff sollte um 19 Uhr sein, und bei etwa 4 Stunden geplanter Fahrzeit hatten wir somit immer noch Luft. In Weiterstadt trafen wir uns mit Simon und stiegen in seinen alten Opel Kadett um. Zwar bot Martin noch an, mit seinem Auto zu fahren, aber Simon beharrte auf seinem eigenen Wagen als Transportmittel; schließlich hatte er seinen geliebten „Kadettilac" erst am Morgen vom Rundum-Check aus der Werkstatt abgeholt.

Seinen Führerschein hatte Simon zwar zuhause vergessen, aber er war der Meinung, man würde auf deutschen Straßen so selten kontrolliert, da sollte das kein Problem werden. Und die Schweizer würde das bestimmt auch nicht stören.

Na gut. Ab in den Kadett und rauf auf die Autobahn. Am Rasthof Rastatt legten wir eine kurze Pause ein, um kalte Getränke zu organisieren. Neben uns parkten bereits zwei Typen, die uns sofort verdächtig auffallend musterten: ein junger Glatzkopf mit Manowar-Shirt und ein bärtiger Mittvierziger im Karohemd. Super – Simon parkte genau neben der zivilen Verkehrspolizei, die sich natürlich sofort brennend für uns vier attraktive junge Herren interessierte. Da Simon keinen Führerschein dabei hatte und wir als Fußballfans zu erkennen waren, wurden die Personalien besonders intensiv überprüft.

Natürlich wurde auch unser Fahrzeug gründlich untersucht, ob wir nicht Drogen, Menschen oder Atommüll schmuggeln würden:

„Öffnen Sie bitte den Kofferraum!“

„Kein Problem. Hier sind Warndreieck und Verbandskasten.“

„Aha, Sie haben ja eine Waffe im Auto liegen!“

„Wo? Das ist doch keine Waffe, das ist ein Besenstiel!“

„Das kann ja jeder behaupten. Wofür benötigen Sie denn einen Besenstiel in Ihrem Auto?“

„Natürlich ist das ein Besenstiel! Was soll das denn sonst sein? Ich brauche den als Stange für meine Eintrachtfahne.“

„So, so. Wir behalten Sie im Auge. Benehmen Sie sich also.“

Da wir unbescholtene Bürger auf dem Weg zum Fußball waren, konnte uns die offensichtliche Schikane zweier Möchtegern-Detektive nichts weiter anhaben. Simon war wegen des vergessenen Führerscheins um einen Bußgeldbescheid reicher, und wir durften weiterfahren.

Kaum wieder auf der Autobahn, roch es plötzlich ziemlich verbrannt, und Simon bemerkte, dass sein Auto immer langsamer wurde, obwohl er Vollgas gab. Klasse, die Karre fing an zu qualmen, und uns blieb nur der Halt auf dem Standstreifen. Die Chance, das heutige Spiel noch zu sehen, hatte sich damit erledigt.

Immerhin hatte Simons werkstattüberholter Flitzer fast 150 Kilometer von Weiterstadt bis hierher geschafft! Dafür bekam Simon erst mal eine Hasstirade vom Feinsten zu hören. Er blieb aber wie immer ganz lässig und funkte die gelben Engel vom ADAC an. Tatsächlich tauchte nach einer Viertelstunde schon ein Pannenfahrzeug auf. Keine Minute später fuhr die Polizeistreife an unserem Unfallwagen vorbei. Die hätten sich bestimmt über uns gefreut.

Der Mann vom ADAC schleppte uns zunächst mal von der Autobahn. Zum Glück befand sich nur rund 500 Meter vor uns eine Behelfsausfahrt, und so waren wir wenigstens schon mal von der Straße runter. Nach genauerer Prüfung stellte der Techniker fest, dass ein Ersatzteil von Simon nicht richtig eingebaut worden war, und wir nun ein neues benötigten. Das führte natürlich schon wieder zu wüsten Beschimpfungen angesichts Simons handwerklicher Fähigkeiten. „Du Depp“ war da noch das Harmloseste.

Das Ersatzteil war wohl nicht das Problem, aber der nächste Händler war locker zwanzig Kilometer weit weg, und dahin konnte uns der ADAC-Mann nun wirklich nicht bringen. Nach kurzem Überlegen fiel dem gelben Engel aber noch ein, dass die Straße runter ein Händler sei, der das Ersatzteil eventuell haben könnte. Das Schicksal war gnädig mit uns, denn dieser Händler hatte *genau dieses* Ersatzteil, welches wir so dringend benötigten, *genau ein einziges Mal* auf Lager. Bei einem Opel Kadett Baujahr 1991 wollte das echt was heißen. So viel Suff kann man eigentlich gar nicht haben, oder?

Der gelbe Engel baute das Ersatzteil mit ein paar geübten Handgriffen ein und wünschte uns viel Glück bei der Heimreise. Normale Menschen würden jetzt auch nach Hause fahren, aber Fußballverrückte ticken nun mal anders. Nach knapp 70 Minuten Unterbrechung waren wir wieder auf dem Weg nach Zürich.

Der Einreise in die Schweiz sahen wir locker entgegen, da wir dort noch nie großartig kontrolliert wurden. Die Grenzer winkten auch alle verdächtigen Schmuggelfahrzeuge aus Osteuropa weiter. Nur auf uns hatten sie es heute abgesehen:

„Wohin wollen Sie?“

„Nach Zürich.“

„Die Pässe, bitte.“

„Bitte schön.“

„Aha, da sitzt ja ein kroatischer Staatsbürger im Auto. Wollen Sie etwa zum Fußball?“

„Ja?“

„Aussteigen!“

Die Grenzer zogen dieselbe Show ab wie die Verkehrspolizisten kurz zuvor in Rastatt, fanden natürlich ebenfalls nichts Verdächtiges und ließen uns irgendwann weiterfahren.

Obwohl wir so viele Verzögerungen hatten, erreichten wir das Stadion Hardturm eine halbe Stunde vor dem Anpfiff. Die Zeit nutzten wir, um an einem Imbiss noch schnell ein Bier und eine Bratwurst zu uns zu nehmen. Auch hier hatten wir wieder Glück, denn ein paar Kroaten hielten uns für Züricher Gegner und wollten uns mit „Are you Grasshopper?“ zum Match auffordern. Nachdem Easy Dan ihnen auf kroatisch entgegnete, dass wir aus Frankfurt seien und Karten für den Gästebereich hätten, suchten sie sich neue Sparringspartner.

Die beiden Kurven des Hardturms waren voll, aber das Stadion war bei weitem nicht ausverkauft. Uns war das herzlich egal, denn rund 4.000 Kroaten ließen sich im Gästebereich nieder und sorgten für eine grandiose Stimmung. Viele davon hatten ihren Wohnsitz in Deutschland oder der Schweiz, aber auch direkt aus Kroatien waren etliche Anhänger angereist. Die „Torcida Split“ gehört zu den ältesten Fangruppierungen überhaupt, da sie schon in den fünfziger Jahren gegründet wurde. Easy Dan konnte in Erfahrung bringen, dass noch viel mehr Anhänger direkt aus Split angereist wären, aber in ganz Kroatien hätte man keinen einzigen Bus mehr auftreiben können.

Die Gästeanhänger waren schon eine krasse Mischung von Leuten. Dass die Kroaten stolz sind auf ihre Nation, war mir schon bekannt, aber noch niemals bin ich in einem Stadion mit den Worten „Auf, Ihr Deutschen, Sieg Heil!“ zum Hitlergruß aufgefordert worden. Wir hielten das im ersten Moment für einen Witz, aber um uns herum konnte man diverse ausgestreckte rechte Arme sehen. Einige von den Jugendlichen trugen auch Mützen oder andere Abzeichen der „Ustascha“, einer faschistischen kroatischen Bewegung, die unter anderem im 2. Weltkrieg mit den Nationalsozialisten sympathisierte. Die Jungs mit ihren Abzeichen begannen nach Easy Dans Übersetzung irgendwelche Fascho-Lieder zum Besten zu geben, die man normalerweise nur beim Anhang von Erzfeind Dinamo Zagreb singt. Das passte den echten Torcida-Leuten überhaupt nicht, zumal es sich bei den Jungfaschos wohl um Exil-Kroaten aus Deutschland und der Schweiz handelte, die nicht wegen Hajduk vor Ort waren, sondern das Spiel zum Anlass nahmen, um ihre kroatisch-nationale Gesinnung kundzutun. Die Jungfaschos hatten die Rechnung aber ohne die echten Hajduk-Fans gemacht und wurden unter Androhung von handfesten Konsequenzen in die Schranken gewiesen. Bei den Kroaten gingen die Uhren echt noch anders. Aber danach hielten sich die Jungfaschos auffällig zurück.

Die „Torcida“ präsentierte im Gästebereich eine Choreographie aus Plastikbahnen in den rot-blauen Vereinsfarben. Dabei fackelten sie nebenbei noch die ganze Bude ab und entzündeten Dutzende bengalische Fackeln. Schon echt geil, wie die „Torcida“ ihre Mannschaft antrieb.

Auf der anderen Seite des Stadions schienen die Anhänger der Grasshoppers nicht ganz so heiß zu sein wie die Kroaten und ließen es in ihrer Kurve ruhiger zugehen.

Das Spiel war stimmungsmäßig fantastisch gewesen und ließ uns den Stress der Hinfahrt vergessen. Zudem hatte Hajduk mit dem

Endergebnis 1-1 gute Chancen auf ein Weiterkommen, und für uns konnte sich je nach Los vielleicht ein neues Ausflugsziel ergeben. Sichtlich gut gelaunt kehrten wir Zürich wieder den Rücken.

Die Schweizer Grenzer interessierten sich ausnahmsweise nicht für uns, und auch die Deutschen wollten uns gerade durchwinken, als plötzlich doch noch ein Schweizer Grenzer wild gestikulierend von hinten an unser Auto gerannt kam:

„Wo kommen Sie her?“

„Aus Zürich“

„Sie waren beim Fußball?“

„Ja?“

„Aussteigen!“

Die einzig wahren Freunde und Helfer sind eben doch nur die „gelben Engel“.

Kapitel 5

Mambo Italiano

Italien/Spanien im Herbst 2004

Die Eintracht spielte freitagabends in Unterhaching.

Jens und ich waren schon so oft dort gewesen, dass wir uns in dieser Saison gegen die Eintracht und für einen Trip nach Italien entschieden. Das Undenkbare war also geschehen: Wir zogen das Hoppen der Eintracht vor. Aber irgendwann ist bekanntlich immer das erste Mal.

Natürlich warf ich auch bei der Planung zukünftiger Touren immer erst einen Blick auf den Spielplan der Eintracht. Römer Derby – oder mit der SGE auswärts in Duisburg. Besiktas gegen Galatasaray – oder doch die Eintracht zuhause gegen Wolfsburg. Da fiel mir die Entscheidung fürs Hoppen nicht ganz so schwer. Aber den Südwestschlager in Kaiserslautern oder ein Pokalduell beim OFC fürs Hoppen sausen zu lassen, würde mir nie in den Sinn kommen. Dafür bin ich doch zu sehr Anhänger der launischen Diva vom Main.

Jens und ich sind seit vielen Jahren gute Freunde, auch wenn es aufgrund unserer Dickköpfe immer wieder mal zu kleineren Reibereien kommt. Wir sind beide ziemliche Besserwisser und versuchen immer, uns gegenseitig mit den neuesten Geschichten zu übertreffen. Auf Dauer ging das nie gut. Nach einer Woche krachte es meist mal kurz, und dann kehrte wieder Ruhe ein. Ein Grund, warum wir meist nie länger als eine Woche zusammen auf Tour gingen.

Mit von der Partie war noch Mario, ein Ur-Gestein der Frankfurter Ultras-Bewegung, der sich komplett aus der aktiven Eintracht-Fanszene zurückgezogen und nun Zeit und Lust auf Fußballreisen hatte. Mario und ich sind beide Gründungsmitglieder der „Ultras Frankfurt 1997“.

Jens stieß kurze Zeit nach der Gründung hinzu. Zusammen waren wir regelmäßig im Waldstadion und auswärts mit der Eintracht on Tour. Mit der Zeit zogen wir uns aber alle drei aus den verschiedensten Gründen aus der aktiven Ultraszene zurück und widmeten uns immer öfter den anderen Fußballschauplätzen dieses Planeten.

Die beiden waren immer für die etwas ausgefalleneren Touren zu begeistern. Für das kommende Wochenende stand jedoch eine eher normale Hoppingtour an: Das erste Spiel des Wochenendes sollte am Samstag in Catanzaro im süditalienischen Kalabrien über die Bühne gehen. In der Nähe gab es aber keinen Flughafen, der von deutschen Billigfliegern angesteuert wurde. Somit starteten wir freitags von Frankfurt-Hahn mit dem Flieger ins an der Adriaküste gelegene Pescara, fuhren von dort rund 700 Kilometer mit dem Zug nach Catanzaro, anschließend ins sizilianische Messina und von dort aus nach Terni – quasi einmal den Stiefel auf der östlichen Seite runter und auf der westlichen Seite wieder hoch. Und weil die Flugzeiten so gut passten, nahmen wir dienstags noch das Auswärtsspiel vom AC Milan in Barcelona mit.

Der Flug nach Pescara verlief reibungslos, und die Zeit bis zur Abfahrt des nächstens Zuges in Richtung Süden vertrieben wir uns bei einem Nachtspaziergang am Strand. Das war schon was anderes, als sich im kalten Unterhaching die Füße abzufrieren. Am Strand erreichte mich auch die SMS, dass die Eintracht in Unterhaching durch zwei Tore von Francisco Copado unter die Räder gekommen war. Das war nicht unbedingt der perfekte Start ins Wochenende, aber wenigstens hatte ich die Niederlage nicht live mit ansehen müssen. Außerdem hätte ich mich nach dieser Abfuhr noch mehr geärgert, wenn ich deswegen den Hopping-Trip abgesagt hätte.

Die anschließende Weiterfahrt mit dem Nachtzug nach Catanzaro war weniger gemütlich, da der Zug brechend voll war und wir die ersten vier Stunden wie Ölsardinen eng aneinandergepresst im Gang der Regionalbahn stehen mussten. Es war noch nicht mal genug Platz, um sich wenigstens auf den Boden zu setzen. Viele Süditaliener arbeiten im Norden Italiens und reisen am Wochenende zurück in den Süden, um die Familie zu besuchen. Sitzplätze auf den Hauptverkehrsstrecken sind an den Freitagen und Sonntagen begehrte Mangelware, ähnlich wie auf den deutschen Ost-West-Strecken.

Der Kampf um einen Sitzplatz trieb in Italien manchmal schon seltsame Blüten. Auf einer späteren Tour war ich sonntagabends mit dem Nachtzug von Salerno nach Rom unterwegs. In Salerno war der Zug noch fast leer. Als der Zug in den Bahnhof von Neapel einlief, standen an den Bahnsteigen Dutzende Jugendliche, die sich an dem einfahrenden Zug hochzogen und durch offene Fenster hineinkletterten, um vor dem Halt des Zuges ein Sitzplatzabteil zu ergattern. Da startete ein richtiger Wettlauf um die freien Abteile, und mein Waggon war bis zum eigentlich Halt des Zuges in Neapel bereits vollgestopft mit Menschen, Koffern und Kisten.

Catanzaro erreichten wir am Nachmittag. Unser gemeinsamer Kumpel Sandro von den „Ultras Mannheim“ hat seine Wurzeln in dieser Stadt und legte uns einen Besuch der Altstadt nahe. Erster Kritikpunkt war bereits der Fußweg von der Stazione in die Città: eine steil ansteigende Serpentinenstrecke, auf die ich gerne verzichtet hätte. Die Hotelsuche stand als erstes an, und während wir durch die Gassen tingelten, wurden wir immer wieder von Jugendlichen auf Vespas verfolgt, die uns mit „Venezia Merda!“ und der obligatorischen Gurgelschneider-Geste begrüßten. Catanzaro spielte am Abend in der Serie B gegen Venedig, was auch unser Anreisegrund war, und vom Alter und Aussehen passten wir perfekt in das italienische Ultras-Klischee. Auch unsere Rucksäcke wiesen uns nicht gerade als Einheimische aus. Nach diesem sehr freundlichen Empfang sollte Punkt zwei der Tagesordnung etwas Aufklärungsarbeit gegenüber der Bevölkerung sein – oder wir sollten zumindest so schnell wie möglich unsere Rucksäcke loswerden.

Schon immer mal wollten wir in einem „Grand Hotel“ übernachten. Tatsächlich war die Herberge gleichen Namens sogar die mit Abstand günstigste Unterkunft, die wir in der Stadt finden konnten. Alleine das Badezimmer war annähernd so groß wie meine damalige Wohnung in Frankfurt-Griesheim. Das nannten wir doch mal eine standesgemäße Unterkunft!

Gegen Abend brachen wir zum „Stadio Nicola Ceravolo“ auf. Ohne Rucksäcke. US Catanzaro war gerade aufgestiegen, und laut Sandro herrschte in der Stadt eine noch ungebrochene Euphorie, die für ein volles Stadion sorgen sollte (am Saisonende stiegen sie allerdings sang- und klanglos als Tabellenletzter wieder ab).

Das Stadion war komplett in gelb und rot gehüllt. Die einheimischen Zuschauer sangen während des gesamten Spiels die umgedichtete Version eines italienischen Schlagers aus den 80er Jahren, irgendetwas mit „un’ emozione“. Den weiteren Text habe ich mangels italienischer Sprachkenntnisse nicht verstanden. Ich spreche zwar Englisch und Französisch, aber in Italienisch und Spanisch konnte ich grad mal nach dem Weg zum Stadion fragen. Oder – was auch nicht zu verachten ist – die Speisekarte lesen und ein Bier bestellen.

Die Melodie war ein echter Ohrwurm, den ich leider nie wieder in einem anderen Stadion gehört habe. Zu dem Lied stand das gesamte Stadion Kopf, inklusive der VIPs, die auf ihren Plätzen auf und ab hüpften. Obwohl ich es schon so oft erlebt hatte, war ich immer wieder von der Begeisterungsfähigkeit der italienischen Zuschauer fasziniert. In italienischen Stadien flippten wirklich immer alle Zuschauer aus, vom Ultra` in der Curva bis zum Schlipsträger auf der Haupttribüne. In Deutschland dagegen wird normalerweise nur auf den Stehrängen gesungen, und der Rest des Stadions wird höchstens beim Torjubel aktiv. Aus Venedig waren um die 70 Ultras angereist, was bei rund 2.500 Kilometern für An- und Abreise schon nicht schlecht ist, sage ich mal. Immerhin wurden sie für ihre Anstrengungen mit einem torlosen Punktgewinn belohnt.

Etwas, was ich beim Hoppen liebe, ist, dass in der Regel zwei Mannschaften gegeneinander antreten, bei denen es mir herzlich egal ist, wer als Sieger oder Verlierer vom Platz geht. Im Gegensatz zu den Spielen der Eintracht fehlt mir bei anderen Spielen die Angespanntheit und Nervosität. Ich kann wahlweise das Geschehen auf dem Rasen oder den Rängen verfolgen, ohne selbst Teil des Geschehens sein zu müssen. Beim Hoppen kann ich mich immer richtig gut entspannen und die Gedanken kreisen lassen.

Am nächsten Morgen lief uns an der Stazione ein ziemlich heruntergekommener Geselle in die Arme, den wir zuerst für einen Landstreicher hielten. Es stellte sich jedoch heraus, dass es ein anderer Groundhopper war, den alle nur unter dem Namen „Der Bamberger“ kannten. Im Gegensatz zu uns war der Bamberger nicht mit dem Flieger nach Italien gekommen, sondern hatte die komplette Strecke ab Bamberg mit dem Zug zurückgelegt. Da wir mit Messina das gleiche Ziel hatten, schloss er sich uns an, und wir verbabbelten die Zeit mit der für Groundhopper üblichen Märchenstunde.

Villa San Giovanni ist der letzte Bahnhof auf dem italienischen Festland. Von dort setzen die Fähren nach Sizilien über. Mein letzter Besuch in Messina lag erst ein paar Monate zurück. Die Stadt hatte nicht viel Sehenswertes zu bieten, außer ein paar ausgebrannter Autowracks in den Seitenstraßen rund um den Hafen. Der FC Messina und vor allem das „Stadio Giovani Celeste“ konnten mich aber sehr wohl begeistern. Das Stadion lag mitten in der Innenstadt, umringt von Hochhäusern. Mit seinem geringen Fassungsvermögen von knapp 10.000 Plätzen war es ein richtiger Hexenkessel. Leider aber spielte der FC Messina nun nicht mehr im Stadio Giovani Celeste, sondern hatte sich in einem etwas außerhalb der Stadt gelegenen Steinbruch ein neues Stadion aus viel Stahlrohr und wenig Beton errichtet. Optisch gefiel mir an dem Neubau nur die Lage: Mitten in einem Steinbruch erinnert es an ein Gefängnis aus einem Endzeitfilm, so wie *Mad Max*, etwa.

Das neue „Stadio San Filippo“ war zu Fuß schlecht zu erreichen, aber man konnte mit der Straßenbahn bis zum alten Stadion fahren, welches sich direkt neben der lokalen Brauerei von „Birra Messina“ befand. Von dort brachten Shuttle-Busse die Besucher zum neuen Stadion. Unsinnigerweise erfolgte der Kartenvorverkauf aber noch am alten Stadion, und wer das nicht wusste, musste mit dem nächsten Bus wieder zurückfahren. Wir hatten vorgesorgt, aber es war schon faszinierend, dass der Club zwar in der Lage war, Shuttle-Busse zu beauftragen, aber nicht, den Kartenvorverkauf am neuen Stadion zu organisieren.

Die Begegnung zwischen dem FC Messina und dem AC Reggina ist als „Derby dello Stretto“ bekannt und gehört zu den emotionaleren Derbies in Italien. Dementsprechend zog es viele interessierte deutsche Hopper an, die wir auch am Stadion trafen, darunter auch unsere alten Bekannten Frank und Stefan, die mittlerweile fast jedes Wochenende in Italien unterwegs waren. Da Mario, Jens und ich keine Lust auf den Hopperauflauf hatten, beließen wir es bei einer Begrüßung und machten wie so oft unser eigenes Ding.

Für das Derby waren aus Sicherheitsgründen nur 1.500 Gäste zugelassen, da es in der Vergangenheit regelmäßig zu Auseinandersetzungen zwischen den verfeindeten Fanlagern kam, die nicht selten auch mit Messern ausgetragen wurden; ganz die italienische Art eben. Das Stadio San Fillipo war mit etwas über 30.000 Zuschauern gut gefüllt, aber bei weitem nicht ausverkauft. Die Heimkurve präsentierte zum Einlaufen des eigenen Teams eine Choreographie mit roten und gelben Papptafeln, die auf der Tribüne von den Zuschauern hochgehalten den Schriftzug „Ultras“ ergaben. Das „Commando Ultra Curva Nord“ vom AC Reggina war komplett in weißen Lackiereranzügen gekleidet im Stadion eingelaufen, um damit seine Abneigung gegen das in ihren Augen verseuchte Messina kund zu tun. Die Gästefans verwandelten ihren Block in ein weiß-blutrotes Fahnenmeer. Beide Fankurven hatten sich mächtig ins Zeug gelegt, um dem Spiel einen würdigen Rahmen zu liefern. Die Stimmung während des Spiels allerdings war ähnlich flach wie das Gekicke auf dem Rasen, das der FC Messina mit 2-1 für sich entschied. Irgendwie fehlten diesem Spiel die wirklichen Emotionen, und von Hass war zwischen den als verfeindet geltenden Anhängern überhaupt nichts zu spüren. Scheinbar hatte sich das Verhältnis zueinander in den letzten Jahren etwas beruhigt, und man hatte nach den Aufstiegen der anderen beiden sizilianischen Clubs aus Palermo und Catania neue Lieblingsgegner gefunden.

Bis zur Abfahrt unseres Nachtzuges nach Rom ließen wir uns in einer Hafenspelunke nieder, wo wir auch wieder auf den Bamberger trafen. Bei Rotwein, Weißwein, Birra und Pasta beobachteten wir gemeinsam den Abtransport der Kalabresen zurück aufs Festland. Der Bamberger verabschiedete sich dann aber frühzeitig, und wir wünschten ihm viel Spaß auf den knapp 2.000 Kilometern zurück in die fränkische Hochburg der Privatbrauereien.

Der Rotwein tat seine Wirkung. Mit starker Bettlägerigkeit schleppten wir uns zu später Stunde in unsere „Dreier-Luxuskabine", um wenigstens einigermaßen ausgeschlafen den nächsten Tag in Rom angehen zu können.

Unser Flug vom römischen Billigfliegerdrehkreuz Ciampino ins katalanische Gerona stand erst am Dienstagmorgen an, und ursprünglich wollten wir mangels sportlicher Alternativen den kompletten Montag mit Sightseeing in der Hauptstadt verbringen. Der italienische Fußballverband hatte uns jedoch ein Geschenk gemacht und das umbrische Fußballderby in der Serie B zwischen Ternana Calcio aus Terni und dem AC Perugia aus der gleichnamigen Landeshauptstadt auf den Montagabend gelegt. Terni liegt etwa 100 Kilometer nördlich von Rom und passte fast perfekt in die Planung. Leider gab es keine abendliche Zugverbindung von Terni zurück nach Rom. Somit benötigten wir noch einen Mietwagen.

Mit einem schönen dicken Kopf wurde ich kurz vor Erreichen des Hauptbahnhofs Roma-Termini aus dem Tiefschlaf gerissen. Der italienische Rotwein hinterließ seine Spuren. Eine Kopfschmerztablette zum Frühstück linderte ein wenig das rasende Pochen und Klopfen in meinem Schädel.

Weiter ging es mit dem nächsten Zug zum Ciampino Airport, um dort unseren reservierten Mietwagen abzuholen. Das Wetter war fantastisch und die Strecke nach Terni landschaftlich sehr reizvoll. Schon gegen 12 Uhr erreichten wir unser Ziel und beschlossen, die Zeit zu nutzen und etwas die Umgebung zu erkunden. Auf einer Serpentinenstraße gelangten wir zu einem idyllisch gelegenen Gebirgssee. Wir waren von der wunderschönen Landschaft derart berauscht, dass wir uns den gesamten Nachmittag in einem kleinen Restaurant am kristallblauen See niederließen und entspannten.

Zurück am Stadion trafen Mario, Jens und ich auf mehrere befreundete Ultras aus Bergamo, die uns voller Verwunderung, aber um so herzlicher begrüßten. Die Freundschaft zwischen uns Frankfurtern und den Ultras aus Bergamo bestand bereits ein paar Jahre, aber dass zwischen Teilen der Ultras aus Bergamo und denen aus Terni auch freundschaftliche Bande existierten, war uns selbst nicht ganz so geläufig.

Das Derby bot für einen Teil der Ultraszene aus Bergamo die ideale Gelegenheit, sich mal wieder bei ihren Freunden in Terni blicken zu lassen. Nur warum *wir* hier waren, wollte den Jungs aus Bergamo zuerst nicht ganz einleuchten.

Einige der einheimischen Ultras, „Freak Boys Terni“, hielten uns zuerst für Leute aus „Sao Paolo“, was bei uns für etwas Verwirrung sorgte, bis wir merkten, dass die von St. Pauli und nicht etwa der brasilianischen Großstadt sprachen. Das konnten wir natürlich nicht auf uns sitzen lassen und erklärten den Jungs gleich, dass wir aus Frankfurt seien und mit den Hamburger Gutmenschen nichts zu tun hätten. „Oh Francoforte, bene, bene!“ war die einhellige Reaktion der

Jungs. Unser guter Ruf in der europäischen Ultraszene war uns mal wieder vorausgeeilt, etwas, wofür uns die meisten anderen deutschen Ultras hassten.

Die Freundschaft mit Bergamo brachte aber auch immer wieder mal Probleme mit sich, denn die Bergamasken sind nicht überall so beliebt wie in Terni. Außerdem zogen andere deutsche Ultragruppen nach, und fast jede Gruppe unterhält selbst Kontakte und Freundschaften zu italienischen Ultragruppierungen. Diese Seilschaften blieben nicht nur auf Italien beschränkt, sondern verteilen sich inzwischen auf halb Europa. Da musste man beim Hoppen öfter aufpassen, wem man sagt, woher man kommt. Persönlich war ich davon nie betroffen, aber der eine oder andere Hopper kassierte schon mal ein blaues Auge, weil er zur falschen Zeit am falschen Ort die falsche Antwort gab.

Die Italiener hatten immer etwas Schwierigkeiten, deutsche Namen auszusprechen. Mario war selbstverständlich kein Problem. Jens nannte sich der Einfachheit halber nur „Enzo". Nur mit meinem ur-germanischen Vornamen waren sie vollends überfordert und tauften mich schließlich „Dingo".

Der Anpfiff rückte näher, und wir verabschiedeten unsere italienischen Freunde; wir würden das Spiel wie gewohnt von neutralem Platz aus verfolgen. An der Haupttribüne konnte man Tickets für 15 Euro erwerben – und dort trafen wir auch wieder auf Frank, Stefan und Konsorten, die sich dieses Derby natürlich auch nicht entgehen lassen wollten.

Das „Stadio Libero Liberati" hat zwar nur ein Fassungsvermögen von 20.000 Plätzen, verfügt aber ungewöhnlicherweise über drei Zuschauerränge, wobei der mittlere Rang lediglich aus vier Sitzplatzreihen besteht. Unser Dreigestirn ließ sich direkt neben dem Gästeblock nieder, was sich als Beobachtungspunkt durchaus als vorteilhaft herausstellen sollte.

Das Derby hatte es in sich.

Im Gegensatz zum gestrigen Spiel waren hier die Emotionen deutlich spürbar. Beim Einlaufen der Gästefans aus Perugia gab es ein paar Tumulte hinter dem Stadion. Mehrere Wurfgeschosse wechselten die Seiten, und es gab auch ein paar Leichtverletzte. Die Polizei setzte Tränengas ein, worauf sich die Sache schnell beruhigte. Das Tränengas zog aber auch herüber zu unseren Plätzen, so dass wir in dieser Hinsicht ebenfalls in den Genuss des Polizeieinsatzes kamen.

Der Höhepunkt bei Fußballderbies ist auf Seiten der Ultras das Spektakel während des Einlaufens der Mannschaften. Die Ultras verbringen vor der heiß ersehnten Begegnung oft Wochen mit den Vorbereitungen. Auch heute hatten sich beide Seiten einiges einfallen lassen, um ihre Mannschaft zu unterstützen und zu zeigen, wer die Nummer 1 in der Region ist. Die etwa 3.000 „Ultras Ingriffati" aus Perugia präsentierten in ihrem Bereich des Stadions eine Überziehfahne, auf der die Skyline von Perugia erstrahlte. Auf der Gegenseite hüllten die „Freak Boys Terni" den Unterrang der Tribüne in rot-gelb-grüne Folienstreifen, und vom Oberrang wurde ein Konfettiregen veranstaltet. Auf der Hintertortribüne wurde eine grün-gelb-rote Überziehfahne herabgelassen, auf der ein Freak zu sehen war, der einem Greif – dem Wappentier des AC Perugia – die Federn rupft. Danach wurde massiv Rauchpulver in den Vereinsfarben gezündet.

Die Stimmung während des Spiels war auf beiden Seiten sehr lautstark und emotional. Vor allem bei den beiden Toren für Perugia schien die Gästekurve zu explodieren. Die „Freak Boys Terni" provozierten die Gäste immer wieder, indem sie mehrere erbeutete Fahnen der „Ingriffati Perugia" präsentierten. Am Trennzaun zum Gästebereich kam es ständig zu kleineren Reibereien zwischen den rivalisierenden Tifosi. Die Carabineri beobachteten das Treiben relativ entspannt und begnügten sich wie so oft damit, Präsenz zu zeigen oder ab und zu eine Salve Tränengas in die brodelnde Menge zu schießen.

Italienische Polizisten sind eine Sache für sich. Meist haben sie die Ruhe weg. Bis sie bei Fußballkrawallen eingreifen, muss schon wirklich etwas passiert sein. Aber wehe, wenn sie dann einschreiten – dann kann es brenzlig werden!

Mein Kumpel Simon und ich beobachteten mal beim Derby zwischen Atalanta Bergamo und Brescia Calcio nach dem Spiel das Treiben auf der Straße. Die Gastgeber wollten den verhassten gegnerischen Fans aus Brescia an die Wäsche, und die Policia versperrte die Zufahrtswege in Richtung der Gästekurve. Die lokalen Ultras bewarfen die Carabineri daraufhin mit Steinen, Flaschen und Fahnenstangen. Normalerweise sieht die italienische Polizeitaktik vor, die Rivalisierenden zu trennen und sich selbst möglichst wenig in Gefahr zu begeben. Die Policia hielt die Masse erst mal mit Tränengas auf Distanz (bei einem vorhergegangenen Derby feuerten die Carabineri sogar aus dem Hubschrauber mit Tränengasgranaten). Irgendwann haben sich die Fans ausgetobt und es ergibt sich der Moment, in dem die Gästebusse abfahren können. Danach beruhigt sich die Szenerie recht schnell. Doch an diesem Tag brauchte der Leiter der *Questura* ein paar Festnahmen für die Presse und ging auf Konfrontationskurs über. Als die Policia zur Gegenangriff schritt und sich auch in Richtung unseres Beobachtungspunktes bewegte, forderte ich Simon auf, mit mir das Weite zu suchen. Aber er wollte nicht wegrennen; er war ja nur unbeteiligter Zuschauer und hatte nichts gemacht, und deswegen würde ihn die Polizei auch in Ruhe lassen. Das stimmte wohl, doch wollte ich mich auf diese Unschuldsvermutung nicht ganz verlassen. Simon war nicht umzustimmen und blieb stehen.

Drei Tage später wurde er aus der U-Haft entlassen und hatte zwei Jahre Einreiseverbot nach Italien.

So ganz sicher war er sich hinsichtlich des Einreiseverbots allerdings nicht, da das Eilverfahren auf Italienisch abgehalten und ihm kein Dolmetscher an die Seite gestellt wurde. Den Polizisten dürfte es herzlich egal gewesen sein, dass sie einen Unbeteiligten verhaftet hatten, da sie ihre Quote erfüllt hatten. Man ist eben immer nur so lange unschuldig, bis eine Gruppe Polizisten vor Gericht aussagt, dass man es nicht ist.

Auf den Straßen rund um das Stadio Libero Liberati muss es nach dem Spiel noch zu kleineren Aufeinandertreffen zwischen den Anhängern von Ternana und der Carabineri gekommen sein, wovon uns später aber nur noch etliche umgeworfene Mülltonnen berichteten. Wir waren zu dem Zeitpunkt noch im Stadion und beobachteten die Mannschaft des AC Perugia, wie sie bis auf die Unterhose entkleidet den verdienten Auswärtssieg im „Derby del Umbro" feierte.

Die Anstrengungen der letzten Tage forderten ihren Tribut – am nächsten Morgen gab es für uns ein böses Erwachen: Wir hatten es uns in unserem Nachtquartier „Ford Fiesta" am Flughafen Ciampino bequem gemacht und alle unsere Handywecker gestellt. Irgendwie hielt es aber keiner für nötig, aufzustehen, als das Gebimmel startete.

Im Halbschlaf warf ich einen Blick auf die Uhr – und das durch meine Venen schießende Adrenalin machte mich schlagartig hellwach. Schnell die Rucksäcke geschnappt, den Autoschlüssel in den Briefkasten am Mietwagenschalter geworfen und zum Check-In-Schalter gespurtet. Nur fünf Minuten später aufgewacht, wäre der Flieger nach Gerona ohne uns abgehoben. Puh, nochmal Glück gehabt!

Der Flughafen von Gerona ist für Barcelona ungefähr das, was Hahn für Frankfurt ist: ein Billigflughafen, der ein ganzes Stück außerhalb des eigentlichen Ziels liegt, aber mit günstigen Flügen lockt. Verschiedene Busunternehmen transportieren die Reisenden von Gerona zur tatsächlichen Endstation: ins Stadtzentrum der katalanischen Hauptstadt.

In einem der Busse von Gerona nach Barcelona hatten wir das zweifelhafte Vergnügen, auf eine 30-köpfige Abordnung der „Gruppo Roma" der „Brigate Rossoneri" vom AC Milan zu treffen. Die Kerle waren alle jenseits der 40 und sahen so geschniegelt aus wie Versicherungsvertreter oder Bänker. Die andere Hälfte der Gruppe bestand aus Frauen und plärrenden Kindern. Die machten optisch eher den Eindruck eines langweiligen Kegelclubs als den einer Sektion einer der bedeutendsten Ultragruppierungen Europas.

In Barcelona fanden wir nahe der Haltestelle des Flughafenbusses ein bezahlbares Hotel. Die Stadt machte zwar durchweg einen positiven Eindruck auf uns und lud zum Verweilen ein, aber wir hatten nicht wirklich viel Zeit für einen Stadtspaziergang. Nach einem kurzen Stopp an der berühmten Basilika „Sagrada Familia“ brachen wir bereits zum „Nou Camp“ auf, um die Ticketfrage zu klären.

Die Eintrittspreise waren eine Frechheit. Karten für die Gegentribüne gab es für 120 Euro, während für die Haupttribüne schon 185 Euro verlangt wurden! Karten für die Kurve gab es schon für „läppische“ 63 Euro. Die Spanier waren doch echt nicht mehr ganz dicht! Das hier war doch nicht das Endspiel der WM, sondern ein normales Gruppenspiel in der Champions League!

Im November 2004 war ich noch Studierender, und 63 Euro für einen Stadionbesuch fand ich alles andere als annehmbar. Da bedurfte es schon einiges an Überredungskunst von Jens und Mario, dass ich mich tatsächlich zum Kauf einer Karte durchringen konnte (dieses Spiel rangiert damit auf Platz 4 der teuersten Spiele meines Lebens, und spätestens seit diesem Tag hasse ich den FC Barcelona). Kein Wunder, dass dieser ach so tolle Vorzeigeverein die ganzen Jahre keinen Trikotsponsor benötigte. Bei diesen Eintrittspreisen hätten die meisten anderen Clubs ebenfalls keinen nötig!

In der Regel suchte ich meine Spiele nicht nur nach sportlichen, sondern oft nach atmosphärischen Gesichtspunkten aus. Für das heutige Champions-League-Gruppenspiel zwischen dem FC Barcelona und dem AC Milan hatte ich mir beides erhofft. Dass beides nicht immer in Einklang miteinander zu bringen war, wurde mir in Spanien regelmäßig bewiesen.

Wir hatten unsere Plätze in der Kurve im zweiten Rang, wobei man bei dem Publikum schwerlich von „Kurve“ sprechen konnte: Unsere

Sitznachbarn hätte man eher auf der Haupttribüne oder im VIP-Bereich vermutet, aber Jens bemerkte treffend, dass man eben keine Haupt- und Gegentribünen mit 500 Metern Länge bauen kann, um alle VIPs und Möchtegern-VIPs dort unterzubringen.

Barcelona hatte das übelste Operettenpublikum zu bieten, das mir jemals in einem Fußballstadion unter die Augen gekommen war. Zum Anpfiff war das Nou Camp zu drei Vierteln gefüllt. Die letzten Zuschauer im ausverkauften Haus ließen sich dann so um die 30. Spielminute auf ihren Plätzen nieder. Dann sollen sie doch gleich zuhause bleiben, wenn sie das Spiel nicht interessiert!

Von Stimmung konnte man dem Publikum entsprechend nicht reden, denn außer sporadischen „Barca!"-Rufen bekamen diese Zuschauer gar nichts auf die Reihe. Dass die ehemals berühmten Ultras vom FC Barcelona, die „Boixos Nois", im Rang unter uns saßen, bekamen wir erst später mit. In den neunziger Jahren galten unter anderem die „Boixos Nois" von Barca oder die „Ultras Sur" von Real Madrid für uns als Vorbilder für eine anständige optische und akustische Unterstützung der Mannschaft, die wir auch im heimischen Waldstadion wollten. Wieder war eine Legende der Vergangenheit für uns gestorben. Aber wie hätten diese 100 bemitleidenswerten Gestalten eine Masse von 89.000 lethargischen Zuschauern auch mitreißen können?

Aus Mailand hatten nur ein paar hundert Fans die Reise nach Katalonien angetreten, was bei diesen Eintrittspreisen durchaus nachvollziehbar war. Die Gäste wurden zudem im dritten Rang des Stadions versteckt, und von dort oben war es nicht nur unmöglich, für Stimmung zu sorgen, man brauchte auch ein Fernglas, um etwas vom Spiel zu sehen.

Die Atmosphäre war mehr als schwach, aber im Gegenzug war das Spiel fantastisch. Schließlich bezahlten wir mit unserem Eintrittsgeld die internationalen Top-Stars. Für Barca liefen beispielsweise Ronaldinho und Eto'o auf, und bei Milan kickten zu der Zeit Shevchenko, Kaká, Rui Costa oder Dida. Die Herren zauberten geradezu auf dem Rasen (wenn auch Ronaldinho seiner Form zunächst hinterherlief). In der 17. Spielminute nutzte Andrej Shevchenko einen Abwehrfehler und netzte gekonnt zum 0:1 ein. Jens sprang sofort auf und schrie seine Freude hinaus, während Mario und ich ihn nur ungläubig anstarrten, denn wir waren zwar gegen Barca, doch deswegen noch lange nicht für Milan. Von den herumsitzenden Barca-Fans erntete er für seinen Jubelschrei nur missbilligende Blicke. In Italien wäre es in derselben Situation wohl etwas handgreiflicher geworden.

In der 37. Minute markierte Samuel Eto'o den Ausgleich, und in der 89. Minute erzielte Ronaldinho mit einem unhaltbaren Schuss aus 16 Metern den 2-1 Siegtreffer für Barca. Die Schlipsträger und sonstigen Fußballtouristen neben uns wurden nun mutiger und gestikulierten in unsere Richtung. Vor handfesteren Diskussionen hatten sie dann aber zu viel Respekt.

Das Spiel hatte echte Klasse, aber die Stimmung war kompletter Mist. Zumindest waren wir mal im weltberühmten „Nou Camp" gewesen. Warum um diesen Club so ein Hype gemacht wird, werde ich nie verstehen können. Da kann mein Kollege Christian noch so von den Vorzügen des katalanischen Offensivfußballs schwärmen.

Vielleicht müsste ich wie ein kleiner Junge denken. Die sind unkritisch und haben keine moralischen Bedenken, sondern träumen nur davon, einst wie ihre großen Vorbilder kicken zu können. Und davon gibt es bei Barca reichlich.

Jens, Mario und ich hatten wieder eine lustige Tour mit vier abwechslungsreichen Spielen hinter uns.

Italien hatte erneut eindrucksvoll bewiesen, warum es für uns jahrelang das Fußballland Nummer 1 war.

Spanien jedoch war wie so oft eine Enttäuschung in Sachen Fußballatmosphäre.

Der Kommentator Marcel Reif sagte mal, dass ihm Fußball in Italien viel zu intensiv und aggressiv wäre. Darum würde er sich zum Beispiel niemals das Stadtderby zwischen Lazio und dem AS Rom ansehen. Das Publikum in Spanien wäre dagegen sehr viel opernhafter. Wenn zauberhaft gespielt wird, applaudiert das Publikum den Akteuren auf dem Rasen, aber mehr nicht.

Genau so kam ich mir vor.

Wie in der Oper, nicht wie im Fußballstadion.

Wir halten fest: Italien ist für Verrückte. Spanien ist für Weicheier.

Kapitel 6

Die Sonne scheint bei Tag und Nacht

Andalusien im Dezember 2004

Die Primera Division genießt gemeinhin den Ruf als die sportlich stärkste Liga in Europa, gilt aber bei den meisten Groundhoppern nicht als Reiseziel Nummer 1.

In Spanien hatte ich schon einige Spiele gesehen, aber richtig begeistern konnten mich weder Valencia noch Real oder Atletico Madrid. Und Barcelona schon gar nicht.

Den Spaniern wird gerne das Klischee der heißblütigen Südländer angedichtet. Das scheint nur nicht für die Zuschauer in den Fußballstadien zu gelten. Zu der spanischen Stadionkultur gehört eben keine dauerhafte akustische Unterstützung des Teams, sondern eher das „Bocadillo“ (ein belegtes Baguette) und die „Frutos Secos“ (meist Sonnenblumen- oder Kürbiskerne), auf denen man während des Spiels vor Nervosität oder Langeweile herumkaut. Irgendwann allerdings hatte ich davon gehört, dass das Stadtderby zwischen dem FC Sevilla und Real Betis eine Ausnahme sein sollte. Das galt es herauszufinden!

In Deutschland hatte sich die Bundesliga bereits in die Winterpause verabschiedet, und mit Mario, Wolle und dem Hannoveraner fanden sich drei alte Bekannte für den Vorweihnachtstrip nach Andalusien. Wir waren nicht die einzigen Hopper mit diesem Reiseziel: Im Flieger trafen wir auf einen Schalker, den „Aschebercher“, „Bischof“ und einem mir unbekannten weiteren Hopper.

Den Schalker hatte ich vorher noch nie getroffen, aber meiner Erinnerung nach war seine eigentliche Heimatstadt wohl Köln. Die meisten Hopper traf man immer wieder mal, aber unsere Wege haben sich seitdem nicht mehr gekreuzt.

Die anderen Jungs waren bereits seit etlichen Jahren in der Hopperszene aktiv, und da sie aus dem Rhein-Main Gebiet stammten, liefen wir uns regelmäßig über den Weg.

„Bischof" ist Anhänger der Münchner Bayern und hatte seit einigen Jahren kein Auswärtspiel der Bayern verpasst. Seinen Spitznamen hatte er aufgrund seines ehemaligen Wohnsitzes im südhessischen Bischofsheim. Der „Aschebercher" ist Fan von Viktoria Aschaffenburg, Bayern München und Kickers Offenbach (und vermutlich noch einem Dutzend weiterer Clubs). Er erhielt seinen Spitznamen ebenfalls aufgrund seines Wohnortes und legte im Übrigen besonderen Wert darauf, dass möglichst niemand aus der Groundhopperszene seinen richtigen Namen erfuhr. Von diesen Eigentümlichkeiten mal abgesehen, war er aber ein ganz angenehmer Zeitgenosse.

Der spanische Fußballverband hat die Angewohnheit, die genauen Ansetzungen für den kommenden Spieltag erst im Lauf der Vorwoche festzulegen. Das erschwerte die Planbarkeit der Touren erheblich. Das einzige erreichbare Spiel am Vorabend des Stadtderbies in Sevilla war für uns die abendliche Begegnung zwischen dem Club Futbol Cadiz und CD Teneriffa. Deswegen wollte der Schalker vormittags auch noch nach Gibraltar, um sich dort ein paar Jugendspiele anzusehen. Die Truppe um den Aschebercher wollte direkt nach Cadiz.

Wir waren wenig am Jugendfußball interessiert, aber ein Besuch der britischen Enklave klang auf jeden Fall besser, als den ganzen Tag auf den Anstoß in Cadiz zu warten.

Der Flughafen in Jerez wurde gerade erst von den Billigfluggesellschaften entdeckt, und dementsprechend war die Infrastruktur an dem ehemaligen Militärflughafen noch nicht vollständig ausgereift. Die Schlüssel für unseren Mietwagen wurden mir jedenfalls auf dem

Parkplatz aus dem Fenster eines Kleinbusses heraus überreicht.

Eines war mal wieder typisch für Autovermietungen: Wenn man Tausende von Kilometern an einem Wochenende fahren will, bekommt man einen Benziner hingestellt. Aber wenn man nur mal ein paar Kilometer fahren will, erhält man einen Diesel. Wir waren mit unserem Opel Combo trotzdem zufrieden.

In einer basisdemokratischen Abstimmung entschieden wir uns für den Kurztrip ins 116 Kilometer entfernte Gibraltar: Stefan hatte keinen Führerschein und besaß somit kein Stimmrecht, Mario war dafür, Wolle enthielt sich, und der Fahrer sagt sowieso immer, wo es langgeht. Außerdem wollte ich, seitdem ich „Das Boot" gesehen hatte, schon immer mal nach Gibraltar.

Das Auto ließen wir an der Zufahrtstraße zu dem schon von weitem sichtbaren Felsen stehen und liefen zu Fuß ins britische Hoheitsgebiet. Spanische Mietwagen verlieren ihren Versicherungsschutz bei Fahrten nach Gibraltar, und mit spanischen Versicherungen ist im Schadensfall nicht zu spaßen.

Thorsten hatte mal in der Nähe von Valencia einen Unfall mit einem Mietwagen verursacht. An sich keine große Sache. Dummerweise stand ich im Mietvertrag als alleiniger Fahrer, und die Versicherung weigerte sich anschließend, den Schaden zu begleichen. Wir blieben damals auf knapp 2.500 Euro sitzen.

Nach dieser grandiosen Fahrleistung beschimpfte ich Thorsten spaßeshalber als „größten Fahrfehler aller Zeiten", kurz „gröFaZ". Leider war Thorsten nicht geläufig, dass „gröFaZ" auch eine abschätzige Bezeichnung für Adolf Hitler war und eigentlich „größter Feldherr aller Zeiten" bedeutete. Fortan legte er sich „gröFaZ" in diversen Internetforen als Nickname zu und wunderte sich, dass er von allen Seiten bepöbelt wurde. Ein herrlich naiver Mensch. Man musste ihn einfach lieben. Trotzdem gingen wir nach diesem Vorfall fast nie mehr gemeinsam auf Tour.

Die Kreuzung nach der Grenzkontrolle wurde durch eine Schranke versperrt. Da wir links und rechts der Schranke kein Auto kommen sahen, war die Straße offensichtlich frei, und wir hatten keine Lust, länger zu warten. Außerdem war die Querstraße ungewöhnlich breit – falls doch ein Auto auftauchen sollte, hätten wir dem schnell ausweichen können. Somit dachten wir uns nichts beim Überschreiten der Sperre. Doch plötzlich wurde es hinter uns hektisch: Ein Grenzsoldat rannte uns hinterher und pfiff uns wieder zurück hinter die Absperrung: Wir hatten mitten im Landeanflug einer Maschine das Rollfeld des lokalen Airports betreten! Da es auf Gibraltar an passenden Rollfeldern mangelt, wird kurzerhand die Zufahrtsstraße Richtung Felsen gesperrt, die dann den Flugzeugen als Start- und Landebahn dient.

Da hatten wir nochmal Glück.

Das größte Stadion auf dem Felsen ist das „Victoria Stadium“, das man aufgrund der Größe Gibraltars gar nicht übersehen kann. Man spielt hier sogar eine eigene Liga, deren Spiele fast alle dort stattfinden. Teilweise trugen die lokalen Fußballclubs die Namen ihrer bekannten Vorbilder. So kickte in der First Division schon mal Newcastle United gegen Manchester United. Leider hatte die heimische First Division noch Winterpause.

Der Fußballverband von Gibraltar kämpft seit Jahren um die Anerkennung durch die UEFA, aber der spanische Fußballverband blockiert aus politischen Gründen die Beitrittsverhandlungen: Gibraltar feierte 2004 seine 300-jährige Zugehörigkeit zu Großbritannien, nur wurde diese Zugehörigkeit niemals von einer spanischen Regierung anerkannt. Daraus resultieren regelmäßige Konflikte, unter denen eben auch der Fußball leiden muss.

Am Victoria Ground trafen wir wieder auf den Schalker, und in der Tat wurde im Stadion heute Fußball gespielt. Allerdings nur Juniorenfußball. Und so ließen wir den Schalker wieder alleine mit den Kids.

Bei den spanischen Nachbarn gilt Gibraltar als Einkaufs- und Partymeile. Ähnlich wie in San Marino oder Andorra sind Tabak und Alkohol spottbillig, und die Bevölkerung macht davon regen Gebrauch. Da die Welt 2004 im Handgepäck von Flugreisenden noch nicht in jeder Flasche Bier einen Atomsprengkopf vermutete, schlugen auch wir kräftig zu. Eine Flasche „Barbican Ale“, das extra zum 300-jährigem Jubiläum gebraut wurde, war ein perfektes Souvenir für die heimische Sammlung.

Ansonsten versprüht der Felsen eine Mischung aus britischem und spanischem Flair – und English Breakfast in einem Pub unter Palmen hat was für sich. Die berühmten Affen auf dem Felsen bekamen wir nicht zu Gesicht. Aber das war nicht weiter tragisch. Irgendwann würden wir wiederkommen, um dann auch Fußball zu sehen.

Nach unserem Kurzaufenthalt im United Kingdom rief uns der Futbol ins knapp 130 Kilometer entfernte Cadiz. Der Tabellenführer der Segunda Division empfing heute Abend den Club Deportivo Teneriffa im heimischen Estadio Ramon de Carranza. Das Stadion wurde gerade umgebaut und verfügte dementsprechend über eine geringere Zuschauerkapazität. Es war zu erwarten, dass es heute Abend voll werden würde. Gästefans aus Teneriffa waren keine vor Ort, aber der Trip von den Kanaren auf das Festland war vermutlich nicht ganz billig. Auswärtsfahrten gehören bei spanischen Fußballfans angesichts der Ausmaße der iberischen Halbinsel ohnehin nicht zum Standardrepertoire. Nur die Stadtderbies und ein paar regionale Duelle locken regelmäßig Gästefans in die Stadien.

Das Stadion war wie erwartet brechend voll, und die Anhänger von Cadiz verbreiteten etwas Flair auf der Baustelle. Zur optischen Unterstützung ihrer Mannschaft hatten die Hinchas – so werden die Ultras in Spanien genannt – eine Überziehfahne mit dem Vereinslogo gebastelt. Die Stimmung während des Spiels war für spanische Verhältnisse ausgesprochen gut, schließlich spielte die Heimelf um den

Aufstieg in die Primera Division. Cadiz fegte Teneriffa mit 4-1 vom Platz und untermauerte die Tabellenführung in der Segunda Division mehr als eindrucksvoll. Am Ende der Saison sollte der Club tatsächlich in die Primera Division aufsteigen und gegen Real, Barcelona und die großen Nachbarn aus Sevilla spielen. Leider stiegen sie in der gleichen Saison direkt wieder in die Segunda Division ab.

Unterkünfte waren in Spanien nie ganz billig, und angesichts unserer chronisch klammen Geldbeutel verbrachten wir an einer Autobahnraststätte eine halbwegs angenehme Nacht in unserem geräumigen Hotel „Opel Combo".

Das erste Spiel des neuen Tages führte uns zu der Drittligapartie zwischen Club Deportivo Alcalá und dem Club Deportivo Don Benito.

Die Stadionsuche gestaltete sich als ziemlich nervenaufreibend, da Alcalá wesentlich größer war als zunächst vermutet. Einen Stadtplan hatten wir nicht – und Navigationssysteme waren zu der Zeit noch nicht üblich. Also versuchten wir es auf die gute altmodische Art. Aber an einem Sonntagvormittag auf spanischen Straßen einen Passanten zu finden, den man nach dem Weg fragen konnte, erwies sich komplizierter als gedacht. Als wir endlich an einem Fußgänger vorbeikamen, fragte ich ihn in englisch-spanischem Kauderwelsch nach dem Weg und wiederholte gebetsmühlenartig immer wieder die Worte „Estadio?" und „Campo Futbol?"

Der Kerl schaute mich an, als ob ich vom Mond käme.

Nach etwa einer Minute verkündete er unvermittelt, aber voller Inbrunst: „Ah, Éstadio!" und wies uns den Weg dorthin.

Da erlebte ich doch ein Déjà-vu. Denn so etwas Ähnliches hatte ich mal in der Bata-Ilic-Gedächtnisbar der Disco unseres Stammhotels „Dukla" im tschechischen Viskovice erlebt. Da wollte ich ein Glas des tschechischen Nationalgetränkes „Becherovka" bestellen, doch die Bedienung sah mich nur fragend an. Da die Möglichkeit bestand, dass ich es falsch ausgesprochen hatte, betonte ich „Becherovka“ immer wieder anders, aber die Dame hinterm Tresen glotzte nur weiterhin verwirrt. Nach einer Minute schien bei ihr der Blitz eingeschlagen zu sein: Ich hörte ein „Ah, Becherovka!“ von ihr, und sie schenkte mir ein.

Da es aufgrund der Anstoßzeit und der Entfernung das einzige Spiel war, das man vor dem abendlichen Stadtderby zwischen Betis und dem FC Sevilla sehen konnte, waren die restlichen deutschen Hopper auch vor Ort. Der Kassierer jedenfalls war sichtlich überrascht über den zahlreichen Besuch aus Alemania.

Die örtlichen Hinchas bestanden aus zwanzig Kindern, die sich hinter ihrem Banner versammelten und ihre Mannschaft anfeuern wollten. Sie hatten sogar eine blaue Überziehfahne mit weißem Herz gebastelt, um ihre Liebe zum Club zu zeigen. Viel besser als die Kids waren allerdings die pöbelnden Rentner am Spielfeldrand. So kennt man das auch aus der deutschen Kreisklasse. Das Spiel konnte jedoch die Mannschaft aus Don Benito mit 1-0 für sich entscheiden.

Und wir verabschiedeten uns nach Sevilla.

Das „Estadio Ramon Sanchez Pizjuan“ des FC Sevilla liegt mitten im Geschäftsviertel Nervión. Direkt nebenan befand sich eine Shopping-Mall mit einer Menge Restaurants und anderen Geschäften. Mein Augenmerk fiel sofort auf eine Spielhölle nach englischem Vorbild. An einem der Automaten konnte man mit einer Plastik-Pumpgun auf Zombiejagd gehen. Ich war hellauf begeistert. Wolle merkte man sichtlich die Nervosität beim virtuellen Kampf gegen die Zombies an, aber wir hatten unseren Spaß.

In der Kaufhauskette „El Corte Inglés“ organisierten wir uns Proviant und mischten uns anschließend unter die Einheimischen, um uns gemeinsam mit Rotwein und Cerveza auf das Spiel einzustimmen.

Für das Derby zwischen den „Sevillistas“ und den „Béticos“ hatten wir Tickets vorab hinterlegen lassen. Da die Frau am Ticketschalter mit unserer Reservierung aber nichts anfangen konnte, kauften wir uns neue Tickets. In Spanien fällt mir spontan kein einziges Spiel ein, bei dem man an der Abendkasse kein Ticket mehr bekommen könnte: Die Spanier regeln den Andrang bei den großen Spielen über den Ticketpreis, und bei den bedeutenden Paarungen kosten die Tickets oft das Vierfache dessen, was bei einem normalen Ligaspiel verlangt wird. Die teuerste Kategorie war bisher noch nie ausverkauft. Kein Wunder, wenn selbst für Spiele wie UD Levante gegen Real Madrid 150 Euro aufgerufen werden. Welcher normale Mensch würde freiwillig soviel Geld für ein Fußballspiel auf den Tisch legen? Ich garantiert nicht.

Die günstigste Kategorie für das abendliche Derby war eine Kurvenkarte für 50 Euro. Ein stolzer Preis, aber mit Abstand das billigste Ticket. Persönlich fand ich es zwar blöd, dass wir als Groundhopper ebenfalls von diesen Preisen betroffen waren. Aber andererseits war es eine effektive Methode, um jene Zuschauer abzukassieren, die sich immer nur die Topspiele ihres Vereins raussuchten.

Vor dem Stadion herrschte eine ausgelassene Partystimmung, denn die Einheimischen stimmten sich mit Rotwein und Bier auf das bevorstehende Duell ein. Da das Derby regelmäßig von Krawallen überschattet wurde, erhielten die grün-weißen Aficionados aus Sicherheitsgründen nur ein Kontingent von 2.000 Karten. Die Polizei wollte ein Aufeinandertreffen der verhassten Fangruppen so weit wie möglich verhindern, deshalb wurden die Gäste in Sammeltransporten vom eigenen Stadion zum Spielort gefahren. Trotzdem sahen wir vor dem Stadion vereinzelt Zuschauer in grün-weißen Fanutensilien umherlaufen. Ein paar übermotivierte FC-Hinchas verbrannten ein paar grün-weiße Schals und wurden prompt von der kompromisslos vorgehenden Polizei abgeführt. Mit den spanischen Fußballsondereinheiten ist noch weniger zu spaßen als mit deren deutschen Pendants.

Unsere Plätze waren in der „Fondo Norte“, der spanischen Bezeichnung für die Nordkurve. Dies ist auch die Heimat der „Biris

Norte“, der Hinchas des FC Sevilla. Eigentlich bevorzuge ich beim Hoppen eine neutrale Tribüne, um das Geschehen auf beiden Seiten besser beobachten zu können, aber heute ließ sich das leider nicht ändern. Wir suchten uns daher Plätze in der letzten Reihe des Oberranges, so nahe wie möglich an der Haupttribüne. Von dort konnten wir zumindest einen Teil der Heimkurve besser betrachten.

Die Konstruktion der Tribüne war allerdings etwas abenteuerlich. Hinter uns, da wir in der letzten Reihe saßen, war nur noch eine kleine Mauer, an die ein knapp 1,50 Meter breiter Rand anschloss. Danach war kein Zaun, keine sonstige Absperrung mehr, da wartete nur noch der freie Fall über 20 Meter in die Tiefe. Die meisten Zuschauer um uns herum hinderte das aber nicht, die Mauer lässig zu überspringen, um am Tribünenrand ihre Blase zu entleeren. Manche waren ziemlich besoffen, und so, wie sie auf dieser schmalen Kante der Tribüne entlangtorkelten, warteten wir nur darauf, dass der erste abstürzte. Andere Zuschauer tranken dort oben ihr Bier oder zogen sich einen Joint nach dem anderen rein. Die gesamte Stadionseite roch nach Marihuana, und es schien, als würde jeder zweite zwischen 15 und 50 Jahre alte Zuschauer eine Tüte rauchen. Das war ja heftiger als in einem Amsterdamer Coffee Shop!

Ein besonders Durchgeknallter packte vor unserer Nase sein Kokain aus und puderte sich mit seinen Freunden die Nase! Dass in gewissen Fußballkreisen eine Menge harter Drogen konsumiert wird, ist kein Geheimnis, aber normalerweise gehen die Jungs dazu auf die Toilette und ziehen sich ihr Koks nicht öffentlich in der Kurve rein. Das war ein völlig anderes Publikum als in Madrid oder Barcelona – und uns gefiel es.

Anpfiff sollte um 19 Uhr sein, und die „Biris Norte“ bereiteten die Choreographie für das Einlaufen der Mannschaften vor. Eine Viertelstunde vor Anpfiff füllte sich auch der Gästeblock: Der Konvoi mit den Gästefans war nun eingetroffen. Eine Stadiondurchsage sorgte für Hektik und Pfiffe bei den übrigen Zuschauern in der Kurve. Wir verstanden kein Spanisch, aber irgendetwas stimmte hier nicht: Das Derby begann insgesamt mit 45 Minuten Verspätung, da der Zeugwart der „Béticos“ anscheinend die falschen Trikots eingepackt hatte und zunächst ins eigene Stadion zurückkehren musste, um die richtigen Jerseys zu holen.

Nun konnte es losgehen, und die „Biris Norte“ durften endlich ihre Choreographie präsentieren. Die Choreo bestand im Oberrang aus Papptafeln in den rot-weißen Vereinsfarben des FC Sevilla. Im Unterrang wurden Folien über die Köpfe der Zuschauer hochgezogen, die nach und nach zwei verschiedene Motive darstellten. Der erste Teil bildete das Vereinswappen des FC Sevilla. Nach einem Moment wurden die Stoffbahnen gedreht, und ein zweites Bild war zu sehen: Ein Spieler, der mit einem Ball in der Hand vorwärts stürmt, darüber prangend der Spruch „Place el Duende“, was auch immer dies genau heißen sollte.

Die Stimmung während des Spiels war super. So viele Emotionen waren wir von spanischen Aficionados überhaupt nicht gewohnt. Nicht mal beim El Clásico zwischen Real und Barca werden so viele Gefühle freigesetzt (höchstens in einem Frankfurter Bürogebäude, wenn sich meine Kollegen Christian und Francisco wieder mal wegen der Glaubensfrage Real oder Barca fetzen).

Die Spieler befanden sich wohl ebenfalls im Derbyfieber, denn die Kicker nahmen ihre Sache ziemlich ernst. Die Sevillistas gingen in der dritten Minute in Führung, Betis konnte jedoch noch vor der Halbzeit ausgleichen. Die Rot-Weißen erzielten mit Anpfiff erneut die Führung, und der Torhüter des FC verhinderte mit etlichen Glanzparaden den Ausgleichstreffer. Für spanischen Fußball wurden sogar ungewöhnlich viele echte Fouls verübt. Erwähnenswert wäre noch ein Platzverweis für den Betis-Spieler Luis Fernandez: Er wurde in der 82. Minute eingewechselt – und flog in der 90. Minute mit gelb-rot wieder vom Platz.

Der FC konnte das Derby letztendlich mit 2-1 für sich entscheiden und hatte sich im Rennen um die Europapokalplätze ein wenig Abstand vom ungeliebten Nachbarn verschafft. Nach dem Spiel feierten die Sevillistas ausgiebig ihren verdienten Sieg. Irgendwelchen Ärger zwischen den beiden Fangruppen gab es nach dem Spiel nicht. Nur der Aschebercher berichtete uns am nächsten Morgen, dass er von einem Sevillista versehentlich für einen Betis-Anhänger gehalten wurde und nach dem Spiel einen Tritt ins Kreuz verpasst bekam. Nachdem der Angreifer sein Versehen bemerkte, bedauerte er dies und entschuldigte sich sogar noch bei „Asche“!

Dass man mal zwischen die Fronten geraten kann, gehört zum Berufsrisiko eines Groundhoppers.

Uns war viel wichtiger, dass in Spanien zwischen Bodacillos und Kürbiskernen auch noch eine lebendige Fankultur zu finden war.

Kapitel 7

Die Insel der Götter

Zypern im November 2005

Die kleine Mittelmeerinsel Zypern gehört geographisch zwar schon zu Asien, wird politisch jedoch zu Europa gezählt. Interessanterweise liegt die Insel näher an Tel Aviv als an Athen oder Ankara, den Hauptstädten der um die Insel streitenden Mächte.

Nach der teilweisen Besetzung der Insel durch türkische Interventionstruppen ist diese seit 1974 durch eine Demarkationslinie in zwei Hälften geteilt. Die Südhälfte bildet die griechischsprachige Republik Zypern, und die Nordhälfte bezeichnet sich als Türkische Republik Nordzypern.

Die Grenzanlagen sind nicht etwa mit denen an der ehemaligen innerdeutschen Grenze vergleichbar. Die Demarkationslinie ist in den ländlichen Gebieten nur an neuralgischen Punkten befestigt und wird ansonsten auf beiden Seiten durch Militärposten kontrolliert. Einzig und allein in der Hauptstadt Nicosia gibt es so etwas wie eine Mauer, die quer durch die gesamte Innenstadt verläuft.

Zwischen dem Nord- und Südteil liegt die sogenannte „Green Line“, eine Pufferzone, die von UN-Truppen gesichert wird. Zudem befinden sich im Südteil noch zwei souveräne britische Militärbasen, da Zypern bis 1960 eine Kronkolonie des Empire war.

Die Republik Zypern ist seit 2004 Mitglied der EU und ein von UEFA und FIFA voll anerkannter Fußballverband. Die Türkische Republik Nordzypern wird weder politisch von den Vereinten Nationen noch sportlich von den Fußballverbänden als selbständiges Gebilde anerkannt. Die Nationalmannschaft Nordzyperns pflegt ein ähnliches sportliches Schattendasein wie die Fußballverbände in Grönland oder Gibraltar.

Da ich ansonsten nicht viel über den zypriotischen Fußball wusste, wandte ich mich in einer E-Mail an den Fußballverband. Mittlerweile findet man im Internet für beinahe jede Gurkenliga Spielpläne mit einigermaßen verlässlichen Anstoßzeiten, aber für Zypern galt das 2005 noch nicht.

Die Sekretärin des zypriotischen Fußballverbandes war glücklicherweise in der Lage, mir für das anvisierte Wochenende die genauen Ansetzungen der ersten beiden Ligen zukommen zu lassen. Zudem stimmten die angegebenen Spielorte der jeweiligen Teams mit den Daten aus dem „Groundhopping Informer“ überein – das war nämlich nicht immer und überall so. Neben einem charmanten Willkommensgruß gab sie mir sogar eine besondere Empfehlung für das Samstagabendspiel zwischen AEL Limassol und APOEL Nicosia mit auf den Weg.

Mit dieser Bestätigung konnte die Planung beginnen, und weil alle anderen Hopper in meinem Bekanntenkreis schon anderweitig verplant waren, trat ich den Trip alleine an. Das Bonusmeilenprogramm der größten deutschen Fluggesellschaft bescherte mir eine kostengünstige Anreise zum bekanntesten Flughafen der Insel im südlich gelegenen Larnaca. Die Ankunft war samstagmorgens um 2 Uhr, der Rückflug für Montagmorgen um 3 Uhr terminiert. Zeit für eine intensivere Begutachtung der Insel blieb da natürlich nicht. Aber bei solchen Touristenzielen nehme ich mir immer fest vor, im Rentenalter für einen längeren Zeitraum zurückzukehren.

Die zwei Militärbasen im Süden Zyperns waren übrigens nicht die einzigen Hinterlassenschaften der britischen Besatzungsmacht. Auf der Insel herrscht Linksverkehr, und die Währung hieß bis zur Einführung des Euro „Zypern-Pfund“. Das mit der Währung störte mich weit weniger als der Linksverkehr. In manchen Jahren habe ich durchaus mehr

Kilometer im Links- als im Rechtsverkehr zurückgelegt, aber 2005 war für mich auch das erste Mal, dass ich im Linksverkehr selbst am Steuer saß. Glücklicherweise landete ich mitten in der Nacht, und es war kein Verkehr auf der Straße. Dadurch hatte ich jede Menge Zeit zu üben, um mich an das Fahren auf der falschen Seite zu gewöhnen. Eigentlich besteht überhaupt kein großer Gegensatz zum Rechtsverkehr – nur das Schalten mit der linken Hand empfinde ich selbst heute noch als gewöhnungsbedürftig.

Zur fortgeschrittenen Stunde hatte es natürlich wenig Sinn, sich noch in einem Hotel einzuquartieren. Bei den herrschenden angenehmen Temperaturen machte ich es mir stattdessen im Hotel „Clio“ bequem.

Das erste Spiel stand in Larnaca an, und so nutzte ich den Morgen für etwas Sightseeing. Die Stadt hatte ein paar archäologische Museen zu bieten, aber anstatt mir ein paar antike Ausgrabungsstücke anzusehen, interessierte ich mich mehr für intakte Bauwerke. Am liebsten natürlich für Fußballstadien, aber ich wollte mir wenigstens etwas vom Rest der Stadt ansehen, wenn ich schon mal hier war. Neben einem türkischen Kastell gibt es noch die wirklich sehenswerte Agios-Lazaros-Kirche, die in leuchtenden Sandfarben erstrahlt. Die Strandpromenade war auch nicht schlecht, da dort neben zahlreichen einheimischen Restaurants auch mehrere englische Pubs vertreten waren. Ein English Breakfast unter Palmen bei strahlendem Sonnenschein konnte ich mir unmöglich entgehen lassen.

Derart gestärkt begab ich mich auf die Stadionsuche. Larnaca hat nur um die 70.000 Einwohner. Das war klein und übersichtlich, dachte ich, und verzichtete darauf, mir einen Stadtplan zu kaufen. Stattdessen verbesserte ich meine Fahrpraxis im Linksverkehr, indem ich auf der Suche nach den Stadien wahllos durch die Stadt fuhr.

Immerhin waren in der Saison 2005/2006 drei Erstligisten in Larnaca beheimatet: AEK Larnaca spielte im „Neo GSZ“, einem Neubau auf einer

Anhöhe außerhalb der Stadt. Dann war da der Club Nea Salamina, der seine Heimstätte im Stadion „Ammóchostos“ hat, und dann gab es natürlich den letztjährigen zypriotischen Meister Anorthosis Famagusta, der im nicht weit davon entfernten Stadion „Antonis Papadopoulus“ kickt. Diese beiden Clubs fristen seit der Teilung der Insel ein Exil in Larnaca, denn die ursprüngliche Heimat liegt im türkisch besetzten Famagusta.

Die Abneigung gegenüber den türkischen Besatzern konnte man im Stadion „Antonis Papadopoulos“ deutlich erkennen: Über den Toilettenanlagen war ein 4 mal 5 Meter großes Plakat angebracht. Darauf waren die Umrisse des Nordteils aufgemalt, der an der Demarkationslinie von einem türkischen Dolch zerschnitten wurde. An der Einschnittstelle wurde mit roter Farbe die blutende Seele der Bevölkerung nachempfunden. Dazu war auf dem Plakat in griechischen Buchstaben zu lesen: „Griechische Zyprioten, vergesst dies niemals!“

Anorthosis wurde 2005 zum zwölften Mal Meister und sicherte sich in der Qualifikation zur Champions League gegen namhafte Gegner wie Dinamo Minsk und Trabszonspor den Einzug in die 3. Runde der Qualifikation. Vor allem der 3-1-Heimsieg gegen die verhassten Türken muss eine echte Genugtuung für die einheimischen Zuschauer gewesen sein. In der dritten Runde schied man gegen die Glasgow Rangers aus und verabschiedete sich anschließend auch noch gegen US Palermo aus dem UEFA-Cup.

Im Mittagsspiel traf Anorthosis nun in der Liga auf APOP, einen Verein aus der beliebten Touristenregion Paphos auf der Westhälfte der Insel. Die gehandelte Quote für einen Auswärtssieg von APOP lag bei 1 zu 13. Das sprach nicht unbedingt für die Attraktivität des Gegners.

Im Kader von Anorthosis standen neben Zyprioten und Griechen auch drei Georgier, die ihren Platz im Team wohl dem georgischen Trainer Temur Ketsbaia schuldeten. Mit dem Ex-Stuttgarter und zweifachen deutschen Nationalspieler Marco Haber gehörte sogar ein alter Bekannter zur Mannschaft.

Das Stadion ist ein reiner All-Seater mit einem Fassungsvermögen von 10.000 Sitzplätzen. Die beiden Hintertortribünen sind relativ unspektakulär, aber die Haupttribüne hat etwas vom Stil einer Kommandobrücke auf einem Flugzeugträger.

Neben mir fanden sich bei strahlendem Sonnenschein unter blauem Himmel knapp 6.000 Fußballinteressierte auf ihren Plätzen ein, darunter auch etwa 200 örtliche Ultras, deren Durchschnittsalter schätzungsweise bei zwölf Jahren gelegen haben dürfte. Die Jungs feuerten ihre Mannschaft zwar durchgehend an. Die Anfeuerungsrufe klangen aber grell wie ein Kinderchor. Gäste aus dem Westteil der Insel konnte ich keine ausmachen, die hätten sich angesichts des Spielverlaufs wohl auch nicht freiwillig zu Wort gemeldet. Bis zur 67. Minute stand es 2-1, doch nach einem Platzverweis für die Gäste brach deren Abwehrspiel völlig in sich zusammen. Innerhalb von 12 Minuten machte Anorthosis den Sack zu und schoss APOP 6-1 ab. Das Spiel war spielerisch extrem schwach, und es spricht nicht unbedingt für den zypriotischen Fußball, dass APOP angesichts solcher Leistungen am Saisonende erst in der Relegation abgestiegen ist. Denn das bedeutete, dass es mit APEP Pitsilias und ENTHOI Lakatamia zwei Mannschaften in der ersten Liga gab, die *noch schlechter* spielten als APOP.

Wenn ich mich nicht noch ans Steuer hätte setzen müssen, wäre die Bar des Stadions der perfekte Aufenthaltsort gewesen, um sich das Spiel schön zu trinken. Dort gab es nämlich eine erstklassige Auswahl an hochprozentigen Getränken.

Nach dem zugegebenermaßen torreichen, aber etwas faden Kick bei Anorthosis hatte ich die Qual der Wahl. In Larnaca würden später AEK und Nea Salamina im Stadtderby aufeinandertreffen, und auf der anderen Seite traf in Limassol der Tabellenvierte AEL auf den Tabellenzweiten APOEL Nicosia. Das versprach zumindest sportlich für mehr Spannung, da APOEL die Chance auf die Tabellenführung hatte. Letztendlich entschied ich mich für die Partie in Limassol, da ich mir das Neo GSZ Stadion auch noch am Sonntag mit einem Zweitligaspiel zu Gemüte führen konnte.

Wie sich ein paar Stunden später herausstellen sollte, hatte ich die richtige Entscheidung getroffen.

Limassol ist eine Hafenstadt mit knapp 200.000 Einwohnern, und bevor ich mir Gedanken machen konnte, wo ich am besten mit der Stadionsuche beginnen sollte, erspähte ich von der Autobahn aus schon die leuchtenden Flutlichtmasten, die den Nachthimmel ringsherum erhellten. Zudem diente mir ein massives Blaulichtgewitter von Einsatzfahrzeugen der Polizei als weiterer Wegweiser zum Tsirion-Stadion.

Draußen war es zur Abendzeit noch relativ schwül, und der Mietwagen besaß keine Klimaanlage, weshalb ich die Fenster runtergekurbelt hatte. Während ich am Stadion vorbeifuhr, hallten die ersten Schlachtgesänge durch die offenen Fenster. Nach meinen Informationen waren es doch noch knapp zwei Stunden bis zum Kick-Off. Hatte mir jemand eine falsche Anstoßzeit genannt? Ich parkte den Clio direkt an der Zufahrtstraße zum Stadion und flitzte zum Eingang. Interessanterweise hatte das Spiel noch nicht angefangen, aber die Fankurve von AEL war schon voll besetzt und in bester Gesangslaune. Das war schon eine andere Kategorie Supporter als die zur Mittagszeit bei Anorthosis!

Am Stadion konnte man wieder den britischen Einfluss auf Zypern entdecken. Das Stadion hatte zwar eine Laufbahn, aber zwei baugleiche Tribünen mit Ober- und Unterrang, die mit ihren Tribünenpfosten an die alte englische Bauweise erinnerten. Sie waren komplett mit Sitzplätzen bestückt und boten 13.100 Zuschauern Platz. Bemerkenswert war auch der VIP-Bereich im Stadion. Der sah aus wie ein Kinosaal mit 30 Sesselreihen, den man inmitten der Gästetribüne hinter einer dicken Panzerglaswand untergebracht hatte.

Stimmungsmäßig gefiel mir die Partie schon jetzt. Ich war gespannt, was das Spiel bringen würde. APOEL ist der Rekordmeister des Landes und war in der laufenden UEFA-Cup-Runde Gegner von Hertha BSC Berlin. Allerdings schied man gegen die Hertha sang- und klanglos mit 3-1 und 1-0 aus. AEL Limassol konnte immerhin fünf Meistertitel erringen, allerdings datierte der letze aus dem Jahr 1968.

Im Gästebereich waren eine Stunde vor Anpfiff so um die 500 Leute anwesend. Die Anhänger der Gäste nennen sich selbst schlicht „APOEL Ultras" – die gehörten zu dem Wenigen, was man über zypriotische Fußballfans in deutschen Fanzines oder im Netz lesen konnte.

Eine Viertelstunde vor Anpfiff wurde es plötzlich unruhig im Stadion. Die Heimfans verließen schlagartig ihre Tribüne, und die anwesenden Gäste wirkten ziemlich begeistert. Das Dunkel der Nacht hinter den Tribünen wurde vom roten Glühen fliegender bengalischer Fackeln erleuchtet. Da schienen wohl noch mehr Gäste zu kommen – der Mannschaftsbus der Gäste konnte es jedenfalls nicht sein, da sich die Teams bereits zum Aufwärmen auf dem Platz befanden.

Von der Gästetribüne aus konnte ich das sich bietende Schauspiel beobachten: Nach und nach fuhren immer mehr mit Fahnen zugehangene Busse vor, aus deren Fenstern sich Bengalos schwingende, vermummte Gestalten hängten. Einzelne Verrückte hüpften während der Fahrt aus den Fenstern auf parkende Autos und sprangen auf ihnen herum. Nur gut, dass mein Mietwagen eine Straße weiter parkte!

Die ankommenden Fans überrannten die Eingangskontrollen, und schon war der Gästeblock mit weiteren 3.000 Anhängern aus der Hauptstadt gefüllt. Die „APOEL Ultras" galten als extreme Nationalisten, die für ein an Griechenland orientiertes Zypern eintraten. Rein optisch sahen sie aber eher aus wie der Schwarze Block der militanten Autonomen in Deutschland.

Die „APOEL Ultras" lieferten sich sofort nach Betreten des Stadions die ersten Gesangsduelle mit den AEL-Anhängern. Bis zum Anpfiff hatten sich für zypriotische Verhältnisse durchaus beachtliche 10.000 Zuschauer auf den Plätzen eingefunden. Das konnte eine interessante Begegnung werden.

Da beide Clubs dunkelblau-gelb als Vereinsfarbe haben, traten die Lokalmatadore in den eigenen Farben an, und APOEL wechselte auf orange Auswärtstrikots. Über die Farbwahl war ich etwas erstaunt, aber ein grauhaariger Einheimischer erklärte mir, dass orange die traditionelle Auswärtsfarbe APOELs sei. Zumindest war es das, was ich verstehen konnte. Er sprach zwar Englisch, aber der alte Herr bewegte die Lippen kaum merklich und eigentlich nur, um einen neuen Zug aus seiner Tabakpfeife zu nehmen.

Zum Einlaufen der Mannschaften konnte man auf beiden Tribünen gemalte Spruchbänder und bengalische Fackeln leuchten sehen, ganz so, wie man es aus dem südosteuropäischen Ausland gewohnt ist.

Das Spiel nahm sofort mächtig Fahrt auf, und APOEL erzielte bereits in der 13. Minute den Führungstreffer, der die Gästeanhänger zur Ekstase trieb. Der 1-1-Ausgleich in der 30. Minute hatte dagegen durchaus etwas Komisches: Der Torwart von APOEL trat den Ball beim Abstoß bis in den Mittelkreis, wo ihn ein AEL-Spieler zurück in die gegnerische Hälfte passte. Die Nummer 10 von AEL erreichte den Ball am Sechzehnmeterraum noch vor dem Torwart, passte ihn quer auf die freistehende Nummer 9 und – TOR! Genau sieben Sekunden und drei Ballkontakte nach seinem Abstoß durfte der APOEL-Torwart den Ball wieder aus dem Netz fischen.

Die AEL-Anhänger waren völlig aus dem Häuschen und feierten ihre Mannschaft erneut mit dutzenden bengalischen Feuern. Aber nach dem 1-1 fehlte dem Spiel leider zusehends das Tempo der ersten halben Stunde. Die Stimmung auf den Rängen flachte enorm ab, und die Fans suchten sich anderweitig Beschäftigung. Am Seitenrand der Tribünen bemühten sich die beiden Fangruppen, sich gegenseitig mit bengalischen Fackeln zu bewerfen; aufgrund der großen Entfernung landeten die Fackeln immer auf der Tartanbahn.

Im Gästeblock loderten plötzlich meterhohe Flammen empor. Zuerst dachte ich, die fackelten dort Papier ab. Nachdem das ganze Stadion nach verbranntem Plastik roch, war klar, dass sie die Sitzschalen angesteckt hatten. In Deutschland wäre das Spiel schon längst abgebrochen worden, aber hier ließ sich davon niemand stören.

Nachdem die Flammen schon fünf Meter hoch flackerten, hatte die Feuerwehr ihren großen Einsatz. Mit Blaulicht und Sirene rückte ein Löschfahrzeug über die Tartanbahn vor, nur um sich in einem Geschosshagel geworfenen Plastikflaschen wiederzufinden. Gezwungenermaßen trat der Feuerlöschzug den sofortigen Rückzug an.

Der Brand dehnte sich immer weiter aus, und Polizei und Feuerwehr ersannen eine neue Taktik: Zwei Polizisten kletterten auf das Dach des Löschfahrzeugs und knieten mit ihren Schutzschildern links und rechts der Wasserkanone. Mir war unerklärlich, wo die Gästefans im Stadion so viele Wurfgeschosse fanden, denn der Geschosshagel riss nicht ab. Derart geschützt konnte die Feuerwehr die Wasserkanone nun manuell ausrichten und das Feuer endlich löschen. Nachdem das Feuer gelöscht war, zeigten die Feuerwehrmänner eine nur allzu menschliche Reaktion: Sie rächten sich an den Gästefans, indem sie die Wasserkanone als Wasserwerfer einsetzten und die Zuschauer ordentlich einweichten. Das trug nun überhaupt nicht zur Befriedung der Szenerie bei, und die Gäste legten den nächsten Brand im Stadion, der mit der gleichen Taktik wieder gelöscht wurde. Dieses Schauspiel wiederholte sich bis zum Abpfiff dann noch fünf- oder sechsmal.

Einfach unfassbar.

Das Spiel lief seelenruhig weiter, doch es interessierte niemanden mehr wirklich. Nach dem Schlusspfiff stürmte die ganze Meute aus dem Gästeblock auf den hinteren Teil der Tribüne, um von dort die auf dem Vorplatz wartende Bereitschaftspolizei mit einem Geschosshagel aus gefüllten Plastikflaschen und Steinen einzudecken.

Die AEL-Anhänger mussten ihrerseits bereits auf dem Weg in Richtung der Gästetribüne sein, denn die Polizei rannte plötzlich sehr hektisch in Richtung des Stadionvorplatzes. Als sich der Mob dann in

Richtung der Polizei und der Hauptstraße in Bewegung setzte, war abzusehen, dass es hier nicht beim Austausch von Beschimpfungen und Wurfgeschossen bleiben würde.

An sich war ich an dieser Stelle neutraler Beobachter, aber die erlebnisorientierten Anhänger beider Clubs hatten sich die Straße, in der mein Mietwagen parkte, als Schlachtfeld ausgesucht. Die Jungs waren vor dem Anpfiff schon nicht wirklich zimperlich mit fremden Autos umgegangen! Da musste ich mich dann doch schnellen Fußes an der Spitze des Mobs, vorbei an den sensationslüsternen Boulevardjournalisten, zu meinem Mietwagen vorkämpfen.

Nachdem ich mein Auto gerade noch so in Sicherheit gebracht hatte, konnte ich im Rückspiegel das Spektakel auf der Straße beobachten. Die Anhänger beider Seiten bewarfen sich gegenseitig mit Steinen und Bengalos, und zwischendrin flogen immer wieder Gegenstände in Richtung der Polizei. Diese reagierte im Gegenzug mit dem massiven Einsatz von Tränengas und Schlagstöcken. Die TV-Kameras erhielten vermutlich ordentliches Bildmaterial für die Abendnachrichten.

Mit so einer Action hatte ich auf Zypern nun wirklich nicht gerechnet. Die Sekretärin des Verbandes hatte mir den Kick als Top-Spiel empfohlen. Ich dachte eigentlich, dass sie ein sportliches Highlight gemeint hatte.

Während des morgendlichen Frühstücks am Strand von Larnaca konnte ich in einer englischsprachigen Zeitung die Bilanz des Vorabends nachlesen: 27 Verletzte und ein toter Polizist. Der Polizist war zwar nicht durch direkte Gewalteinwirkung gestorben, sondern erlitt wohl vor lauter Aufregung einen Herzinfarkt; aber das war schon eine wirklich krasse Geschichte. Unter den Verletzten waren insgesamt 16 Polizisten, die durch fliegende Gegenstände und Faustkontakt erwischt wurden. Festnahmen gab es anscheinend keine. Auch im Nachhinein würde es wohl kaum welche geben, denn auf den Fotos waren nur Vermummte zu sehen.

Zur Mittagszeit besuchte ich das beschauliche Zweitligaspiel zwischen ALKI Larnaca und MEAP Nisou. Knapp 300 Einheimische konnten sich für das Match im Stadion Neo GSZ begeistern. Das Spiel endete 1-1, aber meine Erinnerungen an den Spielverlauf sind vollständig verblasst. Vor meinem geistigen Auge sehe ich nur noch einen übergewichtigen bärtigen Einheimischen mittleren Alters, der am laufenden Band jeden Spieler der gegnerischen Mannschaft mit „Pasalaki!" (oder so ähnlich) beschimpfte. Ein paar Fakten zum Stadion habe ich aber auch noch behalten:

Der Ground wurde 1994 errichtet, und das Kürzel GSZ steht für „Gymnastic Club Zenon", den Besitzer des Stadions. Das größte sportliche Ereignis im Neo GSZ war das Finale der U-19-Europameisterschaft 1998, bei dem die deutsche Elf ganz entgegen dem deutschen Gewohnheitsrecht im Elfmeterschießen 3-4 gegen die irische Juniorennationalmannschaft unterlag.

Das nächste Spiel führte mich in die Hauptstadt Nicosia – na, nicht ganz, denn meine Reise endete bereits einige Kilometer vor der Stadtgrenze. Das Nationalstadion befindet sich nämlich in der südlichen Peripherie Nicosias und war durch seine Lage direkt an der Autobahn A1 nicht zu verfehlen. Es wurde 1999 fertiggestellt und ist mit einem Fassungsvermögen von mehr als 23.000 Sitzplätzen der größte Ground auf der Insel. Das Highlight ist meines Erachtens die wellenförmig geschwungene Dachkonstruktion der Haupttribüne, in der auch Teile des Flutlichts integriert sind.

Das GSP-Stadion dient neben der Nationalmannschaft auch den drei Hauptstadtklubs Olympiakos, APOEL und Omonia als Heimstätte. Omonia war mit allein 14 Meisterschaften in den siebziger und achtziger Jahren so etwas wie der Abonnement-Meister Zyperns. Seine Stellung als Rekordmeister musste der Club inzwischen an APOEL abgeben, weswegen diese Begegnung zu den sportlich wie stimmungsmäßig attraktivsten Partien des Landes gehören dürfte. Olympiakos Nicosia, die Nummer 3 der Stadt, konnte immerhin drei Meisterschaften für sich entscheiden.

Laut Tabelle stand heute das absolute Topspiel des Spieltages an: Der Tabellendritte empfing den Tabellenführer aus Limassol. Trainer bei Apollon Limassol war zu der Zeit Bernd Stange, der ehemalige Nationaltrainer der DDR und des Irak. Auch hier, auf Zypern, ließ es sich Stange nicht nehmen, seinen Co-Trainer Harald Irmscher an seiner Seite zu haben. Zudem hatte er noch drei seiner ehemaligen irakischen Schützlinge in das Team geholt. Bernd Stange begegnete ich auf meinen Touren immer wieder mal und empfand ihn trotz seiner umstrittenen Vergangenheit durchaus als charismatischen und sympathischen Menschen, der etwas von seiner Arbeit verstand. Mit Paulo Rink fand sich im Kader Omonias auch ein alter Bekannter aus der Bundesliga wieder.

Knapp 15.000 Zuschauer wollten sich das Spitzenspiel ansehen. Die Ultras von Omonia trugen klangvolle Namen wie „When Passion leads to Madness“ oder „We are simply Superior“. Das klang nicht nur cool – die Jungs waren es auch. Zum Einlaufen der Teams bastelten die Omonia-Anhänger eine Choreographie aus weißen und grünen Luftballons. Zusammen mit den vielen Fahnen und etlichen bengalischen Fackeln sah das in der Dämmerung wirklich genial aus. Die Gästeanhänger hüllten ihren Block mit Fahnen und Papptafeln in die blau-weißen Farben Apollons und sorgten dazu für einen Konfettiregen aus geworfenen Papierschnipseln. Während des gesamten Spiels waren die Anhänger in Aktion und peitschten ihre Teams kontinuierlich mit Schlachtgesängen an.

Doch den hohen Erwartungen der Zuschauer wurden die beiden Mannschaften nicht ganz gerecht. Apollon ging in der 8. Minute in Führung, und die Gastgeber glichen in der 22. Minute per Foulelfmeter wieder aus. Danach passierte auf dem Feld recht wenig. Immerhin hatte Apollon durch das 1-1-Unentschieden seine Tabellenführung verteidigt (und wurde dank Bernd Stange am Ende der Saison auch Meister).

Während des Spiels kam ich mit Dimitris, einem Einheimischen, ins Gespräch, und wir unterhielten uns über den zypriotischen Fußball und die Fanszenen. Solche Ausschreitungen wie bei der gestrigen Partie würde es laut Dimitris nur selten geben, aber APOEL wäre bekannt für seine extremen Fans. Gestern, so sagte er, wären sie ausgetickt, weil sie die Möglichkeit zur Tabellenführung verpasst hätten.

Da würde mich doch interessieren, was deren Anhang macht, wenn die Mannschaft mal am letzten Spieltag die Meisterschaft vergibt!

Omonia Nicosia bezeichnete er als zypriotischen Separatisten-Verein, der für ein unabhängiges, wiedervereintes Zypern stehen würde, während sich beispielsweise die Anhänger und Verantwortlichen von Apollon Limassol eher zur politischen Zugehörigkeit zu Griechenland bekennen würden. Deswegen wären die Vereinsfarben von Omonia grün-weiß und die von Apollon blau-weiß.

Was die grün-weißen Farben nun mit Zypern zu tun hatten, verstand ich nicht so recht, aber in der Tat präsentierten die Gästefans eine Choreographie aus blau-weißen Papptafeln, deren Muster der griechischen Nationalflagge nahekam. Zudem wurden im Gästebereich etliche griechische Fahnen geschwenkt.

Von der sportlichen Qualität der nationalen Meisterschaft war Dimitris auch nicht sonderlich angetan, daher interessierte er sich stark für die Geschehnisse in den europäischen Top-Ligen, deren Spiele er regelmäßig im Pay-TV verfolgte. Insgesamt kamen wir zu dem Ergebnis, dass der zypriotische Fußball noch stark ausbaufähig war.

Für mich endete das Abendspiel am Flughafen in Larnaca, da sich meine 48 Stunden Aufenthalt auf der „Insel, auf der die Götter Urlaub machen“ dem Ende näherten.

Der Trip nach Zypern hatte sich wesentlich unterhaltsamer gestaltet, als ich im Vorfeld angenommen hatte. In Sachen Stimmung war Zypern ein kleines Highlight, wenn auch meine niedrigen fußballerischen Erwartungen bestätigt wurden.

Mittlerweile allerdings sorgen Clubs wie APOEL Nicosia oder Anorthosis Famagusta sogar für gelegentliche Überraschungen in der Champions League.

Kapitel 8

Nastrovje

Moskau im Juli 2006

Das WM-Finale in Berlin mit dem sehenswerten Kopfstoß von Zinedine Zidane gegen den Italiener Marco Materazzi war erst wenige Tage her, aber im Gegensatz zu den Hobbyfußballfans, die das Sommermärchen hervorbrachte, hatte mich das Reise- und Fußballfieber schon wieder voll im Griff. Die russische Hauptstadt sollte das Ziel einer Fünftagetour werden, und mit Mario hatte sich auch ein altbekannter Weggefährte als Begleiter gefunden.

Die Lufthansa brachte uns vom Rhein-Main-Airport an den Moskauer Flughafen Scheremetjewo, der sich knapp 30 Kilometer nordwestlich von Moskau befindet. Für die Russische Förderation benötigte man als eines der wenigen europäischen Länder noch ein Visum, aber das war eine überwindbare Hürde, die wir im Vorfeld problemlos meisterten. Die Einreisekontrollen waren wesentlich nerviger: Eineinhalb Stunden dauerte es, bis wir endlich den ersehnten Stempel in den Reisepass gedrückt bekamen. Nicht, dass wir sonderlich viele Fragen hätten beantworten müssen – es lag mehr daran, dass die russische Grenzpolizei für die Kontrolle von 500 Menschen lediglich eine Handvoll Uniformierte bereitstellte.

Taxis vom Flughafen in die Stadt schlagen mit umgerechnet rund 30 Euro zu Buche. Wir entschieden uns aber für die Fahrt mit dem Bus, der uns zur nächsten Metrostation in einem Randbezirk Moskaus brachte. Russisch sprachen wir zwar nicht, aber mit Hand und Fuß kann man sich immer und überall verständigen. Zudem war die Metrostation praktischerweise auch gleich Endstation des Busses, wir mussten also nur warten, bis alle anderen auch ausstiegen. Die Moskauer Metro ist übrigens eine phantastische Einrichtung: An den Bahnsteigen hat man Wartezeiten von maximal 2 Minuten, und dann kann man für umgerechnet 50 Cent quer durch das gesamte Stadtgebiet fahren. So wie ich das sehe, ist das eine der wenigen positiven Errungenschaften des Kommunismus.

Unterkünfte standen in der Stadt reichlich zur Auswahl. Allerdings waren die auch relativ teuer. Selbst die sonst so günstigen Hostels, die von einem anderen Frankfurter Hopper gerne als „Zigeunerlager“ betitelt wurden, waren teurer als anderswo. In der Tat sollte ein Bett mit durchgelegener Matratze in einem schäbigen Mehrbettzimmer 25 Euro pro Person und Nacht kosten. Bei diesen Preisen entschieden wir uns lieber für ein Doppelzimmer in einem sauberen 3-Sterne-Hotel – und das war unwesentlich teurer als eine der Jugendherbergen.

Zudem muss man als Ausländer bei der Ausreise einen Stempel vorweisen, der Auskunft über den Aufenthaltsort in Russland gibt. Im Hotel bekommt man diesen Stempel für den gesetzlich vorgeschriebenen Preis von 1 Rubel pro Tag (ungefähr 3 Cent). In den meisten Hostels verlangt man für die gleiche Leistung 40 US-Dollar, was unser Freund Jens bei seiner Tour nach Moskau am eigenen Leib erfahren durfte.

Man kann diese Gebühr auch gänzlich einsparen und sich persönlich auf der Moskauer Ausländerbehörde anmelden. Wer aber nicht unbedingt eine Version des Asterix-und-Obelix-Klassikers „Das Haus, das Verrückte macht“ am eigenen Leib erfahren möchte, sollte seine Zeit und Nerven jedoch nicht freiwillig damit verschwenden.

Unser Hotel lag zwar etwas abseits der Innenstadt, dafür aber in der Nähe des Dinamo-Stadions, der Heimstätte von CSKA und Dinamo Moskau. Und direkt neben dem Hotel befand sich eine Pferderennbahn – was später noch für etwas Spannung sorgen sollte.

Nachdem wir im Hotel alle Formalitäten erledigt hatten, war unser erstes Ziel am Abend das Stadtderby zwischen dem FK Moskau und Torpedo Moskau. Das Torpedo-Stadion liegt im Süden der Stadt, ganz in der Nähe der Metro-Haltestelle „Kashirskaya".

Die Eintrittspreise lagen bei 250 Rubel pro Ticket, was umgerechnet ungefähr 6 Euro waren. Nur der listige Kassierer im Kassenhäuschen wollte von uns das Doppelte abkassieren, als er erkannte, dass wir keine Russen waren. Wir machten ihm schnell mit eindeutigen Gesten klar, was wir von seinem Plan hielten, und schon gab er das passende Wechselgeld wieder heraus.

Der Ground war ein Mehrzweckstadion mit Laufbahn, das sehr zu unserem Leidwesen völlig ohne Überdachung auskam – denn der russische Sommer begrüßte uns unvorbereitet mit 90-minütigem Dauerregen. Das Eduard-Streltsov-Stadion ist im Volksmund besser bekannt als Torpedo-Stadion, da es jahrzehntelang als Heimstätte des gleichnamigen Vereins diente. Der All-Seater verfügt auf zwei Tribünen an den Längsseiten über knapp 15.000 Sitzplätze, die mit grünen und weißen Plastikschalensitzen ausgestattet sind. Die Vereinsfarben des FK waren rot-schwarz und die von Torpedo schwarz-weiß. Entsprechend rätselten wir ernsthaft darüber nach, warum man grün-weiß als bestimmende Farbe für das Stadion ausgewählt hatte. Allerdings kannten wir diese Situation bereits aus unserem Frankfurter Waldstadion: Dort wurden die Tribünen mit blauen Sitzschalen verschandelt, obwohl blau weder die Farbe des Stadioneigentümers – der Stadt Frankfurt am Main – ist noch in den Vereinsfarben der Eintracht vorkommt.

Außer uns hatten sich bei diesem Wetter knapp 2.000 Zuschauer eingefunden, wenn es uns auch zeitweise so erschien, dass mehr Militär als zahlende Zuschauer im Stadion zugegen war.

Von einem richtigen Derby kann man bei dem Aufeinandertreffen auch nicht sprechen, da beide Vereine vom russischen LKW-Hersteller SIL gegründet wurden und sich dementsprechend wohlgesonnen waren. Torpedo Moskau ist zwar ein mäßig erfolgreicher Traditionsverein, aber der FK Moskau wurde erst 1997 gegründet und war definitiv von allen Moskauer Fußballvereinen der langweiligste. Im Stadion waren überhaupt keine Anhänger des Clubs zu sehen, geschweige denn zu hören.

Torpedo konnte immerhin knapp 500 eigene Fans in die frühere Heimat locken. Die alte Spielstätte war dem „Bruderverein“ FK Moskau überlassen worden, und man selbst teilte sich in dieser Saison mit dem Lokalrivalen Spartak Moskau das Luschniki-Nationalstadion.

Unsere Sympathien galten während des Spiels eindeutig Torpedo, da der Verein auf einem Abstiegsplatz stand und die Mannschaft jeden Punkt gut gebrauchen konnte. Mehr als ein Punkt ist es dann auch nicht geworden. Torpedo führte zwar zur Halbzeit, aber FK konnte in der 76. Minute zum 1-1-Unentschieden ausgleichen. Wir waren froh, als der Schiri zum Abpfiff blies: Es hatte uns neunzig Minuten auf den Kopf gepisst, und somit waren wir reif für unser Hotel. Und weil sich in der näheren Umgebung unserer Unterkunft keine Gaststätte finden ließ und wir bei dem Sauwetter keine Lust auf größere Exkursionen hatten, gönnten wir uns zur Feier dieses eher durchwachsenen Tourbeginns ein paar Bier an der Hotelbar.

Am Donnerstag fand ausnahmsweise kein Fußballspiel statt. Mario und ich nutzten die freie Zeit für Sightseeing in der Stadt, in der laut Statistik weltweit die meisten Milliardäre lebten.

Das weltberühmte Bolschoi-Theater brachte uns zwei nur wenig in Verzückung, da die Außenfassade renoviert und uns die Sicht durch Gerüste versperrt wurde. Keine Ahnung, ob uns das Gebäude ohne das Gerüst von den Socken gehauen hätte. Vielleicht wären wir aber auch so begeistert gewesen, dass wir alles hingeworfen und uns fürs Ballett angemeldet hätten.

Der Rote Platz mit dem Kreml war dagegen wirklich lohnenswert. Vor allem die Basilius-Kathedrale, mit den für orthodoxe Gotteshäuser üblichen bunt bemalten Zwiebeltürmen, ist eines der bekanntesten Wahrzeichen der Stadt.

Vom nahe des Roten Platzes gelegenen Kaufhaus GUM hatte mir mal eine Arbeitskollegin erzählt. Sie war Ende der siebziger Jahre auf Studienfahrt in Moskau gewesen und war begeistert von dem Trubel. Händler aus allen Provinzen des Sowjetreiches hatten dort ihre Waren verkauft; vor allem Gemüse, Obst und Kleintiere. Mittlerweile, so stellten wir schnell fest, hatte man das GUM in eine Shopping-Mall umgewandelt, die mit den üblichen westlichen Designer-Labels für sich warb. Das fand ich äußerst langweilig, denn inzwischen scheinen sich alle Großstädte dieser Welt zunehmend zu gleichen.

Das Wetter war heute wesentlich besser und vor allem trockener als am Vortag. Einen Großteil der Innenstadt durchquerten wir daher zu Fuß. Irgendwann aber ging uns die Kondition aus, und so gönnten wir uns eine Flussfahrt auf der Moskwa. Die Anlegestelle war in der Nähe des Kremls, an der Christ-Erlöser-Kathedrale, und die Fahrt führte uns bis zum Olympiagelände, wo wir schon von weitem das gigantische Luzhniki-Stadion sehen konnten.

Moskaus Innenstadt gefiel uns super. Selbst die verschiedenen Metrostationen waren eigenständige Sehenswürdigkeiten. Zu den schönsten Stationen zählte die „Kievskaya“, die mit ihren Kronleuchtern und Wandgemälden mehr an einen Ballsaal als an einen U-Bahnhof erinnerte.

Einziges Manko Moskaus war die geringe Anzahl an Restaurants und Bars, zumindest jene der preiswerteren Kategorie. Mario hatte in seinem Reiseführer vom Deutschen Viertel gelesen, und dort wollten wir abends essen gehen. Vom Einfluss seiner ehemaligen deutschstämmigen Bewohner war in dem Viertel aber nichts mehr zu erkennen. In einem Hinterhof entdeckten wir ein Restaurant, das rein äußerlich zumindest an eine Art „Schwarzwaldstüberl“ erinnerte. Leider war die Speisekarte komplett in Kyrillisch und die Bedienung keiner anderen als der russischen Sprache mächtig. Zwar kannte sich Mario ein wenig mit dem kyrillischen Alphabet aus – aber er kannte leider nur die Großbuchstaben! Somit konnten wir mit der Karte rein gar nichts anfangen. Wenigstens hieß auch hier das Bier „Pivo". Und mit 7 Euro haben wir wohl die teuerste Halbe unseres Lebens getrunken.

Scheinbar verpflegen sich die Moskauer nur in der eigenen Küche, denn es existierten so gut wie überhaupt keine Restaurants in den innerstädtischen Bezirken. Notgedrungen ernährten wir uns in einer der zahlreichen Moskauer McDonalds-Filialen. Viele Alternativen hatten wir nicht.

Ansonsten wichen wir auf Imbissbuden aus, denn an vielen Straßenecken und den Eingängen zu den meisten Metro-Stationen gab es kleine Stände, an denen man für wenig Geld etwas Schmackhaftes zu beißen bekam.

In der Nähe unseres Hotels entdeckten wir abends einen typischen russischen Supermarkt. In unseren Gefilden würde man den Laden aufgrund seiner Größe wohl als Tante-Emma-Lädchen führen, aber immerhin konnten wir Chips und ein paar Flaschen russisches „Baltika"-Bier erwerben. Die St. Petersburger Brauerei ist immerhin die zweitgrößte in Europa. Die Alkoholauswahl im Supermarkt war phänomenal; ich schätze, es gab locker 30 verschiedene Wodka-Marken im Sortiment. Allerdings konnte man Mario und mich wenig für das Lieblingsgetränk der Russen begeistern.

Am Freitag schliefen wir aus und fuhren dann zur Mittagszeit zum Luzhniki-Stadion. Zwar sollte das Heimspiel von Spartak Moskau gegen Saturn Ramenskoje erst am Abend stattfinden, aber wir wollten uns das Olympiagelände von 1980 genauer ansehen.

Das Areal ist wirklich unglaublich riesig und umfasst dutzende Sportanlagen jeglicher Couleur. Die meisten Einrichtungen sahen von außen ziemlich runtergekommen aus, waren aber noch in Gebrauch.

Zum Test besichtigten wir das Schwimmgelände: von außen eine baufällige Bruchbude, von dessen Fassade der Beton bröckelte, überraschte uns der Innenausbau umso mehr. Das Becken und die Trainingsgeräte entsprachen der europäischen Oberklasse. So sehr kann man sich vom äußeren Anschein täuschen lassen.

Den Mittelpunkt des Olympiageländes stellte das moderne Luzhniki-Stadion dar. Zu Sowjetzeiten hieß der Ground noch Lenin-Stadion und war Schauplatz einer der größten Katastrophen der Fußballgeschichte: Am 20. Oktober 1982 traf Spartak Moskau im UEFA-Cup auf den holländischen Teilnehmer HFC Haarlem. Seitens der Offiziellen wurden nur wenige Zuschauer erwartet, und es wurde nur eine Tribüne mit einem Zugang geöffnet. Kurz vor Ende verließen bereits mehrere hundert Zuschauer das Stadion, als Spartak ein weiteres Tor erzielte. Die abwandernden Zuschauer hörten den Torjubel und rannten wieder zurück ins Stadion. Dabei trafen sie in den Aufgängen auf die Zuschauer, die nun ihrerseits das Stadion verlassen wollten. In der entstehenden Panik wurden Menschen zu Tode getrampelt und zerquetscht.

Zuerst wurde die Angelegenheit in den Sowjetmedien totgeschwiegen. In den Zeitungen war lediglich zu lesen, dass es während des Spiels zu einem Unfall gekommen sei. Eine interne Untersuchung abseits der Öffentlichkeit fand schnell ein Bauernopfer: Der für die Stadionsicherheit zuständige diensthabende Offizier wurde zu 18 Monaten gemeinnütziger Arbeit verurteilt.

Und ich möchte echt nicht wissen, was man in der Sowjetunion unter gemeinnütziger Arbeit verstand.

Erst sieben Jahre später nahm sich das Magazin „Sovetsky Sport" des Themas an, und es wurde öffentlich über das Unglück diskutiert. Möglich wurde das nur durch die Lockerungen der Regierung Gorbatschow. Offiziell seien 66 Zuschauer zu Tode gekommen, hieß es, und eine nicht bezifferte Anzahl von Besuchern des Spiels sei verletzt worden. Andere Quellen berichteten von 340 Toten. Leider wird die

Wahrheit über die tatsächliche Anzahl der Toten nie ans Licht kommen. Nach dem Zusammenbruch des Sowjetreiches versuchte zwar eine Initiative von Hinterbliebenen, Licht ins Dunkel zu bringen, aber da es zu Sowjetzeiten keine unabhängige Untersuchung gab, vermutet man, dass vieles vertuscht wurde.

Am 20. Oktober 2007, genau 25 Jahre danach, wurde für die Opfer des Desasters zumindest ein Gedenkstein auf dem Olympiagelände errichtet.

Seitdem wurde das Stadion mehrfach renoviert und gehört mit fast 85.000 Sitzplätzen zu den größten Stadien der Welt. Das Luzhniki-Stadion erhielt von der UEFA sogar den Status eines „Fünf-Sterne-Stadions" verliehen.

Heute regnete es zwar nicht, dafür zeigte das Thermometer fast 30 Grad Celsius an. Wir brauchten nach der ganzen Lauferei eine Pause. Rund um das riesige Luzhniki-Sportgelände gab es zahlreiche Biergärten, in denen man sich kostengünstig verpflegen konnte. Ein Imbissstand bot kasachische Spezialitäten an. Wir hatten zwar keine Ahnung, was wir da aßen, aber das Fleisch war ganz schmackhaft, und dazu wurde eine kräftig gewürzte rote Soße gereicht. Das muss wohl die russische Variante von Ketchup gewesen sein. Das Zeug war so dünnflüssig, dass es Hopper gab, die es für eine Tomatensuppe hielten und beim Verschlingen der angeblichen Suppe entgeisterte Blicke der Einheimischen ernteten.

Wir ließen es uns gut gehen und beobachteten bei einem Baltika-Bier eine vorbeimarschierende Truppe von uniformierten Kadetten. Wie sich herausstellte, waren das aber keine Formaldienst übenden Rekruten, sondern der Aufmarsch der abendlichen Sicherheitskräfte. Als alter Militärfachmann schätzte ich die Truppe auf eine Stärke von 2.000 Mann. Im Stadion waren später gerade einmal 17.000 Zuschauer. Somit wirkte die Vielzahl an Ordnungskräften ziemlich übertrieben, zumal Spartak heute nicht im Derby gegen CSKA oder Dinamo spielte, sondern gegen Saturn Ramenskoje, einen Club aus dem Moskauer Vorort Moskovskaja.

Vor dem Zusammenbruch der UdSSR spielten die russischen Clubs in der sowjetischen Liga gegen Mannschaften wie Dinamo Minsk, Dinamo Kiew, Dinamo Tiflis oder Ararat Yerevan. Spartak Moskau gehörte unbestritten zu den stärkeren Mannschaften der Sowjetunion und konnte bis zum Zerfall des Sowjetreiches zwölf Meisterschaften für sich entscheiden.

1992 wurde dann die russische Premjer Liga ins Leben gerufen, und die Moskauer Clubs blieben weitestgehend unter sich. Spartak Moskau holte zwischen 1992 und 2001 alle Meisterschaften mit Ausnahme der von 1995. Seit 2002 ist die Hegemonie gebrochen, und Spartak konnte keine einzige Meisterschaft mehr für sich entscheiden. Trotzdem kann der Verein auch weiterhin auf die Unterstützung seiner Fans bauen. Nach eigenen Angaben würden alleine in Moskau fast zwei Millionen Menschen Spartak die Daumen drücken. Schade irgendwie, dass die nicht den Weg ins Stadion fanden.

Saturn Ramenskoje spielt seit 1998 eine wenig bedeutsame Rolle im russischen Fußballgeschäft. Immerhin hatten sie fast 500 Fans, die ihr Team ins 80 Kilometer entfernte Moskau begleiteten. Allerdings traten die Saturn-Anhänger im Stadion leider kaum in Erscheinung.

Die Spartak-Fans waren dagegen sehr bemüht, etwas Stimmung in das leere Rund zu bringen und sammelten sich geschlossen hinter dem Tor. Die Anfeuerungsrufe der russischen Fans waren für unsere Ohren sowieso arg gewöhnungsbedürftig, da die Gesänge kaum melodisch waren und sehr abgehakt wirkten. Zwischendrin und beim Tor wurden zahlreiche bengalische Fackeln abgebrannt, aber die anwesenden Ordnungskräfte interessierten sich recht wenig dafür – ein großer Unterschied zur heimischen Bundesliga, wo jeder Silvesterknaller als ein Akt des Terrorismus deklariert wird.

Das schnörkellose Spiel endete ohne erwähnenswerte Höhepunkte.

Interessant wurde es erst in der Schlussviertelstunde: Spartak ging in der 78. Minute durch ein Tor des tschechischen Nationalspielers Martin Jiránek in Führung. In der 86. Minute glich Saturn durch ein Tor des finnischen Mittelfeldspielers Alexei Eremenko wieder aus. Kurz danach wurde in der 88. Minute der zweite tschechische Abwehrspieler in Diensten Spartaks, Radoslav Kovac, des Feldes verwiesen. Die Gäste konnten die letzten Minuten in Überzahl nicht mehr verwerten, und es blieb beim 1-1-Unentschieden.

Mario fand das Spiel okay. Ich dagegen konnte mich für den russischen Fußball noch nicht begeistern.

Am Abend erlebten wir bei Rückkehr ins Hotel noch eine Überraschung der besonderen Art. Die Empfangsdame hatte uns am frühen Morgen zwar schon so etwas in der Richtung angedeutet, aber wir hatten das für eine Art Scherz gehalten. Jetzt wurde die Angelegenheit jedoch ernster: Unter der Tür lag ein Zettel mit einer Ankündigung des Hotel-Managements. Darauf konnte man in russischer und englischer Sprache lesen, dass am nächsten Tag das „Presidents Horse Cup Race“ auf der ans Hotel angrenzenden Pferderennbahn stattfinden würde. Der russische Präsident Wladimir Putin würde das Rennen höchstpersönlich eröffnen, und daher wären besondere Sicherheitsmaßnahmen zu seinem Schutz notwendig.

In der Zeit von 7 Uhr bis 16 Uhr durfte man das abgesperrte Territorium (so ziemlich das ganze Wohnviertel) zwar verlassen, aber nicht vor 16 Uhr zurückkehren. Alle Hotelgäste, die einen Balkon mit Blick auf die Rennbahn hätten (ja, hatten wir), sollten diesen in dem angegebenen Zeitraum unter gar keinen Umständen betreten, da sonst Lebensgefahr bestünde. Das Wort „Lebensgefahr“ war extra fett gedruckt.

Aufgrund diverser terroristischer Anschläge in der Vergangenheit war man wohl sehr besorgt um die Sicherheit des Präsidenten, und die Soldaten hatten Schießbefehl auf alles, was sich unerlaubt auf den

Balkon begibt. Die russischen Sicherheitsbehörden, allen voran die Anti-Terroreinheit OMON, hatten bereits in der jüngeren Vergangenheit eindrucksvoll bewiesen, dass sie erst schossen und danach Fragen stellten. Das war der perfekte Stoff für eine angenehme Nachtruhe.

Nach dieser Ankündigung des Hotels galt mein erster Blick am frühen Morgen unserem Zimmerbalkon. Durch die Gardinen warfen Mario und ich einen Blick auf die Umgebung der Rennbahn und erwarteten dort Schützenpanzer und Scharfschützen, schließlich musste die Lebensgefahr, die beim Betreten des Balkons herrschen sollte, ja von irgendwoher drohen. Um kurz vor 9 Uhr war rein gar nichts Außergewöhnliches zu erkennen. Die Gegend rund um die Pferderennbahn sah so unbelebt aus wie immer. Trotzdem wollte Mario nicht das Risiko eingehen und auf dem Balkon etwas Frühsport betreiben. Und, ehrlich gesagt: Ich traute dem Frieden auch nicht.

Das Heimspiel von Lokomotive Moskau gegen den FK Tom Tomsk war auf 14 Uhr angesetzt. Wir wollten uns vorher den Leichnam des russischen Revolutionärs Wladimir Iljitsch Uljanow, besser bekannt als Lenin, im gleichnamigen Mausoleum ansehen.

Als wir dem Hotelfahrstuhl entstiegen, trauten wir unseren Augen nicht: Im Foyer standen Dutzende Muskelpakete in dunklen Anzügen. Diese Männer erfüllten mit ihren Kurzhaarschnitten, den Sonnenbrillen auf dem Kopf und den Knöpfen für die Funkverbindung im Ohr so ziemlich jedes Klischee, das wir von russischen Geheimdienstlern aus zahlreichen James-Bond-Filmen hatten.

Wir waren nicht die einzigen Gäste im Frühstücksraum, die sich über diese Gestalten wunderten. Die Mannschaft von Tom Tomsk war ebenso im Hotel abgestiegen, und die Spieler in ihren Trainingsanzügen beobachteten die „Men in Black“ mindestens genauso skeptisch wie wir.

Nach dem Frühstück verließen wir das Hotel in Richtung unserer Metro-Station und konnten uns dabei ein echtes Bild von den

Sicherheitsvorkehrungen für das Eintreffen des Präsidenten machen. Alle 20 Meter standen mehrere Polizisten oder Soldaten – und zwar auf der gesamten Strecke zur Metro. Das ganze öffentliche Leben im Stadtviertel lag brach, weder Geschäfte noch Behörden waren geöffnet, und überall waren Polizei und Militär zugange.

Am Roten Platz stellen wir uns brav in die Besucherschlange des Lenin-Mausoleums und beobachteten während der Wartezeit die nordkoreanischen Touristen, die dem Wachwechsel am Heldendenkmal für den „Unbekannten Soldaten" zusahen. Vor dem Denkmal war eine kleine Mauer, die man tunlichst nicht berühren durfte, und hinter dem Denkmal stand etwas abseits eine kleine Wachhütte. Von dort beobachtete ein Wachsoldat misstrauisch das Treiben der Touristen, und jedes Mal, wenn einer der Koreaner der Mauer zu nahe kam oder es sogar wagte, diese zu besteigen, stürmte der Wachsoldat aus seiner Hütte und pfiff den Übeltäter von der Mauer. Eine super Vorstellung, die uns während des Schlangestehens wunderbar die Zeit vertrieb.

Weit weniger witzig war die Tatsache, dass, nachdem wir bereits über ein Stunde in der Schlange gewartet hatten, zwei Rotarmisten keine fünf Meter vor uns eine Sperre aufbauten und verkündeten, dass alle Wartenden vor der Absperrung heute noch das Mausoleum betreten dürften – alle anderen, darunter auch wir, hatten Pech und sollten morgen wiederkommen.

Jetzt hatte ich die Nase gestrichen voll vom Sightseeing. Mit der nächsten Metro ging es in den Ostteil der Stadt. Dort befand sich in der Nähe der Station „Tscherkisowskaja" das Stadion Lokomotive, Heimat des gleichnamigen Moskauer Fußballclubs, der im Volksmund nur „Loko" genannt wird. Das Stadion wurde 2002 eröffnet und ist ein deplatziert wirkender Neubau mit 30.000 Sitzplätzen. Rein optisch würde man so ein modernes Stadion eher in Westeuropa als in Russland erwarten. Jede der vier Tribünen war mit Plastiksitzschalen in einer anderen Farbe versehen, und mit seinem lichtdurchlässigen Tribünendach wirkte selbst der leere Ground noch lebendig. Rund um das Stadion fanden sich etliche Restaurants, was uns die willkommene Gelegenheit gab, unseren Frust über den verpassten Zugang zum Lenin-Mausoleum mit ein paar Flaschen Baltika runterzuspülen.

Die Eintrittskarten für das heutige Spiel kosteten umgerechnet etwa 5 Euro. Außer uns waren noch 12.000 weitere Zuschauer bereit, diesen Betrag für das Match gegen Tom Tomsk auszugeben.

Die Heimfans hatten sich hinter dem Tor niedergelassen und hörten auf den schönen Namen „Reactive". Der gesamte Block war mit Fahnen in die Vereinsfarben rot-weiß-grün gehüllt, und die Fans beeindruckten uns während des gesamten Spiels durch ihr südeuropäisches Liedgut. Mario und ich fühlten uns sofort am richtigen Platz: Die Fangesänge klangen gleich viel angenehmer als bei den Fans von Spartak oder Torpedo. Nicht so abgehakt, irgendwie melodischer, so wie in Italien oder Spanien. Ein außergewöhnlich moderner Ground, dazu unerwartete Fangesänge – wir waren in der Tat positiv überrascht.

Lokomotive Moskau verfügte zwar schon zu Sowjetzeiten über eine große Fanschar, konnte sportlich aber nur zwei UdSSR-Pokalsiege vorweisen. Im Jahr 2002 wurde Loko zum ersten Mal Russischer Meister und konnte das Ganze 2004 noch einmal wiederholen.

Der Futbolny Klub Tom Tomsk ist ein sportlich relativ unbedeutender Verein aus Westsibirien. Erstaunlicherweise fanden sich sogar rund 50 Gästefans im Stadion ein – die einfache Wegstrecke zwischen Tomsk und Moskau beträgt auf dem Landweg immerhin beachtliche 3.500 Kilometer!

Für russische Verhältnisse ist diese Entfernung aber noch gar nichts: Der russische Club Lutsch-Energija Wladiwostok spielte in dieser Saison auch in der Premjer-Liga. Wladiwostok liegt an der Pazifikküste und ist von Moskau rund 10.000 Kilometer mit der Transsibirischen Eisenbahn entfernt. Und in unseren Breitengraden beschweren sich die Freiburger, wenn sie mal 1.000 Kilometer nach Rostock fahren müssen!

Wladiwostok wäre ein geiles Europapokallos für die Eintracht. 13.000 Kilometer Anreise auf dem Landweg – ein Traum für Groundhopper und sonstige Abenteurer! Ein Albtraum für alle Anderen.

Mario und ich trieben dieses Spiel in Gedanken aber noch auf die Spitze: Auf den zu Portugal gehörenden Azoren gibt es den „Clube Desportivo Santa Clara". Der Verein spielt zwar in der zweiten portugiesischen „Liga de Honra", war aber zwischenzeitlich auch mal erstklassig. Theoretisch besteht demnach die Chance, dass der Club aufsteigt oder den Pokal gewinnt und sich damit für den Europapokal qualifiziert. Gleichzeitig müsste sich natürlich Wladiwostok für den europäischen Wettbewerb qualifizieren. Mit ein bisschen Losglück könnte einem Aufeinandertreffen beider Clubs im UEFA-Cup nichts mehr entgegenstehen. Wobei die Bezeichnung „Losglück" in diesem Fall eher Ansichtssache ist, da sich beide Vereine bei der Entfernung aussuchen könnten, ob sie über den europäischen oder den amerikanischen Kontinent anreisen würden.

Spielerisch hatten wir heute wieder kein Glück: Zwar fielen zwei Tore, aber das Spiel endete wieder 1-1-Unentschieden; als würde ein Fluch auf uns liegen. Das Tor für Tom Tomsk erzielte übrigens ein gewisser Pawel Pogrebnjak, der ein paar Jahre später seine Stiefel für den VfB Stuttgart schnürte.

Wir versuchten den Fluch des Unentschiedens zu brechen, indem wir nach dem Spiel noch einmal in einer der nahegelegenen Kneipen einkehrten und, Beschwörungsformeln murmelnd, ein paar „Baltika" kippten. Aber das Glück sollte uns nicht hold sein.

Das Sonntagsspiel fand im Stadion Dinamo in der Nähe unseres Hotels statt. Eigentlich war für heute nur Ausschlafen und Fußball angesagt, aber Mario wollte immer noch unbedingt den toten Bolschewiken sehen. Also machten wir uns wieder auf zum Roten Platz und stellten uns erneut in die Warteschlange. Allerdings waren wir heute ein paar Stunden früher dran als am Tag zuvor, und nach einer dreiviertel Stunde Wartezeit war es endlich soweit.

Dafür, dass man so lange anstehen musste, war der Besuch des Mausoleums relativ unspektakulär: Es war eiskalt, und man durfte nicht stehenbleiben, da jede Bewegungslosigkeit eines Besuchers bei den Wachsoldaten zu nervösen Zuckungen führte. Schnellen Fußes drehten wir unsere Runde um den Sarkophag mit dem wächsern daliegenden Leichnam Lenins, und schon waren wir wieder draußen und auf dem Weg zum nächsten Spiel.

Im Stadion Dinamo spielten Dynamo Moskau und ZSKA Moskau. Der Ground verfügte wie mittlerweile alle russischen Stadien ausschließlich über Sitzplätze, wobei der Einfachheit halber nur neue Sitzschalen auf die zerfallenen Ränge montiert worden waren. Insgesamt fanden knapp 38.000 Zuschauer in diesem genialen Ostblock-Stadion Platz. Das Oval verfügte über keinerlei Überdachung, dafür aber über eine nicht mehr genutzte Laufbahn. Die riesigen Flutlichtmasten waren schon von weitem sichtbar und hatten etwas Erhabenes. Pure Nostalgie. Inzwischen wurde das Stadion leider abgerissen. Bis 2012 soll es durch eine Multifunktions-Arena ersetzt werden.

ZSKA Moskau war zu Sowjetzeiten der Armeesportklub und erreichte immerhin sieben UdSSR-Meisterschaften. Heutzutage wird der Verein von einem im Fußballgeschäft nicht mehr ganz unbekannten Roman Abramowitsch finanziell unterstützt.

Der aktuelle russische Meister und UEFA-Cup-Sieger 2005 empfing heute PFK Krylja Sowetow aus Samara. Den Namen der Stadt an der Wolga hatte ich vorher noch nie gehört, aber Samara ist die sechstgrößte Stadt Russlands und sogar Partnerstadt Stuttgarts. Den Namen des Clubs hatte ich vorher ebenfalls noch nie gehört. Bei etwas Vereinsrecherche stolperte ich über ein erstaunliches Detail: PFK Krylja Sowetow wurde am 12. April 1942 gegründet, also mitten während des tobenden 2. Weltkriegs! Sportliche Erfolge konnte der

Verein zwar noch nie erringen, gehört aber der Premjer Liga seit deren Gründung durchgehend an.

Aus Samara waren so um die 500 Gäste zur Unterstützung ihres Teams angereist. Insgesamt verloren sich aber auch nicht mehr als 12.000 Zuschauer ins Stadion – und das bei optimalem Fußballwetter. Die Heimkurve konnte uns supporttechnisch nicht überzeugen, denn bis auf ein gelegentliches „ZSKA" war da nicht viel zu hören. Schade eigentlich, da Mario und ich uns etwas mehr von deren Fans erhofft hatten.

Sportlich ging es hier allerdings technisch versierter zu, denn ZSKA hatte einige Südamerikaner im Team, und der gesamte Spielaufbau wirkte nicht so langsam wie bei den anderen Begegnungen. Trotz der starken Offensivleistung von ZSKA gingen die Gäste mit dem Halbzeitpfiff in Führung. Der verdiente Ausgleich durch den serbischen Nationalspieler Miloš Krasić fiel erst in der 90. Minute.

Damit – wie sollte es auch anders sein – endete auch dieses Spiel 1-1-Unentschieden.

Für uns wurde es mit dem Abpfiff Zeit, der Stadt Lebewohl zu sagen. Unser Rückflug war zwar erst für den nächsten Morgen gebucht, aber aufgrund der frühen Abflugzeit und angesichts der zu erwartenden langwierigen Ausreisekontrollen lohnte sich keine weitere Hotelübernachtung. Sehr zu unserer Freude lasen wir im Airport etwas über einen 24-Stunden-Pub. In dem wollten wir die letzten Stunden bis zum Abflug mit ein paar gemütlichen Bieren verbringen. Leider aber hatte sich die großspurige Ankündigung am Eingang des Pubs noch nicht bis zu den Bediensteten herumgesprochen, und um 2 Uhr wurden wir von den Damen in der gewohnt ruppigen russischen Art des Ladens verwiesen.

Die letzten Stunden bis zum Abflug verbrachten wir zwischen einer Horde Mongolen, die sich auf dem Rückweg nach Ulan Bator befanden.

Die Tour war zwar insgesamt ganz cool, aber so richtig ins Herz hatte ich Moskau und den russischen Fußball nicht schließen können.

Zumindest aber habe ich einen todsicheren Tipp für zukünftige Sportwetten: Russische Ligaspiele immer mit 1-1 tippen, dann ist es nicht mehr weit bis zum Jackpot.

Kapitel 9

EUROPAPOKAL

Skandinavien im Herbst 2006

Mit dem Erreichen des DFB-Pokalfinales 2006 erfüllte sich für uns Eintrachtfans ein lang gehegter Traum. Zwar verloren wir das Endspiel unglücklich gegen die Münchner Bayern, aber die Eintracht qualifizierte sich damit in der neuen Saison für die Teilnahme am UEFA-Cup. Nachdem die SGE in den zehn Jahren zuvor wahlweise gegen den Abstieg oder um den Wiederaufstieg gespielt hatte, waren die Europapokalspiele eine mehr als willkommene Abwechslung.

Mit Spannung erwartete ich wie alle anderen SGE-Fans die Auslosung und war mit unserem gelosten Kontrahenten Brøndby IF ganz zufrieden. Gegen den zehnfachen dänischen Meister hatten wir bereits 1990/91 im UEFA-Cup gespielt und das Heimspiel sogar 4-1 gewonnen (leider aber auch dummerweise das Auswärtsspiel zuvor 5-0 verloren).

Wir sollten zuerst auswärts, am 14. September, in Dänemark antreten. Zwei Wochen später sollte das Rückspiel steigen. Da ich während des Auswärtsspiels mit Jessica im Urlaub sein würde, durchforstete ich stundenlang sämtliche Internet-Suchmaschinen nach günstigen Flügen von unserem spanischen Urlaubsort nach Kopenhagen. Schließlich hatte ich für läppische 100 Euro einen Flieger gefunden, der mich am Spieltag vormittags nach Kopenhagen bringen würde und am nächsten Morgen zurück nach Spanien. Und damit pünktlich zum nächsten Spieltag der Primera Division.

In dem Moment, in dem ich begann, meine Buchungsdaten einzutippen, klingelte das Telefon. Mein Arbeitskollege Alex war am Apparat.

Er war hörbar schlecht gelaunt. Unverständlich eigentlich, denn auch er war Eintracht-Anhänger und sollte eigentlich, wie wir alle zurzeit, auf Wolke Sieben schweben. Ich hatte bereits gehört, dass er megaschnell reagiert und für seinen Fanclub ein paar supergünstige Flüge nach Kopenhagen gebucht hatte, und zu diesem scheinbaren Geniestreich wollte ich ihm eigentlich ohnehin noch gratulieren.

Leider gab es da eine unsinnige Regel der UEFA, die grob beinhaltete, dass aus Sicherheitsgründen in einer Stadt nicht mehrere Europapokalspiele in der gleichen Woche stattfinden dürfen. Da der FC Kopenhagen am 13. September zuhause in der Champions League gegen Benfica Lissabon antreten sollte, kollidierte der Termin mit unserem Auftritt bei Brøndby IF. Somit griff die UEFA-Regelung: Wie Alex wütend am Telefon schimpfte, hatten die Eintracht und Brøndby soeben das Heimrecht getauscht – und Alex somit Flüge nach Kopenhagen, mit denen er nun nichts mehr anfangen konnte.

Natürlich bedauerte ich Alex dafür, brach aber gleichzeitig erleichtert meine eigene Flugbuchung rechtzeitig ab. Nochmal Schwein gehabt!

Nach einem Check der Spielpläne ließ sich rund um unser nun Ende September stattfindendes Europapokalauswärtsspiel eine nette Tour zusammenstellen. An dem darauffolgenden Wochenende stand das Derby zwischen dem FC Kopenhagen und Brøndby auf dem Plan, und zwischendrin würden sich noch ein paar Erstligaspiele in Schweden anbieten. Nach Kopenhagen zu kommen war nicht das Problem, da zahlreiche Fanbusse zum Spiel fahren würden. Und für den Rückweg hatte ich mir für 32 Euro einen supergünstigen Flug von Stockholm nach Hahn gebucht.

Im Hinspiel schossen wir Brøndby bereits mit 4-0 ab, und die Dänen waren überhaupt nicht mehr gut auf uns zu sprechen. Für das Rückspiel erhielten wir deshalb nur 1.500 Eintrittskarten, und um Fans an der Anreise ohne Ticket zu hindern, ließen die Dänen verlauten, dass Eintrachtfans vor Ort keine Karten erhalten würden. Mein Arbeitskollege Alex hatte eine Eintrittskarte für mich über, und mein Kumpel Fedak bot mit dem Bus des „Commando Gießen" noch die passende Reisegesellschaft an. Das „Commando" ist ein Zusammenschluss der aktiven Eintrachtfans aus dem Großraum Gießen, und da startete eine durchaus illustre, vor allem aber trinkfreudige Reisegruppe nach Dänemark. Zudem kannte ich mit Peter, Eller, Vilbel, Bronko & Konsorten viele der Insassen schon seit einigen Jahren. Für beste Unterhaltung war also gesorgt. Mein Wiesbadener Hopperkollege Stefan hatte einen ähnlichen Plan für das Wochenende und wurde kurzerhand mit in den Bus verfrachtet.

Abfahrt war am Mittwochabend am Hauptbahnhof in Gießen, und sehr zu unserer Freude konnte man am Bahnhofskiosk in Gießen tatsächlich das köstliche Newcastle Brown Ale kaufen, wovon Stefan, mein Bruder Kai-Uwe und ich ausgiebig Gebrauch machten. Sehr zur Freude des indischen Inhabers, der den Umsatz des Tages machte. Zu dem Zeitpunkt hatte ich noch ein Faible für das nordenglische Ale. Auf einer späteren Tour durch Malta zog ich mir dann mal einen üblen Kater von dem Zeug zu und trank nie wieder mehr als eine Flasche am Abend. Allerdings war Malta an diesem Tag noch weit entfernt, und somit schlug mein Herz für das berühmte karamellfarbene Flaschenbier.

Die Hinfahrt verbrachte die Busbesatzung zwischen Party, Schlaf und Delirium. Ganz so, wie es auf Auswärtsfahrten abgeht. Am Fährhafen Puttgarden auf der Insel Fehmarn wurde unsere Busbesatzung unsanft in die Realität zurückgeholt. Die deutschen Grenzbehörden führten kurzerhand die Ausreisekontrollen wieder ein und hatten sichtlich ein Problem damit, dutzende Busse mit feierwütigen deutschen Fußballfans ungehindert nach Dänemark ausreisen zu lassen.

Nach stundenlanger Schikane durften wir endlich auf die Fähre, mussten aber zwei Jugendliche zurücklassen.

Es wird für mich immer ein Rätsel bleiben, warum jemand, der am Rande eines Fußballspiels auffällig geworden ist, anders behandelt wird als ein gemeiner Verbrecher. Denn bei Fußballfans ist es nicht mal so wichtig, ob tatsächlich eine Straftat begangen wurde – oder die Personalien einfach nur am Rande eines Fußballspiels aufgenommen wurden und somit nur *versehentlich* in der Datei „Gewalttäter Sport" landeten.

Aus Gründen der Vorbeugung können aktenkundige Fußballfans bei EM und WM, bei Spielen der Nationalmannschaft und Europapokalspielen an der Ausreise aus der Bundesrepublik gehindert werden. Alles, weil das Ansehen der Bundesrepublik im Ausland Schaden nehmen könnte. Na ja, sangriasaufende Ballermänner und Kinderficker in Bangkok sind auch nicht gerade das deutsche Vorzeigeklientel, auf das man stolz sein kann. Aber während jedes Jahr hunderte vorbestrafte Pädophile ungehindert nach Thailand reisen dürfen, um sich dort an kleinen Kinder zu vergehen, reicht es bei Fußballfans schon aus, dass man irgendwann mal von der Polizei als „Gewalttäter Sport" klassifiziert wurde. Egal, ob derjenige noch in der Fußballszene aktiv ist oder nicht. Da wird die deutsche Rechtsprechung in der Zukunft noch die eine oder andere Ungereimtheit aufarbeiten müssen.

Unsere beiden Zurückgelassenen konnten später übrigens mit anderen Frankfurter Autos und Kleinbussen weiterreisen, denn diese wurden kaum kontrolliert.

Wenn unsere Freunde und Helfer bei der Terrorfahndung genauso geschickt vorgehen, darf man sich über nichts wundern...

Am Donnerstagvormittag erreichten wir das westlich von Kopenhagen gelegene Brøndby. Unseren Reisebus ließen wir samt Fahrer „Prinz Eugen" am Stadion stehen und nahmen die S-Bahn ins Kopenhagener Zentrum. Die Innenstadt war fest in Frankfurter Hand. Zwischen den Pubs „Irish Rover" und „Dubliners" traf sich der harte Kern der Szene. Alles, was in Frankfurt Rang und Namen hatte, war hier vertreten und feierte die Rückkehr auf internationalen Boden. Die dänischen Getränkepreise waren aber selbst für Frankfurter Verhältnisse ziem-

Andorra, Estadi Comunal

Kiew (Ukraine), Stadion Obolon

Milton Keynes (England), Stadium MK

Aberdeen (Schottland), Pittodrie

Trieste (Italien), Stadio Nereo Rocco

Annan (Schottland), Galabank

Istanbul (Türkei), Recep-Tayyip-Erdogan-Stadion

Amann (Jordanien), Amann International Stadium

Bristol (England), Memorial Ground

Bristol (England), Memorial Ground

Hartlepool (England), Victoria Park

uhlsport
СТАДИОН «БЪЛГАРСКА АРМИЯ»
uhlsport

Sofia (Bulgarien), Balgarska-Armija-Stadion

Avellaneda (Argentinien), Racing Club

Quilmes (Argentinien), Estudiantes La Plata

Banfield (Argentinien), Club Atlético Banfield

Buenos Aires (Argentinien), Huracan - Independiente

Buenos Aires (Argentinien), Club Atlético San Lorenzo

Boedo El Mastil
estatica
publicidad

Mallorca (Spanien), Nou Camp d'Inca

Beirut (Libanon), Rafic-El-Hariri-Stadium

Beirut (Libanon), Municipality Stadium

Bellinzona (Schweiz), Stadio Communale

Tunis (Tunesien), Stade du 7 Novembre

Tunis (Tunesien), Espérance Sportive

Tunis (Tunesien), Club Africain

Sfax (Tunesien), Club Sportif Sfaxien

MARSTON'S

Wrexham (Wales), Racecourse Ground

Las Condes (Chile), Universidad Católica

Santiago (Chile), Estadio Santa Laura

Valparaiso, Chile

Cienfuegos (Kuba), Estadio Municipal Perez Lozano

Turin (Italien), Stadio delle Alpi

Wien (Österreich), Franz-Horr-Stadion

Sofia (Bulgarien), CSKA

Sofia (Bulgarien), Levski

Donetsk (Ukraine), Stadion Metallurg

Sofia (Bulgarien), Stadion Akademik

Buenos Aires (Argentinien), La Bombonera

C.A.B.J

LOS PRINCIPES
DE LA BOCA
REPUBLICA DE LA BOCA

Jerusalem (Israel), Felsendom/Teddy-Kollek-Stadium

Nazareth (Israel), Ilut Stadium

Tel Aviv (Israel), Ramat Gan Stadium

Kashima (Japan), Kashima Antlers

Saitama (Japan), Urawa Red Diamonds

Saitama (Japan), Kawasaki Frontale

Portsmouth (England), Fratton Park

musco
lighting
AWAX
Security Patrol
0870 840 2366

Monza (Italien), Stadio Communale Brianteo

Paris (Frankreich), Stade de France, PSG

Podgorica (Montenegro), Stadion Pod Goricom

Mostar (Bosnien-Herzegowina), FK Velez Mostar

Keynsham (England), Crown Field

Neath (Wales), The Gnoll

Dumfries (Schottland), Palmerston Park

Greenock (Schottland), Cappielow Park

Rabat (Marokko), Stade Abdallah

Stockholm (Schweden), Hammarby IF

Innsbruck (Österreich), Tivoli

lich hoch: Der halbe Liter Newcastle Brown Ale schlug mit umgerechnet 7 Euro zu Buche. Das hinderte aber niemanden am Feiern.

Brøndby-Anhänger ließen sich erst gar nicht in der Nähe blicken, und die Polizei hatte mit etwas Abstand ein wachsames Auge auf die hessischen Besucher geworfen. Sie unterband nur regelmäßig das immer wieder aufflackernde wilde Herumgebolze mit einem mitgebrachten Ball in der Fußgängerzone. Die Situation hatte etwas von diesem Fußballspiel auf den Shetland-Inseln, wo die „Uppies" gegen die „Downies" antreten und den Ball ohne Rücksicht auf Verluste quer durch die Innenstadt treten.

Die Polizei hielt sich aber sonst dezent im Hintergrund. Zwei Stunden vor Spielbeginn setzte sich der Tross langsam in Richtung Brøndby-Stadion in Bewegung.

Das Stadion war nur zur Hälfte gefüllt, da der Großteil der Brøndby-Anhänger nicht mehr daran glaubte, dass ihr Team das Ergebnis aus dem Rückspiel würde drehen können.

Unter den 15.000 Zuschauern waren ca. 2.500 Frankfurter, davon 1.000 ohne Karte. Wirklich sehr bedauerlich, dass sich Brøndby im Vorfeld so quergestellt hatte, sonst wären auch 10.000 Leute mitgefahren. Der Club hatte wohl Angst, dass sein Heimspiel zu einem Auswärtsspiel geraten könnte.

Die ohne Ticket angereisten Frankfurter konnten abends doch noch Karten für angrenzende „neutrale" Blöcke kaufen, auch wenn der Ordnungsdienst anfangs den Eintracht-Anhängern den Zugang in diese Blöcke verwehren wollte. Nachdem die Polizei und die Ordner eingesehen hatten, dass es komplizierter ist, hunderte Fans außerhalb des Stadions unter Kontrolle zu halten, durfte dann doch jeder ins Stadion.

Für die offiziellen 1.500 Gäste wurden lediglich zwei Ordner zur Einlasskontrolle abgestellt. Das zu erwartende Chaos trat natürlich ein, und mit Näherrücken des Anpfiffs wurde es immer hektischer.

Man hätte den Eindruck gewinnen können, die Dänen hätten noch nie ein Europapokalspiel ausgerichtet – dabei spielte Brøndby jedes Jahr international.

Eine halbe Stunde vor Kick-Off wurde endlich ein Zwischenzaun geöffnet, um die Draußenstehenden bis zum Anpfiff noch ins Stadion zu bekommen. Allerdings stand an dem Behelfseingang kein offizielles Drehkreuz zur Verfügung, und die Ordner behielten kurzerhand die vorgezeigten Tickets als Einlasskontrolle. Das sorgte wiederum sehr für Unmut bei den betroffenen Anhängern und hätte beinahe zur Eskalation geführt. Tickets sind unheimlich beliebte Erinnerungsstücke für Fans, und ein Eintrachtler war sogar den Tränen nahe, als man ihm seine Karte entriss.

Für die meisten Groundhopper dienen Tickets als eine Art Beweisstück, das man auch tatsächlich ein bestimmtes Spiel besucht hat. Für mich sind Tickets als Souvenir ein unbedingtes Muss, und ich selbst habe höchstens von einem Dutzend besuchter Spiele keine Eintrittskarte in meiner Sammlung.

Zu dem Thema gibt es eine nette Anekdote über einen Gladbacher Groundhopper namens „Brecki“: Nach dem Auswärtsspiel der Fohlen in Leverkusen stellte er kurz vor Erreichen seines Heimatortes in der Nähe von Groß-Gerau fest, dass er seine Eintrittskarte des eben besuchten Spiels verloren hatte. Daraufhin fuhr er die knapp 200 Kilometer zurück nach Leverkusen und lief solange rund um die BayArena, bis er im Müll ein neues Ticket fand.

Die Brøndby-Anhänger zeigten sich im Gegensatz zu den Vereinsoffiziellen und den Sicherheitskräften von ihrer besten Seite. Obwohl aufgrund der Niederlage im Hinspiel nur eine minimale Chance auf ein Weiterkommen bestand, gaben deren Hardcore-Fans die Hoffnung nicht auf. Zum Intro gab es sogar noch eine Choreographie mit blauen und gelben Papptafeln, die das Gründungsdatum „1964“ ergaben, dazu drei Überziehfahnen mit den dänischen Wörtern für

„Wille“, „Zusammenhalt“ und „Kampf“. Es war nicht ganz perfekt umgesetzt, aber die Message an die eigene Elf kam verständlich rüber. Die Heimkurve gab sich sichtlich Mühe und trieb die Mannschaft nach vorne.

Genutzt hat es wenig: Sportlich ließ die SGE nichts anbrennen. Unser mazedonischer Manndecker Alexander Vasoski brachte die Eintracht zweimal per Kopfball in Führung, was im Fanblock wahre Ekstase hervorrief. Zwar konnte Brøndby wieder ausgleichen, aber unserem Weiterkommen in die neu eingeführte Gruppenphase des UEFA-Cups konnten die Dänen nichts mehr entgegensetzen.

Im Gästebereich machten die Eintracht-Anhänger aus dem Auswärtsspiel ein echtes Heimspiel. Heute wurde der beste Support geboten, an den ich mich in den letzten Jahren erinnern konnte. Das in Frankfurt beliebte „Pipi Langstrumpf“ brachte in der Version „Hey, Eintracht Frankfurt“ alle drei Tribünen zum Beben. Später konnte man auf Videos sehen, wie die Betonkonstruktion ins Schwingen geriet und sich bei jeder Hüpfbewegung fünf Zentimeter auf und ab bewegte.

Die kompletten 90 Spielminuten gaben die gesamten 2.500 Gästefans Vollgas, und es wurde das vollständige Eintracht-Liedgut hoch und runter gesungen. Zur Feier des Tages wurden ausnahmsweise massiv Pyroartikel gezündet. Endlich wieder richtig geile Fußballatmosphäre. Man hätte den Eindruck gewinnen können, die Eintracht wäre heute UEFA-Cup-Sieger geworden und nicht nur eine Runde weitergekommen. Die Mannschaft wurde zum Dank nach dem Abpfiff ausgiebig bejubelt, und es dauerte noch lange, bis die feiernden Eintracht-Fans das Brøndby-Stadion verließen. Hier trennten sich die Wege zwischen den Fans, die in Kopenhagen übernachten würden, und denen, die mit dem Bus, Auto oder per Charterflug angereist waren.

Ursprünglich wollten Stefan und ich nach dem Europapokalspiel in Kopenhagen bleiben, da wir am Samstag nach Schweden und am Sonntag wieder in Dänemark Fußball sehen wollten. Nur – für den Freitag war in ganz Skandinavien kein Fußballspiel angesetzt. Sicherlich wäre Kopenhagen nicht der schlechteste Ort gewesen, um einen fußballlosen Tag zu verbringen, aber wir wären nicht, wer wir sind, wenn wir nicht schon längst eine Alternative gefunden hätten.

In der Verbandsliga Hamburg sollte am Freitagabend gespielt werden, und die Zugverbindungen von der Hansestadt zurück nach Kopenhagen waren ideal. Mit unseren ScanRail-Pässen durften wir zwar nur mit Zügen innerhalb Skandinaviens fahren, aber die DB gewährte uns zumindest Rabatt auf die letzten Kilometer zwischen Hamburg und der deutsch-dänischen Landesgrenze.

Für die meisten Menschen mag es ein wenig bekloppt klingen, wegen eines Verbandsligaspiels zurück nach Deutschland zu fahren, nur um ein paar Stunden später wieder zurück nach Dänemark zu reisen, aber für uns war es das Normalste der Welt. Somit wurde der Plan in die Tat umgesetzt.

Vor dem UEFA-Cup-Spiel hatte ich meinen Cousin Nikolas vorm Stadion getroffen. Der war zwar HSV-Fan, aber in einem Kleintransporter mit ein paar seiner Eintracht-Kumpels zum Spiel gefahren. Die Jungs hatten noch zwei Plätze frei und kein Problem damit, uns auf dem Heimweg in Hamburg abzusetzen.

Der MC des Neunerbusses hatte ein Faible für den Berliner Hip-Hop-Künstler Prinz Pi, und der Song „Peng, Peng, Peng“ hallte im gefühlten Viertelstundentakt durch den Bus. Mein Cousin Nikolas und sein Kumpel MC Göbel hatten an der Fahrt so viel Spaß, dass sie später an verschiedenen Groundhopping-Touren teilnahmen.

Der Alkoholpegel der Insassen war einer erfolgreichen Europapokalnacht durchaus würdig, nur der Fahrer machte mir etwas Sorgen, da er schon zu lange ohne Schlaf am Steuer saß. An der Auffahrt zur Fähre wurde es kurz kritisch. Der Fahrer konnte sich nicht so recht zwischen links und rechts entscheiden und wechselte zwischen den beiden Fahrspuren hin und her. Allerdings registrierte er nicht die zehn

Zentimeter hohe Begrenzung aus Asphalt zwischen den Fahrspuren, so dass die Insassen unter lautem „Peng, Peng, Peng“- Gejohle kräftig durchgeschüttelt wurden. Ein nüchterner Ersatzfahrer war von den Jungs nicht eingeplant, und so wurde dem verbliebenen Fahrer erst mal eine Stunde Schlaf auf der Fähre verordnet.

Am Hamburger Flughafen verabschiedeten Stefan und ich uns von der Partytruppe und suchten uns ein ruhiges Fleckchen, um ein paar Stunden Schlaf zu bekommen. Gesundschlafen kann man sich an einem Flughafen zwar nicht, aber wenn man richtig müde ist, stört einen der Lärm ziemlich wenig. Tagsüber vertrödelten wir die Zeit bis zum Anpfiff an den Landungsbrücken und in der Speicherstadt, wo wir sogar kostenneutralen Zugang zum „Dungeon“ erhielten, einer Art moderner Geisterbahn über die Geschichte der Hansestadt.

Um 19 Uhr stand das Spitzenspiel der Verbandsliga Hamburg zwischen Concordia Hamburg und dem VfL Pinneberg im Stadion Marienthal an. Der Ground gehörte zu den Traditionsstätten des Hamburger Fußballs und hatte ein Fassungsvermögen von 6.500 Plätzen, davon immerhin 800 Sitzplätze auf der überdachten Haupttribüne. Die anderen drei Seiten bestanden aus gut ausgebauten Stehplatzbereichen. In der „Fankurve“ hinter dem Tor versammelte sich der Cordi-Fanclub, um mit einem Dutzend Wagemutiger aller Altersklassen für etwas Stimmung zu sorgen. Insgesamt dürften sich nicht mehr als 200 Zuschauer in dem Schmuckkästchen eingefunden haben. Stefan und ich ließen uns bei sommerlichen Abendtemperaturen mit einem Bierchen in der Hand auf der Gegentribüne nieder. Ein Zuschauer in unserer Nähe fühlte sich genötigt, ein wenig mit uns zu schnacken, wie man das im Hamburger Volksmund wohl so nennt.

In Hessen nennt man sowas einen Dummschwätzer.

„Und für wen seid Ihr heute Abend?“

„Für keinen.“

„Wie, für keinen? Warum seid Ihr dann hier?“ fragte er sichtlich irritiert.

„Um Fußball zu sehen?“

„Aha. Seid Ihr Groundhopper?“, fragte er eher feststellend.

„Ja.“

„Wo kommt Ihr her?“

„Aus Kopenhagen“, antwortete ich, und man konnte die Fragezeichen, die ihm im Gesicht standen, deutlich erkennen.

„Äh, aus Kopenhagen? Ihr seid doch Deutsche?“

„Die Eintracht hat gegen Bröndby gespielt.“

„Ah, Ihr seid Frankfurter. Und da nehmt Ihr das Spiel auf dem Heimweg noch mit?“

„Wir sind nicht auf dem Heimweg. Wir fahren nach dem Spiel zurück nach Dänemark.“ Jetzt war er vollends verwirrt.

„Äh, Ihr kommt doch aus Dänemark. Warum seid Ihr nicht da geblieben?“

„Weil da am Freitag kein Fußball gespielt wird.“

Die Antwort machte ihm sichtlich zu schaffen. Stefan machte sich fast in die Hose vor Lachen, aber unsere neue Bekanntschaft Björn ließ nicht locker.

„Wart Ihr schon mal in Norwegen?“

„Ja.“

„Auch schon mal in Kristiansand?“

„Nö“, antwortete ich zunehmend genervt.

„Ich hab gehört, Kristiansand soll das St. Pauli Skandinaviens sein.“

„Es gibt angeblich viele Vereine, die wie St. Pauli sein sollen“, entgegnete ich.

„Stimmt. Aber mein FC St. Pauli ist schon was Einmaliges“, antwortete er freudig erregt.

„Genau. So einen Kackverein gibt’s nur einmal!“

Danach zog Björn sichtlich verstört ab, und wir konnten in Ruhe Fußball schauen.

Das Niveau war für Verbandsligafußball gar nicht mal so schlecht. Concordia schickte die Pinneberger mit einer 5-0-Packung nach Hause, und alle waren glücklich. Der Ohrwurm „Ma-Ma-Ma-Marienthal, Concordia ist wunderbar!“ geht mir auch jetzt noch nicht aus dem Kopf.

Leider wurde das Stadion Marienthal aus wirtschaftlichen Gründen zum 30.06.2009 durch das Sportamt Hamburg stillgelegt. Eine weitere traditionelle Sportstätte, die dem deutschen Fußball für immer verloren geht.

Unsere Regionalbahn an die dänische Grenze fuhr erst in den frühen Morgenstunden, und wir vertrödelten die Zeit bis zur Abfahrt rund um den Hamburger Hauptbahnhof. Was sich hier zur späten Stunde für ein Pack rumtrieb, war phänomenal. Dagegen war das Frankfurter Bahnhofsviertel ein Kindergarten!

Nach dreizehn Stunden Zugfahrt erreichten wir über Kopenhagen die dänische Hafenstadt Helsingør. Vor dort brachte uns die Fähre in knapp 20 Minuten ins schwedische Helsingborg, unserem nächsten Etappenziel.

Im dänischen Fährterminal beobachteten Stefan und ich das Treiben bei Ankunft der Passagierfähren aus Schweden. Dabei fiel uns eine Familie auf, die bei ihrer Ankunft ein geradezu idyllisches Familienbild darstellte. Der Vater schob den blauen Kinderwagen samt Kleinkind vor sicher her und hielt seine blond gelockte Gattin an der rechten Hand. Keine zwanzig Minuten später sahen wir dieselbe Familie wieder – auf der Fähre zurück nach Helsingborg, Schweden. Nur dieses Mal hatte die Frau das Kind im Arm, und der Vater betrachtete mit leuchtenden Augen den nun mit Bier und Schnaps beladenen Kinderwagen.

Die Allsvenskan ist die höchste Spielklasse im schwedischen Fußball, und am Samstagnachmittag traf der Lokalmatador Helsingborg IF auf den schwedischen Rekordmeister IFK Göteborg. Das Olympiastadion liegt auf einer Anhöhe knapp zehn Minuten zu Fuß vom Fährterminal entfernt. Von der Anhöhe genießt man einen phänomenalen Ausblick auf den Hafen und die Ostsee. Wir waren aber nicht wegen des schönen Ausblicks hier.

Das 1898 erbaute Olympiastadion hat ein Fassungsvermögen von 17.200 Plätzen, die heute für schwedische Verhältnisse sehr gut gefüllt waren. Fußball hat in den Sommermonaten zwar einen hohen Stellenwert in der schwedischen Bevölkerung, teilt sich seine Beliebtheit aber mit Eishockey und Innebandy, einer Art Hallenhockey.

Der IFK Göteborg dümpelte in der Saison nur in der Bedeutungslosigkeit des Mittelfeldes umher, aber Helsingborg spielte eine der erfolgreichsten Spielzeiten der letzten Jahre, und da kam der zweifache UEFA-Cup-Sieger aus Göteborg als Gegner gerade recht. Immerhin zog das Duell fast 13.000 Zuschauer ins Olympiastadion, darunter knapp 1.000 Gästefans aus Göteborg.

Zu verdanken hatte Helsingborg den neuen Ruhm der Rückkehr des verlorenen Sohns: Henrik Larsson gehört zur Top 10 der erfolgreichsten Europapokaltorschützen und wurde 2005 vom schwedischen Fußballverband als einer der besten Fußballer ausgezeichnet, die Schweden jemals hervorgebracht hatte. Nach einigen sehr erfolgreichen Jahren mit Titelgewinnen mit Feyenoord Rotterdam, Celtic Glasgow und dem FC Barcelona kehrte der Vollblutstürmer zur Saison 2006 wieder zurück an seine alte Wirkungsstätte.

Im Gegensatz zu vielen anderen europäischen Ländern gibt es in den meisten schwedischen Stadien noch ausreichend Stehplätze für Fußballfans. Was mir im Stadion auch sofort positiv auffiel, war die Beschallung. Während in deutschen Stadien die Fans mit Songs der Hermes House Band oder DJ Ötzi drangsaliert wurden, dröhnten hier Klassiker von Iron Maiden und Black Sabbath aus den Boxen.

Die Fans konnten auch noch einigermaßen ungestört ihre Kreativität ausleben. Zum Einlaufen der Mannschaften hüllten die IFK-Anhänger ihren Block mit geworfenen Klopapierrollen ein, was zusammen mit den vielen Fahnen ein passender Auftakt des Matches war. Anschließend nebelten sie die Tribüne mit weißem Rauchpulver ein, und niemand nahm Anstoß daran (während in Deutschland die Polizei schon den Block gestürmt hätte, um die „Verbrecher" dingfest zu machen).

Die Heimfans waren etwas verhaltener und beließen es beim Abbrennen von bengalischen Fackeln, wenn ein Tor gefallen war. Insgesamt hatte ich den Eindruck, dass die Gäste optisch mehr der südeuropäischen Ultras-Kultur anhingen, während die Heimfans den englischen Casual-Style pflegten, was auch deutlich am Liedgut der beiden Fanblöcke zu erkennen war.

Zwischen dem Gästeblock und dem mit Heimfans besetzten angrenzenden Oberrang der Gegentribüne entstanden verschiedene Gesangsduelle, und wir konnten beobachten, wie auch allerlei Gegenstände den Besitzer wechselten. Einzig die hohe Anzahl der eingesetzten Ordner hinderte den IFK-Mob daran, den Block zu stürmen und die Hausherren in die Schranken zu weisen. Die Ordnungskräfte zeigten ihrerseits wenig Interesse, den Duellen mit Wurfgegenständen ein Ende zu setzen, solange die Fans nicht direkt aufeinandertrafen.

Duelle ganz anderer Art lieferten sich Stefan und ich in der Halbzeitpause an der Snackbar. Stefan legte beim Essen ein außergewöhnliches Tempo an den Tag und forderte mich zum Wettessen heraus. Wir konnten beim heutigen Sandwich Contest keinen Sieger ermitteln, da der Endstand mit je 9 verspeisten Käse- und Lachshäppchen mit einem klaren Unentschieden endete. Stefan gehörte zu der Sorte Mensch, die immer mit dem ganzen Gesicht isst und sich dabei regelmäßig die Klamotten mit Essensresten beschmiert. Wenigsten war ich damit der optische Sieger dieses Wettbewerbs.

Zu Beginn der zweiten Halbzeit protestierte der harte Kern der IFK-Anhänger gegen die miserable Spielweise ihrer Mannschaft, indem er dem Spiel die ersten zehn Minuten fernblieb. Nach den zehn Minuten stürmten die etwa 300 Jungs wieder in den Block und feuerten die

Mannschaft bis zum Ende durchgehend an. Helsingborg bestimmte das Spiel dank seines Aushängeschildes, und Henrik Larsson ließ es sich auch nicht nehmen, kurz vor der Halbzeit das 3-0 für die Hausherren selbst zu erzielen. Anscheinend ließen sich die IFK-Spieler vom Enthusiasmus ihrer Fans mitreißen und wollten das Spiel noch mal spannend machen. In den letzten fünf Minuten startete IFK einen wahren Sturmlauf auf das Tor von Helsingborgs Keeper Daniel Andersson und kam noch auf ein 3-2 heran. Hätte der Pfiff des Schiedsrichters die Partie nicht beendet, wäre vermutlich auch noch das 3-3 gefallen.

Stefan verabschiedete sich am nächsten Morgen nach Silkeborg, wo er sich das dänische Erstligaspiel zwischen Silkeborg IF und Odense BK ansah, um anschließend von dort mit dem Zug zurück nach Frankfurt zu fahren.

Meine Wahl fiel auf das Derby zwischen dem FC Kopenhagen und Brøndby IF. In einem der beiden Irish Pubs vom Donnerstag wollte ich mir ein Inselfrühstück gönnen, aber 12 Euro für ein paar Spiegeleier, Bohnen, Speck und ein Würstchen waren etwas übertrieben. Da zog ich den Hot Dog für 2 Euro und eine Dose Kakao aus einem 7-Eleven-Supermarkt vor.

Vor dem Abendspiel vertrieb ich mir die Zeit im Østerbro-Stadion, das gleich ans Parken Stadion des FC Kopenhagen angrenzt. Da grätschten sich nachmittags nämlich die 22 blonden Damen vom FK Skjold und Fortuna Hijöring gegenseitig von hinten in die Beine. Vor rund 100 Zuschauern erzielte Fortuna vier schöne Tore und nahm verdient drei Punkte mit auf den Weg.

Es gibt einen Groundhopper namens „Kojak", der sich auf Frauenfußball spezialisiert hat: Der fährt tatsächlich alle Spiele mit den Damen des 1. FFC Frankfurt und besucht auch alle großen Damenfußball-Turniere im In- und Ausland. Eine sehr spezielle Neigung, die bei anderen Groundhoppern oft nur Kopfschütteln verursacht. Frauenfußball gehört nicht unbedingt zu meinen Lieblingsbeschäftigungen, aber alle Schaltjahre kann ich mir schon mal ein Spiel ansehen.

Es war der 11. Spieltag der Saison, an dem die beiden dänischen Topclubs im Nationalstadion „Parken“ aufeinandertrafen. Das Derby gehört nicht gerade zu den traditionsreichsten Begegnungen des europäischen Fußballs. Die „Brøndby Idraets Forening“ wurde erst am 3. Dezember 1964 gegründet, und der FC Kopenhagen ist ein Fusionsverein, der sogar erst seit dem 1. Juli 1992 existiert. Normalerweise werden Fusionsvereine von den Fans nicht angenommen, aber bei der Gründung des FC Kopenhagen traf man den Nerv der Zeit. Dänemark gewann gerade den EM-Titel und lockte neue Massen von Zuschauern in die Stadien. Zudem holte der FC Kopenhagen direkt in der zweiten Saison die Meisterschaft in die Hauptstadt und wurde somit eine ernst zu nehmende Konkurrenz für Brøndby. Seitdem wird die dänische Meisterschaft fast ausnahmslos zwischen den beiden Nachbarn ausgefochten. Auch heute ging es für den Sieger um die Tabellenführung. Die „Lovens“ (Löwen) genannte Truppe aus der Hauptstadt stand mit 23 Punkten an der Spitze und Brøndby mit 20 Punkten direkt dahinter auf Platz zwei. Aufgrund des Torverhältnisses würde der Sieger der Partie die Spitze übernehmen. Für sportliche Spannung war folglich gesorgt.

Zwei Stunden vor Anpfiff waren Heim- und Gästekurve bereits mit einigen hundert Fans bevölkert, und die Anhänger-Seiten stimmten sich auf das Derby ein. Pünktlich zum Anpfiff war das Stadion mit 40.463 Zuschauern vollends gefüllt, und bei der auf „I don´t like Mondays“ gemünzten Vereinshymne vom FC Kopenhagen flippten die Zuschauer völlig aus.

Die Heimkurve der Löwen-Anhänger ist ein wenig merkwürdig aufgeteilt. Der harte Kern der FCK-Fans nennt sich selbst „Urban Crew“ und bevölkerte die rechte Hälfte des Unterrangs der Hintertortribüne. Der weitere Teil der aktiven Anhänger befand sich auf dem gesamten Unterrang der Gegentribüne.

Die Urban Crew bastelte auf der Hintertortribüne eine kleine Choreographie mit einer Überziehfahne, auf der ihr Gruppenlogo zu sehen war, umrandet mit weißen und blauen Plastikschwenkfähnchen. Auf der Gegentribüne sah man eine Choreographie mit gelben und schwarzen Folien, die wohl die Silhouette der Stadt Kopenhagen ergeben sollte. Allerdings blieb mir die Bedeutung des dazugehörigen Spruchbandes aufgrund mangelnder Sprachkenntnisse unerschlossen.

Die Gäste aus Brøndby hatten die gesamte Hintertortribüne für sich und dürften mit gut 8.000 Anhängern vor Ort gewesen sein. Auf ihrer Seite präsentierten die BIF-Supporter zum Einlaufen eine Wendechoreographie in den Vereinsfarben. Mit Papptafeln wurde ein gelber Hintergrund gelegt, in dem in blauen Buchstaben die Vereinsinitialen „BIF“ hervortraten. Nach einer Minute ging ein Raunen durch die Menge, und die Tafeln wurden gedreht. Auf einem blauen Hintergrund wurde der gleiche Schriftzug nun in gelb präsentiert. Simpel, aber optisch durchaus eindrucksvoll.

Was nun folgte, waren eindrucksvolle 90 Minuten Dauersupport der beiden Fangruppen. Das gesamte Spiel wurde durchgehend gehüpft, geklatscht und gesungen, was die Lungen hergaben. Die beiden Kurven verbreiteten eine richtig geile Fußballatmosphäre. Das, was dem Derby an Tradition fehlte, glichen die Fans der beiden Vereine durch ihre Emotionen wieder aus.

Sportlich ging es nicht weniger gefühlsbetont zur Sache, nur etwas weniger erfolgversprechend. Zur Halbzeit stand es noch 0-0, und es war nicht abzusehen, dass sich ein Team durchsetzen würde. In der 50. Minute erzielte der schwedische Stürmer Fredrik Berglund das Tor des Tages für den FCK, und dessen Anhang feierte das Tor frenetisch. Das war ganz großes Kino, was mir da heute geboten wurde, zumal es im Stadion passenderweise tatsächlich Popcorn zu kaufen gab.

Pünktlich zum Abpfiff tickten die Gästefans dann angesichts der unglücklichen sportlichen Niederlage völlig aus. Sitzschalen flogen wie Frisbees in Richtung der angrenzenden Heimblöcke, und Bengalos wechselten den Besitzer. Der Ordnungsdienst sah sich das Treiben knapp 10 Minuten mit an. Dann, mit einem Mal, sprinteten die Ordner in bester Hooligan-Manier in den Gästeblock und boxten sich mit jedem Anhänger, der ihnen vor die Fäuste kam. Hierbei stellte sich heraus, dass der Großteil der Frisbee-Spieler eher zu den Leichtathleten zählte und sich im 100-Meter-Hürdenlauf aus dem Stadion verabschiedete. Am nächsten Tag konnte ich der Tageszeitung entnehmen, dass die Einsatzkräfte an dem Abend insgesamt 47 Verhaftungen zu verzeichnen hatten. Ein durchaus ereignisreiches Derby.

Am frühen Morgen verabschiedete ich mich von der dänischen Hauptstadt und bestieg den Eilzug nach Schweden.

Bei der Ankunft am Stockholmer Hauptbahnhof T-Centralen war von den viel umschwärmten blonden Frauen leider nichts zu sehen. Schweden im Herbst war ohnehin überhaupt nicht mein Fall, denn den ganzen Tag regnete es unaufhörlich. Ich war zum ersten Mal in Stockholm und wollte mir eigentlich die Stadt ansehen, aber bei dem Wetter fiel Sightseeing erstmal flach. Das war nicht weiter tragisch, da Stockholm mit Hammarby IF, AIK Solna und Djurgardens IF auf drei traditionsreiche Fußballclubs blicken kann, die regelmäßig in der Allsvenskan aufeinandertrafen. Daher war es nur eine Frage der Zeit, bis ich in die Stadt zurückkehren und dabei auch Touristisches nachholen würde.

Während die Stadtderbies aus Sicherheitsgründen im Rasunda-Nationalstadion ausgetragen wurden, sollte das Abendspiel zwischen Hammarby IF und Malmö FF im heimischen Söderstadion stattfinden. Der Ground befindet sich im südlich gelegenen Stadtteil Johanneshov und ist mit der „Tunnelbana“ genannten Stockholmer U-Bahn über die Haltestelle „Globen“ erreichbar. Das „Globen“ ist eine multifunktionale Halle, die für Eishockey, Basketball, Konzerte und alle möglichen weiteren Veranstaltungen genutzt wird. Der Kuppelbau hat einen

Durchmesser von 110 Metern und gilt damit als das größte kugelförmige Bauwerk der Welt. Neben dem Söderstadion und dem „Globen“ befinden sich auf dem Gelände noch diverse Bürogebäude und eine Shopping-Mall.

Das 1966 erbaute Söderstadion war ein betagtes, aber dennoch charmantes reines Fußballstadion, das bis zu 16.000 Zuschauern Platz bot. Es verfügte über zwei überdachte Tribünen und eine unüberdachte Stahlrohr-Hintertortribüne mit Stehplätzen. Die zweite Hintertortribüne bestand nur aus drei Reihen mit Sitzplätzen, denn direkt dahinter schließt ein mehrstöckiges Bürogebäude an. Da können die Angestellten während des Überstundenkloppens noch einen Blick aufs Spielfeld werfen.

Nach dem ganzen Regen zog über die gesamte Haupttribüne ein feucht dampfender Gestank, der mich stark an die Duftmarke „nasser Straßenköter“ erinnerte. Nichtsdestotrotz roch es hier förmlich nach echtem Fußball.

Hammarby gilt gemeinhin als Proletarierverein, dessen Mitglieder sich viele lange Jahre nur aus Arbeitern aus dem Stadtteil Södermalm zusammensetzten. Von den drei großen Stockholmer Clubs ist Hammarby der erfolgloseste. HIF wurde 1897 gegründet und konnte in der langjährigen Vereinsgeschichte erst im Jahr 2001 den ersten Titelgewinn als schwedischer Meister feiern.

Der Erstplatzierte der Allsvenskan startet in der Champions-League, der Zweitplatzierte startet im UEFA-Cup. Die Saison wird von April bis Oktober gespielt, und so kurz vor Saisonende waren diese beiden Plätze uneinholbar durch die Clubs IFK Elfsborg und AIK Solna belegt, die die Meisterschaft unter sich ausmachten. Sportlich war die heutige Partie ein harmloses Mittelfeldgeplänkel, von dem ich mir nicht allzu viel sportliche Spannung erwartete. Dafür war ich umso mehr auf die schwedischen Fußballfans gespannt.

Unter den 10.000 Zuschauern waren etwa 300 Gästefans aus dem südschwedischen Malmö, die in einer kleinen Ecke auf der Stahlrohr-

Hintertortribüne untergebracht wurden. Die beschränkten sich zum Anpfiff auf das Schwenken von knapp 50 Fahnen in den himmelblau-weißen Vereinsfarben Malmös. Ansonsten waren die Gäste akustisch nur bei den beiden Toren zu vernehmen.

In der Halbzeitpause gratulierten die Gästefans der Hammarby-Gruppe „Ultra Boys 99“ per Spruchband zu ihrem siebenjährigen Bestehen, worauf die Jungs aus Malmö dafür einen Szenenapplaus aus der Heimkurve erhielten. Die Heim„kurve“ befindet sich übrigens auf der Gegengeraden, deren linke Hälfte aus Stehplätzen, deren rechte Hälfte jedoch aus „bequemen“ Holzbänken besteht. Der harte Kern befindet sich natürlich auf den Stehplätzen, und dort tobten sich die 2.000 Hammarby-Anhänger ordentlich aus.

Die Hammarby-Fans präsentierten ihrerseits zu Spielbeginn eine Choreographie, indem sie aus Plastikfolien die schwedische Nationalflagge bastelten und daneben mit Doppelhaltern in den Vereinsfarben grün, weiß und schwarz auf der Tribüne die Vereinsinitialen „HIF“ darstellten. Die Fans waren während des Spiels ständig in Bewegung, und mit dem sehr abwechslungsreichen Liedgut sorgten sie für ein anschauliches Spektakel im Fanblock. Ganz so, wie es beim Fußball sein sollte.

Allerdings konnte die Mannschaft die Erwartungshaltung der Fans nicht erfüllen und musste sich im Endeffekt noch mit einer glücklichen Punkteteilung zufrieden geben. HIF führte bereits nach 19 Minuten mit 1-0, geriet aber zu Beginn der zweiten Hälfte in Rückstand. Zwar konnte das Team in grün-weiß wieder ausgleichen, aber Malmö erhöhte in den letzten Spielminuten den Druck und hatte das 2-3 auf dem Fuß. Insgesamt war es ein durchaus spannendes Spiel und ein würdiger sportlicher Abschluss der Tour.

Die Busse zum Skavsta-Airport fuhren vom City-Terminalen ab. Allerdings war der letzte Bus bereits seit 19 Uhr weg, und der nächste fuhr laut Fahrplan erst um 03.45 Uhr. Da mein Flug nach Hahn am frühen Morgen starten sollte, musste ich relativ zeitig am Flughafen sein – eine Übernachtung rentierte sich nicht für vier Stunden Schlaf. Zumal die Unterkünfte in der schwedischen Hauptstadt auch nicht gerade preiswert waren.

Mein Plan war nun, bis zur Abfahrt des Busses die Zeit im Busterminal mit Lesen zu verbringen. Unsinnigerweise wurde das Terminal um 23.30 Uhr geschlossen und die Wartenden vor die Tür gesetzt. Daraufhin suchte ich mir einen Sitz im benachbarten Bahnhof – der um 00.30 Uhr auch geschlossen wurde. Anfang Oktober herrschten in Schweden nicht gerade die angenehmsten Temperaturen, aber außer einer 24-Stunden-McDonalds-Filiale gab es nicht viele Aufenthaltsmöglichkeiten. Mir blieb also nicht anderes übrig, als die letzten 3 Stunden mit den mobilen ethnischen Minderheiten eine Reisegruppe zu bilden und von Parkbank zu Parkbank zu wandern, bis dieses Scheiß-Terminal endlich wieder geöffnet wurde und ich meinen Bus besteigen konnte.

Nach einer sechstägigen Tour mit extrem wenig Schlaf und ohne jeglichen Komfort war das der krönende Abschluss, der mir den konditionellen Rest gab.

Trotzdem war es ein sehr lustiger Trip. Die Eintracht hatte die Gruppenphase des UEFA-Cups erreicht, und Dänemark/Schweden erwiesen sich wieder einmal als durchaus attraktive Hoppingziele.

Und es war faszinierend zu beobachten, in welchen Formen sich die italienische Ultra-Bewegung sogar bis nach Skandinavien ausgebreitet hatte.

Kapitel 10

NORDLAND

Färöer Inseln im August 2007

Auf den 18 Färöer Inseln leben annähernd 45.000 Menschen. Grund genug, um ein eigenes Ligasystem im Fußball zu betreiben. Für mich war das wiederum Grund genug, den Färöern die Aufwartung zu machen. Mario und der „Hannoveraner“ waren ebenso begeistert, den Länderpunkt endlich mal in Angriff zu nehmen. Schließlich gehört die Inselgruppe zu den exotischeren Mitgliedern der UEFA.

Reisen auf die Färöer Inseln sind wegen ihrer exponierten Lage nicht ganz unkompliziert zu bewerkstelligen. Mangels direkter Einreisemöglichkeiten aus Deutschland hatten wir die Wahl, entweder 36 Stunden mit der Fähre von Dänemark auf uns zu nehmen oder mit dem Flugzeug über London oder Kopenhagen anzureisen. Da der Londoner Stansted Airport so etwas wie unser Wohnzimmer geworden war, starteten wir über die britische Hauptstadt. Die Inseln wurden von dort jedoch nur freitags und montags angeflogen. Somit würden wir das ganze Wochenende auf den Färöern verweilen.

Zufälligerweise fand während unseres Aufenthaltes auf der nördlichen Insel Borðoy das jährliche „Summarfestivalur“ statt, ein Open-Air-Festival mit diversen Rock- und Metalbands. 2007 sollten die Scorpions und Kim Wilde als Headliner des Festivals auftreten. Nicht, dass mich das in sonderlich große Euphorie versetzt hätte, aber wenn wir sowieso schon mal vor Ort waren, konnten wir dem Festival auch einen Besuch abstatten.

In Klaksvik fand außerdem nicht nur das Festival statt, sondern es wurde dort auch „Erstligafußball“ gespielt.

Die Inselgruppe liegt mitten im Nordatlantik, und es kommt wetterbedingt immer wieder zu langfristigen Verzögerungen, von denen auch wir betroffen sein sollten. Eigentlich wäre der Flieger um 15.15 Uhr gestartet, aber wegen eines Sturmtiefs über dem Nordatlantik wurde der Abflug auf den Abend verschoben. Die Scorpions mussten also schon mal ohne uns auftreten, was wir problemlos verkraften konnten. Nichts gegen Hard Rock, das war schon immer meine Musikrichtung. Ich bevorzuge dann jedoch lieber Metallica, Manowar oder Iron Maiden. Aber auch die gute alte Mucke mit den drei Akkorden ist nie zu verachten. Hauptsache kein Hip Hop!

Im Gegensatz zu den Billigfliegern, mit denen wir sonst unterwegs waren, bekamen wir von unserer Linienfluggesellschaft wegen der Verzögerung aber wenigstens Gutscheine für den Airport Pub ausgehändigt.

Ich mag den Flughafen Stansted nicht wirklich, auch wenn ich dort weit über hundert Mal gestartet oder gelandet bin. Der Flughafen ist viel zu klein, um die Massen an Passagieren, die seit dem Zeitalter der Billigflieger unterwegs sind, anständig abzufertigen. Es gibt viel zu wenige Sitzmöglichkeiten für die Passagiere, und vor allem abends herrscht echter Kampf um einen Platz für die Nacht, da viele der Billigtouristen in der Abflughalle übernachten und erst am nächsten Tag weiterfliegen.

Dafür erlebt man auf diesem Flughafen aber auch die tollsten Geschichten. Eine der lustigsten Anekdoten gab ein Nachtwächter des Flughafens in einem Interview zum Besten: Die schottische Rugby-Nationalmannschaft hatte ein Spiel in der englischen Hauptstadt. Die „Tartan Army“ – so wird der schottische Anhang bezeichnet – kampierte nach dem Spiel in der Abflughalle des Airports, da der Rückflug erst am nächsten Morgen anstand. Die vom Alkohol gezeichnete Anhängerschaft wurde irgendwann müde und verteilte sich zum Schlafen überall auf dem Flughafen. Dabei vergaßen einige Herren, dass sie unter ihrem

Kilt traditionell keine Unterwäsche trugen, und ihre hochgerutschten Schottenröcke sorgten so für jede Menge Gesprächsstoff bei anderen Reisenden, vor allem bei den weiblichen.

Mit indischem Curry und australischem Lagerbier ließ sich im Airport Pub die Zeit bis zum geplanten Abflug sinnvoll rumbringen. In dem Gewirr der vorbeiziehenden Menschenmassen konnten wir sogar Lemmy, den Frontmann von Motörhead, sichten. Bevor wir ihn zum Whiskey einladen konnten, war er aber schon wegen ein paar grölender männlicher Groupies wieder verschwunden.

Nachdem der letzte Schluck Bier die Kehlen hinuntergeflossen war, liefen wir brav zurück zum Gate. Die restlichen Passagiere schienen allesamt Bewohner der Färöer zu sein. Ich kam mit einem älteren Herrn ins Gespräch. Der konnte ziemlich gut deutsch. Wie er sagte, hatte er in Kopenhagen Germanistik studiert. Die weiteren Passagiere waren Freunde von ihm, eine Art färingische Folkloretruppe, die auf dem Rückweg von einer Veranstaltung in Großbritannien war. Er bedauerte, dass wir den Auftritt der Scorpions verpasst hatten, wünschte uns aber viel Spaß beim Fußball. Auch wenn er nicht verstehen wollte, warum drei Deutsche ausgerechnet zum Fußballschauen in seine Heimat kamen.

Kurz darauf teilte uns eine Vertreterin der Airline mit, dass man witterungsbedingt erst am nächsten Morgen wieder einen Anflug auf die Insel wagen könnte. Die Färinger nahmen es gelassen und trällerten ein paar Volkslieder. Offensichtlich waren die Einheimischen Flugausfälle in die Heimat gewohnt oder freuten sich sogar auf eine weitere Nacht auf dem Festland. Die Airline ließ sich unsere Übernachtung sogar etwas kosten und quartierte uns im nächstgelegenen Hilton Hotel ein.

Wir nahmen es auch locker, da König Fußball erst am Samstagnachmittag anstand. Außerdem war das Hilton ein ganz angenehmes Hotel. Vor allem, weil es nix kostete. Aber ich hätte schon erwartet, dass im Pay-TV „One Night in Paris“ angeboten wird, schließlich ein echter Klassiker der Filmgeschichte. Als Entschädigung für die Nacht ohne Paris hatte der Hannoveraner die obligatorische Hilton-Quietscheente aus seinem Bad als Geisel genommen. Damit würden wir im Notfall den Piloten zum Start zwingen können.

Das Wetter war am frühen Samstagmorgen wesentlich besser, und wir konnten ohne weitere Verzögerungen abheben. Die Geisel behielten wir trotzdem, man konnte ja nie wissen, wofür wir die Quietscheente noch gebrauchen könnten. Während des Fluges stellte sich heraus, dass die Färinger nicht nur sangesfreudig, sondern auch trinkfreudig waren: Morgens um 9 Uhr kippte sich der gesamte Flieger mit Wein und Cognac-Kaffee zu. Tja, das kommt davon, wenn der Schnaps im Flieger nix kostet. Durch diesen Umstand kam ich aber einfacher mit meinem Sitznachbarn ins Gespräch, der sich als Herausgeber der Lokalzeitung in Klaksvik entpuppte. In der Reisegruppe hatte sich schnell rumgesprochen, dass drei Deutsche auf dem Weg auf die Inseln waren, um Fußball und das Festival zu besuchen. Er war sichtlich erfreut über unser Vorhaben und bedauerte es sehr, dass wir den Auftritt der Scorpions verpasst hatten. Als Entschädigung gab er mir seine Telefonnummer und lud uns für den Sonntag zu einem kleinen Interview mit Kaffee und Kuchen ein.

Der Landeanflug auf die Insel war ziemlich spektakulär – man sieht nur Nebel, und aus dem Nichts tauchen dann plötzlich vor und neben der Maschine grüne bewachsene Berge auf. Unsere kleine Maschine wurde ordentlich durchgeschüttelt, sehr zum Leidwesen einiger Passagiere. Da hätte man statt Cognac-Kaffee lieber ein paar Kotztüten servieren sollen. Ich hatte meinen Spaß. Das war besser als in der Achterbahn! Und die Landung verlief sogar unerwartet sanft.

Nach Entgegennahme unseres Mietwagens stand die erste Erkundungstour der Inseln an. Die Straßenverhältnisse sind gut, und die meisten Inseln sind mit Brücken und Unterseetunneln verbunden, lediglich die südlichen Inseln können nur mit der Fähre erreicht werden. Dass man für die Benutzung der Tunnel eine Maut zu entrichten hat, stellte ich erst fest, als ich sechs Monate später eine entsprechende Rechnung von der Mietwagenfirma erhielt.

Die Landschaft war schon atemberaubend; mit Island überhaupt nicht zu vergleichen, aber ähnlich dem schottischen Hochland. Leider wurde die Sicht größtenteils durch Regen und Nebel stark beschränkt. Irgendwie hatten wir mitten im August etwas mehr Sonne erhofft. Klaksvik ist die zweitgrößte Stadt auf den Färöern, aber mit ihren knapp 5.000 Einwohnern mehr als überschaubar. Praktischerweise befand sich das Festivalgelände direkt hinter dem Stadion. Dass uns auf den Färöern keine Fußballtempel erwarten würden, war uns im Vorfeld schon bewusst, und so war unsere Erwartungshaltung nicht ganz so hoch. Das Stadion Djupamyra bestand dann auch nur aus einer Sitzplatztribüne und ein paar Stehplätzen rundherum.

Unsere Erwartungen an die färingische Fußballkunst waren ähnlich hoch wie die an die Stadionarchitektur. Die Nationalmannschaft der Färöer feierte ihren größten Erfolg 1990 beim 1-0-Sieg gegen Österreich. Und die sind bekanntlich auch keine große Fußballnation. Das Niveau des Ligafußballs liegt aber deutlich unter dem unserer südlichen Nachbarn. Manchmal ist es wirklich erschreckend, wie lang 90 Minuten sein können. Immerhin wollten sich fast 800 Zuschauer das verregnete Duell zwischen KI Klaksvik und dem IF Skala sehen, und das sind knapp 16% der Einwohner.

Nach dem Spiel enterten wir das Festivalgelände. Die Veranstalter waren sichtlich erfreut über den Besuch aus Deutschland. Man beglückwünschte uns zum sagenhaften Open-Air-Auftritt der Scorpions, der vor 10.000 Zuschauern, dafür aber ohne uns stattgefunden hatte. Heute sollte Kim Wilde auftreten, aber es bestanden größere Bedenken wegen des stürmischen Wetters. Uns war das Jacke wie Hose, schließlich waren wir nicht wegen der Musik auf der Insel. In einem der zahlreichen Festivalzelte gönnten wir uns die erste Runde Bier des Tages; mit 4,50 Euro für 0,4l noch fast akzeptabel für die Region.

Der Wind pustete die kleinen Zelte ziemlich durch, und mit einiger Skepsis betrachteten wir das Zerren und Reißen der Böen an den Verankerungen. Nur eine Minute später riss ein gewaltiger Windstoß mehrere Zelte in die Höhe. Leider auch unseres. Menschen, Bierfässer, Stühle und Tische flogen durch die Luft. Es herrschte ein ziemliches Chaos, und panisch liefen Besucher um Hilfe rufend über das Gelände. Während mir nur ein Stuhl ins Kreuz flog und ich den Kopf rechtzeitig vor anderen Wurfgeschossen einziehen konnte, landete in Marios Rücken ein ganzes Thekenteil. Glücklicherweise gab es bei uns dreien keine schweren Verletzungen, und auch die am Boden liegenden Menschen standen alle wieder auf. Wir hatten die Nase trotzdem voll und zogen uns in das nächstliegende Gebäude zurück.

Das war zufälligerweise auch der VIP-Raum des Festivalgeländes. Nach ein paar Flaschen des einheimischen Schwarzbiers „Black Sheep“ sah es alles schon gar nicht mehr so trostlos aus. Ein einheimischer Journalist machte sich wohl Sorgen um die Vorräte, aber er war auch sichtlich begeistert von unserer Anwesenheit. „Ah, Sie sind aus Deutschland. Ich habe schon gehört, dass Biertrinken ein wichtiger Bestandteil der deutschen Kultur ist. Trinken Sie nur weiter“.

Kein Problem.

Ein Konzert würde heute Abend trotzdem nicht mehr stattfinden. Kim Wilde hat später wohl noch in der Sporthalle am Stadion gespielt, aber da waren wir schon längst wieder unterwegs. Die Nacht war leider ziemlich ungemütlich, da das Wetter nicht besser wurde und der Regen nur so auf unser Hotel „Fiesta“ einprasselte. Dabei produzierte er eine Lautstärke, dass man glauben konnte, der Weltuntergang stehe bevor.

Nach einer Rundfahrt durch die überschaubare Hauptstadt Torshavn wartete im Nationalstadion endlich das nächste Spiel. Das Wetter hatte inzwischen aufgeklart, und dem Fußball stand eigentlich nichts im Wege – außer einer deutschen Fachfirma, die gerade den Kunstrasen im Stadion neu verlegte.

Mangels Alternativen in der Umgebung blieb uns nichts anderes übrig, als mit 130 km/h die Serpentinen zurück auf die nördliche Insel zu brettern, um uns das *Spitzenspiel* der 1. Liga zwischen RSI Runavik und GI Gota anzusehen.

Der Sportplatz war umringt von Felsen. Auf der Gegengeraden konnte man sehen, dass eine Sitzplatztribüne im Bau war. Das war's aber auch schon. Immerhin 800 Zuschauer wollten das Spiel sehen, was im Gegensatz zum Spiel in Klaksvik wohl fast 100% der örtlichen Bevölkerung gewesen sein müssen. Darunter waren sogar knapp 20 mit Trommeln bewaffnete Gästefans, die allesamt Vereinstrikots mit der Rückennummer 12 und dem Namen „Ultras“ trugen. Die wirkten in diesen Breitengraden dann doch ein wenig deplatziert.

Die Eintrittspreise für die Spiele waren für die gebotene Qualität vergleichsweise hoch. Umgerechnet musste man 10 Euro für ein Erstligaspiel rechnen. Das Spiel heute war das Eintrittsgeld aber wert. Auf dem Platz ging es heiß her; es wurde gestoßen und getreten, was das Zeug hielt. Sobald der Schiri auf Foul entschied, rannten sofort drei Spieler auf ihn zu, um ihn zu schubsen und zu beschimpfen. Echtes Kreisklasseniveau, und trotzdem gab es nur eine einzige gelbe Karte.

Plötzlich brachen drei Gestalten auf der Tribüne in Jubelschreie aus, dabei war doch im laufenden Spiel auf dem Feld nichts passiert. Oder sollte die verhauene Flanke des Innenverteidigers auf den Mittelstürmer diesen Begeisterungsturm ausgelöst haben?

Tja, auf diesem Feld geschah zwar im Moment nichts Augenfälliges, doch in der entfernten Alten Försterei schoss die Eintracht den Lokalmatador 1. FC Union Berlin mit 4-1 im DFB-Pokal ab. Dank des Mobiltelefons waren wir im noch so entferntesten Winkel der Erde stets darüber informiert, wie es um die Eintracht stand – wobei das meist weniger Anlass zur Freude gab als am heutigen Tag.

Die Hausherren aus Runavik setzten sich mit 3-1 durch, und der Schiedsrichter musste unter dem Schutz der Ordner in die Kabine gebracht werden, durfte dann aber unversehrt den Heimweg antreten.

Für uns war es auch an der Zeit, und zwar für den Rückweg zum Flughafen. Glücklicherweise zeigten die Anzeigetafeln keine Verspätungen für den morgendlichen Flug nach London, denn nach Dänemark hatten die Flieger schon wieder 24 Stunden Verspätung ausgewiesen. Flüge auf die Färöer Inseln sind wirklich ein Glücksspiel.

Alles in allem war der Trip auf die Färöer eine spaßige Angelegenheit. Fußballerisch war er völlig bedeutungslos, aber die Herzlichkeit der Bevölkerung war eine Klasse für sich.

Und die Scorpions können das sicher auch bestätigen.

Kapitel 11

Hevenu Shalom Alechem

Israel/Jordanien im Februar 2008

Mein katholischer Religionslehrer ab der Unterstufe hieß Pfarrer Kutzka. Er erzählte gerne und viel von seinen Reisen nach Israel. Des Öfteren ließ er uns den Unterricht mit dem hebräischen Kanongesang „Hevenu Shalom Alechem“ beginnen, was zu Deutsch soviel heißt wie „Wir bringen euch Frieden“. Die Geschichten über den Konflikt um das Westjordanland, den 6-Tage-Krieg, das Tote Meer oder das alltägliche Leben der Menschen in Israel hatten mich immer wieder aufs Neue fasziniert. Mir war klar, dass ich früher oder später auch einmal ins Heilige Land aufbrechen würde. Allerdings dachte ich zu der Zeit noch nicht daran, dass ich nach Israel reisen würde, um Fußball zu sehen.

Der israelische Fußballverband wurde 1928 noch unter britischer Mandatsherrschaft gegründet und war von 1956 bis in die frühen siebziger Jahre Mitglied im Asiatischen Fußballverband. Aufgrund des politischen Drucks der arabischen Nachbarstaaten und deren vehementer Weigerung, gegen israelische Teams anzutreten, wurde Israel schlussendlich aus der Asian Football Confederation ausgeschlossen. Über die Jahrzehnte fristete der israelische Fußball ein Schattendasein in der UEFA und zeitweise sogar im Verband Ozeaniens. Seit 1994 ist Israel ein vollwertig anerkanntes Mitglied der UEFA, und seitdem nehmen israelische Teams an den europäischen Pokalwettbewerben teil. Die Nationalmannschaft war für mich ein unbeschriebenes Blatt, aber die israelischen Top-Clubs sorgten immer wieder für Schlagzeilen im Europapokal.

Meine Verlobte Jessica war ein wenig besorgt angesichts der Sicherheitslage im Nahen Osten, ließ sich aber durch meine ausgeklügelte Argumentation, dass mehr Menschen durch Verkehrsunfälle als Selbstmordattentate ums Leben kamen, beruhigen. Begleitet hätte sie mich deswegen noch lange nicht, obwohl sie Urlaub in Verbindung mit Fußball nie gänzlich abgeneigt war, sofern es sich um Profifußball handelte.

Mein Freunde Jens und Mario waren sofort Feuer und Flamme für den Trip. Wir drei wurden in dem Jahr 30 und wollten zur Feier unseres Jahrgangs nach längerer Unterbrechung wieder gemeinsam auf Tour gehen. Ursprünglich planten wir, mit der Transsibirischen Eisenbahn von Moskau nach Wladiwostok zu reisen und von dort weiter zu den olympischen Spielen nach Peking aufzubrechen, aber *die* Tour mussten wir dann doch schon aus rein zeitlichen Gründen ausfallen lassen.

Ein Besuch im Gelobten Land klang nach der perfekten Alternative, zumal Israel sportlich wie kulturell einiges zu bieten hatte. Außerdem war seitens der FIFA ein Spieltag der Kontinentalqualifikation zur WM 2010 festgelegt worden, der uns das Länderspiel zwischen Jordanien und Nordkorea bescherte. Spätestens seitdem wir „Indiana Jones und der letzte Kreuzzug“ mit Harrison Ford und Sean Connery gesehen hatten, wollten wir die Felsenstadt Petra in natura erleben. Fußballerisch war Jordanien für uns hingegen völliges Niemandsland.

Jens und Mario hatten Direktflüge von Frankfurt nach Tel Aviv, während ich mich aus Kostengründen mit einem Flug über Zürich zufrieden gab. Den beiden war der Preis ihres Fluges diesmal herzlich egal, da sie von ihrer Airline während einer vorhergehenden Tour zwei Voucher für ihre nächsten Flüge erhalten hatten.

Viele Airlines überbuchen ihre Maschinen; sie verkaufen mehr Tickets als die Maschine Plätze hat. Das ist normalerweise auch kein Thema, denn in den meisten Fällen gibt es Passagiere, die im letzten Moment abspringen. In allen anderen Fällen aber hat die Airline ein

Problem und versucht dann, mit verschiedenen Angeboten einzelne Passagiere dazu zu bewegen, auf einen anderen Flug umzubuchen. Auf einer vorhergehenden Englandtour ließen sich Jens und Mario in ihrem Fall nicht lange bitten. Im Endeffekt gelangten sie nur ein paar Stunden später an ihr eigentliches Reiseziel, nur waren sie um zwei Voucher über mehrere hundert Euro reicher.

Da unsere Flieger zeitgleich am Samstagmorgen um 3.30 Uhr landeten, waren die unterschiedlichen Flugrouten kein größeres Problem. Alleine zu fliegen störte mich auch nicht weiter, da ich an Bord zumeist in einen Tiefschlaf falle oder mich mit dem Entertainment-System beschäftige.

Die Passkontrolle am Airport Ben Gurion fiel unerwartet harmlos aus. Als deutscher Staatsangehöriger benötigt man ein Visum zwar nur, wenn man vor dem 1.1.1928 geboren wurde, aber wir hatten uns mental auf stundenlange Verhöre durch den israelischen Geheimdienst Mossad vorbereitet. Letztendlich wurden uns von zivilen Flughafenangestellten lediglich ein paar Fragen zum Reiseziel und dem Grund des Aufenthaltes gestellt. Nichts Ungewöhnliches – ehrlich gesagt empfand ich die Einreiseformalitäten in die USA wesentlich penetranter. Die wollten in ihren Fragebögen immer wissen, ob man zu Zeiten des 3. Reiches an Kriegsverbrechen beteiligt war. Der Verweis auf ein Jahrzehnte nach Beendigung des 2. Weltkrieges liegendes Geburtsdatum war als Antwort nicht ausreichend. Die wollten tatsächlich ein „Ja“ oder „Nein“ hören.

Als Fortbewegungsmittel reservierte ich für die nächsten zehn Tage einen Mietwagen. Zwar fuhren zwischen den größeren Städten und Siedlungen auch Busse, aber da wir flexibel in unserer Planung bleiben wollten, war ein Mietwagen einfach die bessere Lösung. Die Schnellstraßen und Autobahnen waren sehr gut ausgebaut, und glücklicherweise waren die meisten Verkehrsschilder auf Hebräisch, Arabisch und zusätzlich noch auf Englisch, sonst hätten wir ein echtes Problem gehabt. Die nächste Frage war, was wir am frühen Sabbat in Tel Aviv anfangen sollten. Der Sabbat beginnt bereits mit dem Sonnenuntergang am Freitag und endet erst mit dem Sonnenuntergang am Samstagabend. Am Sabbat stehen große Teile des öffentlichen Lebens still, und der orthodoxe Teil der jüdischen Bevölkerung widmet sich der Ausübung des Glaubens.

In Israel leben aber nicht nur strenggläubige Juden, sondern viele Christen und Muslime. Zudem sind nicht alle Juden strenggläubig und befolgen gewissenhaft die Lehren der Tora und des Talmud. Vor allem die jungen Menschen nehmen es damit nicht so genau, wie wir an der Strandpromenade von Tel Aviv beobachten konnten. Viele der Bars und Clubs schlossen erst in den Morgenstunden, und wir betrachteten die letzten Nachtschwärmer, die sich auf den Heimweg machten. Das sah schon mal nicht viel anders aus als wir es von zuhause kannten.

Der israelische Volksmund sagt nicht umsonst, man müsse als Besucher Israels an drei Orten gewesen sein: in Tel Aviv für die Sünde, in Jerusalem für die Erlösung von der Sünde und in Elat für die Erholung von beidem.

Nach einem kurzen Strandspaziergang entlang der gemütlichen Tel Aviver Uferpromenade waren wir schon wieder unterwegs in unser erstes Domizil in Nazareth. Nach Tel Aviv würden wir noch früh genug wieder zurückkommen.

Nazareth wird hauptsächlich von arabischen Christen bewohnt und ist laut der Bibel der Wohnort von Josef und Maria. Der Jungfrau Maria zu Ehren wurde in der Stadt die Verkündigungskirche erbaut – an der Stelle, an der laut der Bibel der Erzengel Gabriel der Jungfrau Maria verkündete, dass sie den Sohn Gottes gebären würde. Ein Besuch des berühmten Bauwerks war selbstverständlich Ehrensache. Und zudem lag Nazareth wie für uns geschaffen zwischen den beiden abendlichen Spielorten Sachnin und Haifa.

Auf der Suche nach unserem Hostel zwängte ich den Mietwagen durch die engsten Gassen Nazareths. Der schmale Wassergraben vor der letzten Gasse hätte mir eine Warnung sein sollen, denn nach ein paar Metern fanden wir uns mitten auf einem arabischen Basar wieder! Die Gemüsehändler waren genauso irritiert wie wir. Scheinbar war die letzte Einfahrt wohl doch keine offizielle Straße gewesen. Zwischen Vogelvieh in Holzkäfigen, Körben mit Pistazien und Amphoren mit schwarzen Oliven saßen wir drei ziemlich ratlos in unserem Auto. Geradeaus konnten wir nicht weiter, da der Weg durch parkende Fahrzeuge versperrt war. Links und rechts standen die Gemüsehändler mit ihren Verkaufsständen. So blieb nur der Rückwärtsgang. Sich rückwärts wieder aus dem Schlamassel zu bewegen war in meinen Augen keine tolle Idee, da ich schon bei der Einfahrt in die Gasse sorgenvoll auf die zwei Zentimeter Rangierabstand rechts und links unseres Fahrzeugs gestarrt hatte. Nach fünfzehn Minuten des ratlosen Umherstehens fasste sich ein Englisch sprechender Händler ein Herz und bat seine Kollegen, hinter dem Auto etwas Platz zu schaffen. Nach einem Wendemanöver in gefühlten eintausend Zügen, bei dem ich Blut und Wasser schwitzte, konnten wir den Markplatz wieder auf dem Weg verlassen, den wir gekommen war – und das vorwärts.

Jetzt brauchte ich dringend eine Pause und auf den Schrecken etwas Fußball zur Beruhigung. Die A-Jugend von Hapoel Nazareth hatte um 11 Uhr ein Spiel gegen Hapoel Haifa. Eigentlich gehörte Jugendfußball nicht zu unseren Lieblingsbeschäftigungen, aber da die Jugend freundlicherweise im gleichen Stadion spielte wie die Zweitligamannschaft, war das zu perfekt, um die Gelegenheit nicht zu nutzen.

Das Green Stadium liegt in einem der besseren Wohnviertel Nazareths und wurde im April 2004 fertiggestellt. Benannt wurde es nach der gönnerhaften Familie Green, die den Stadionbau großzügig finanziert hatte. Außer uns verirrten sich noch ein paar Dutzend weitere Zuschauer in den Ground, darunter auch ein Jugendlicher mit einem Kleinkalibergewehr. Bewaffnete Menschen konnte man in diesem Land überall sehen, aber in einem Stadion einen Zivilisten mit einer Schusswaffe anzutreffen, fanden wir doch etwas irritierend. Schade, dass der Zuschauerzuspruch nicht sonderlich hoch war, denn die Partie verlief durchaus spannend. Das Team von Hapoel Nazareth lag 0-2 hinten, drehte das Spiel aber noch in ein 3-2. Die Jungs waren zum Abpfiff völlig aus dem Häuschen und feierten ihren verdienten Erfolg im Mittelkreis des Stadions.

Nach diesem Tourauftakt starteten wir einen neuen Versuch, unser Hostel anzusteuern. Dieses Mal parkte ich das Auto aber an der Hauptstraße, und wir erkundeten die Gegend zu Fuß. Unsere Unterkunft trug den klangvollen Namen „Fauzi Azar Inn" und war mit Abstand die preiswerteste Übernachtungsmöglichkeit in der Altstadt. Da der Andrang um diese Jahreszeit nicht sonderlich hoch war, bewohnten wir unser 6-Bett-Zimmer sogar ganz allein.

In der Altstadt hatten wir zum ersten Mal Kontakt mit den „Mezze", den mit den spanischen Tapas vergleichbaren arabischen Speisen. Hommus, ein Kichererbsenbrei mit sehr viel Knoblauch, wurde zu unserem neuen Leibgericht. Insgesamt konnte uns die arabische Küche sofort für sich einnehmen.

Am frühen Abend wurde es wieder Zeit für König Fußball. Das erste echte Spiel der Tour führte uns ins 30 Kilometer nördlich von Nazareth liegende Sachnin. In der Kleinstadt leben knapp 24.000 Einwohner, die sich vornehmlich aus arabischen Israelis zusammensetzen.

Der örtliche Fußballclub Hapoel Bnei Sachnin war gerade aus der zweiten Liga aufgestiegen und der einzige arabische Club, der in der israelischen Ligat ha'Al vertreten war. Der Fusionsverein aus Makkabi und Hapoel Sachnin hat daher nur arabische Fans – die jüdischen Siedler aus dem Umland interessieren sich nicht für den Club.

Dementsprechend argwöhnisch wurden die drei Deutschen betrachtet, die sich da in der Ticketschlange vorm Doha-Stadion einreihten.

Es herrschte ein heilloses Durcheinander, und am laufenden Band redete man wild gestikulierend in Arabisch auf uns ein. Das klang in unseren Ohren nicht wirklich freundlich, und wir fühlten uns zunächst nicht ganz wohl in unserer Haut. Nachdem die Leute um uns herum verstanden hatten, dass wir keine Israelis waren, entspannte sich die Situation glücklicherweise wieder. Für 80 Schekel, umgerechnet 15 Euro, erhielten wir Zutritt ins Stadion und hatten freie Platzwahl auf den Tribünen.

Da hatten wir uns für unser erstes Spiel in Israel ausgerechnet die einzige Besonderheit der Liga herausgesucht. Über israelische Fankurven war hierzulande auch im Internetzeitalter relativ wenig bekannt. Im Netz fand sich ab und zu mal ein Video-Clip der „Green Apes" aus Haifa, über das Stadtderby in Tel Aviv gab es ein oder zwei Berichte in einschlägigen Magazinen, aber im Großen und Ganzen waren israelische Fankurven völliges Neuland für uns. Das machte die Tour für uns ja so spannend und erlebnisreich.

Der FC Bnei Sachnin kann auch auf zahlreiche Anhänger im arabischen Ausland zurückgreifen. Das heimische Doha-Stadion wurde nach der gleichnamigen Hauptstadt des Emirates Katar benannt, denn der dortige Scheich besaß die Großzügigkeit, den Bau des Stadions zu finanzieren. Mittlerweile wurde der Verein sogar in „Ichud (arabisch: „Ittihad") Bnei Sachnin" umbenannt, wobei „Ittihad" nichts anderes bedeutet als „Eintracht".

Der Ground bietet Platz für knapp 5.000 Zuschauer und besteht aus einer Hintertortribüne und einer Haupttribüne. Die anderen beiden Seiten sind unbebaut. Platznot dürfte hier aber nur gegen die Top-Vereine aus Jerusalem, Haifa oder Tel Aviv herrschen. Gegen Maccabi Herzliya strömten annähernd 3.000 Zuschauer auf die Tribünen.

Die heimischen „Ultras Hapoel" hatten sich hinter dem Tor niedergelassen und feuerten ihre Mannschaft durchgehend mit arabischen Sprechgesängen an, aber wir vernahmen auch europäisch klingendes Liedgut. Das fortlaufend gesungene „Hapoel allez!" entwickelte sich zu einem echten Ohrwurm. Die Fans hatten sogar Schwenkfahnen und Zaunfahnen mit den Namen der Fanclubs. Das sah ganz so aus, wie wir es auch aus anderen Ländern kannten.

Was wir nicht von zuhause kannten, war, dass sich mitten im laufenden Spiel einzelne Zuschauer auf eine Freifläche hinter der letzten Sitzplatzreihe zurückzogen und sich auf das Abendgebet gen Mekka vorbereiteten. Scheinbar dürfen Muslime nicht auf nacktem Boden beten und benötigen dazu immer eine Unterlage. Einige Fans beteten daher auf ihrer Vereinsfahne oder ihrem Fanschal. Das kam mir wiederum doch von zuhause sehr bekannt vor, da ich einen Kumpel hatte, der vor einem schwierigen Auswärtsspiel schon mal auf einer Eintrachtfahne niederkniete und ein Vater Unser betete.

Die Gästefans aus Herzliya waren in einem gesonderten Bereich am Rand der Tribüne untergebracht, aber es war nur eine Handvoll anwesend, und die fielen nur beim immerhin dreifachen Torjubel für Maccabi auf. Leider verflachte die Stimmung durch die dürftige Vorstellung der Heimelf, und da wir noch das abendliche Topspiel sehen wollten, machten wir uns früher aus dem Staub. Es war gar nicht so einfach, während des Spiels aus dem Stadion zu gelangen, da das Militär als Ordnungsdienst fungierte und alles weiträumig abgesperrt hatte. Nachdem wir endlich draußen waren, erklärte sich auch der Grund der massiven Absperrungen: Vor den Eingängen gammelten hunderte Kids herum, die nur auf ihre Chance lauerten, ins Stadion zu gelangen.

Wir waren mit unseren ersten Erlebnissen auf israelischem Boden durchaus zufrieden, aber es war nun an der Zeit, sich einen richtigen jüdischen Club anzusehen.

Die Hafenstadt Haifa liegt etwa 40 Kilometer westlich von Sachnin. Gerade pünktlich zum Anpfiff enterten Jens und ich für 80 Schekel das Kiryat Eli'ezer Stadion.

Mario hatte dem Club im Vorfeld eine E-Mail geschickt, und die waren so begeistert, dass ein Deutscher plante, nach Israel zum Fußball zu kommen, dass sie ihm eine Freikarte für die Haupttribüne schenkten. Nette Geste.

Viele jüdische Sportvereine gehören der Maccabi-Bewegung an und führen den Davidstern in ihrem Vereinswappen. Die Bezeichnung Maccabi bedeutet „Kampfgeist“ und geht dabei auf die jüdischen Freiheitskämpfer der Makkabäer zurück. Auch heute noch werden sie als Symbol für den Kampf um Unabhängigkeit des jüdischen Volkes verstanden.

Maccabi Haifa ist der erfolgreichste israelische Verein der Neuzeit. Zwischen 1984 und 2006 holte der Club 10 Meistertitel. Zudem war Maccabi Haifa der erste israelische Club, der sich erfolgreich für die UEFA Champions League qualifizierte.

Das 14.000 Zuschauer fassende heimische Kiryat Eli‘ezer Stadion wurde bereits 1955 erbaut. Auch wenn sich heute nur knapp 10.000 Besucher auf den Rängen einfanden, plante Maccabi einen Neubau mit einem Fassungsvermögen von 30.000 Plätzen.

Der größte Fanclub ist die 2002 gegründete Ultragruppe „Green Apes“, die in der Tat einen grünen Gorilla als Logo führt. Die Vereinsfarben Maccabi Haifas sind grün-schwarz, und deren politisch links orientierte Anhänger wurden von den gegnerischen Fans aus Tel Aviv gerne als „grüne Affen“ beschimpft. Daraufhin nannten sich die Ultras in Haifa eben „Green Apes“ – eine gewisse Selbstironie, die den meisten Ultragruppierungen hierzulande leider fehlt.

Sportlich konnte Haifa heute seine Vormachtstellung im modernen israelischen Fußball nicht untermauern. Die Gäste aus Netanya waren auf dem Vormarsch in der Liga, und mit Francis Kioyo hatten sie sogar einen alten Bekannten im Kader, der bereits für 1860 München und Energie Cottbus in der Bundesliga aufgelaufen war. Die Gäste beherrschten das Spiel und feierten einen 2-0-Auswärtssieg.

Knapp 2.000 schwarz-gelbe Anhänger legten die 100 Kilometer aus Netanya zurück, um ihre Mannschaft zu unterstützen. Die Fans waren sichtlich angetan von der Vorstellung ihres Teams und feierten ihre

Mannschaft. Vor allem das „Yalla Netanya“ klang ziemlich geil. Dabei ertönte zuerst ein langgezogenes „Yalla“ und dann ein ebenso langes „Netanya“, und Schritt für Schritt wurde die Lautstärke gesteigert. Die meisten anderen Gesänge unterschieden sich nicht von den europäischen Stadiongesängen, aber auf Hebräisch klang es halt noch mal ganz anders.

Der Support der „Green Apes“ war angesichts der Leistung der eigenen Elf erwartungsgemäß nicht sonderlich produktiv, aber auch die Heimanhänger versuchten ihr Team anzutreiben, wenn auch erfolglos.

Die Zusammensetzung des Publikums war wie in unseren Breitengraden. Die älteren und gesetzteren Zuschauer ließen sich auf den Sitzplätzen nieder und fluchten sporadisch über die Leistungen der Mannschaft oder des Schiedsrichters, während sich die meist jugendlichen Anhänger im Fanblock auslebten. Insgesamt eine durchaus unterhaltsame Veranstaltung.

Nach dem Spiel zogen wir uns in unsere Unterkunft nach Nazareth zurück, wo wir ziemlich platt ins Bett fielen; schließlich hatten wir nur ein paar Stunden auf dem Hinflug geschlafen. Drei Spiele an unserem ersten Tag im Heiligen Land waren schon mal keine schlechte Ausbeute.

Israel ist kein Land großer Entfernungen, und darum ließen sich Fußball und Sightseeing bestens miteinander verbinden. Den folgenden Vormittag verbrachten wir ganz entspannt mit einem Besuch der historischen Kreuzfahrerstadt Akko, und am Abend sollte wieder das runde Leder rollen. In Akko selbst gibt es mit Hapoel einen Verein, der in der Saison in der zweiten Liga spielte, aber unser Augenmerk lag auf der Spitzenbegegnung zwischen Maccabi Tel Aviv und Beitar Jerusalem.

Unser neues Hauptquartier war ein Hostel in Tel Avis Innenstadt. Leider fanden sich in der Umgebung nur Parkplätze, die einen Anwohnerparkausweis verlangten. Da sich die Stadtverwaltung Tel

Aviv wegen der Strafzettel nicht mehr gemeldet hat, gehe ich mal davon aus, dass sich die Angelegenheit erledigt hat.

Das Bloomfield Stadion war relativ einfach zu finden. Von der Innenstadt aus liefen wir ungefähr eine Stunde immer die Strandpromenade entlang, und irgendwann konnten wir von weitem schon das Leuchten der Flutlichtmasten erkennen. Der Ground wirkte ziemlich heruntergekommen, obwohl er erst im Jahr 2000 komplett renoviert wurde.

Das Bloomfield Stadion zählt zu den meistgenutzten Sportstätten des Landes. Immerhin tragen die drei Erstligisten Maccabi, Hapoel und Bnei Yehuda ihre Heimspiele hier aus – und dann gab es noch drei unterklassige Teams, die den Ground ebenfalls als Heimspielstätte nutzten.

Maccabi Tel Aviv hat insgesamt 18 Meistertitel geholt und ist der Rekordmeister des Landes. Der letzte Titel stammt aus dem Jahr 2003, und der letzte davor lag auch schon ein paar Jahre zurück. Die goldenen Zeiten des Clubs waren demnach vorbei. Beitar Jerusalem hatte allerdings einen sehr guten Lauf in der Liga und durchaus beste Chancen auf den diesjährigen Meistertitel.

Wie alle Maccabi-Clubs trägt auch Tel Aviv den Davidstern im Wappen, während Beitar Jerusalems Vereinswappen der jüdische Kronleuchter ziert. Die Fanszenen dieser beiden Clubs setzen sich aus rein jüdischen Anhängern zusammen und gelten landesweit als sehr nationalistisch eingestellt. Zumindest behaupteten das die Anhänger von Hapoel Tel Aviv in einem Interview, das kurz vor unserer Abreise im österreichischen Magazin „Ballesterer“ abgedruckt wurde. Unsere Erfahrungen sollten das zumindest für die Beitar-Anhänger bestätigen.

Das Stadion war mit annähernd 10.000 Zuschauern gut gefüllt. Aus Jerusalem waren grob geschätzt 4.000 Gäste angereist, die lautstark auf sich aufmerksam machten. Mangels Bannern im Gästebereich und wegen der Ähnlichkeit der dunkelblau-gelben Vereinsfarben Maccabis und der schwarz-gelben von Beitar war es anfangs schwierig zu erkennen, welcher Bereich im Stadion den Gästen zugewiesen war. Beitar hatte, wie wir dann erkannten, wohl eine komplette Hintertortribüne und die Hälfte der Gegentribüne eingenommen.

Wir ließen uns für die obligatorischen 80 Schekel auf der Haupttribüne nieder und genossen von dort einen perfekten Einblick in die Heimkurve.

Die gesamte Hintertortribüne war von den „Ultras Maccabi“ und weiteren Fanclubs eingenommen. Zu Spielbeginn präsentierten die „Ultras Maccabi“ zu Ehren eines verstorbenen Nationalspielers eine Choreographie mit blauen und gelben Plastikschwenkfahnen. Dazu wurde auf einem Banner das Konterfei des ehemaligen Spielers präsentiert.

Die Beitar-Anhänger zündeten massenhaft weißes Rauchpulver, dessen optischer Effekt durch das Flutlicht noch verstärkt wurde. Zwischendurch wurden die jeweiligen Mannschaften kontinuierlich mit Trommeln und Gesang vorangetrieben. Viele Melodien kannten wir aus den europäischen Gefilden, aber es war auch uns unbekanntes Liedgut zu hören. Und auf Hebräisch klang das sowieso noch mal eine Spur exotischer.

Von der Lautstärke war der Support noch ausbaufähig, aber wenn in einem Spiel keine Tore fallen, ist ein objektives Statement immer schwierig. Optisch erinnerten uns die beiden Kurven an Griechenland und Italien. Gerade im Heimbereich konnten wir etliche bunte Zaunfahnen betrachten, wobei besonders das Banner „Brothers“ in die Augen fiel, das von einer Freundschaft zwischen Ultras von Maccabi Tel Aviv und Ajax Amsterdam zeugte.

Das Durchschnittsalter in der Fankurve lag unterhalb der 20, was wohl daran lag, dass junge Männer und Frauen in Israel direkt nach der Schule für drei Jahre zum Militärdienst eingezogen werden. Nach diesen drei Jahren haben die meisten Kerle wohl nicht mehr das ganz große Interesse am Fußballsupport. Frauen waren im Stadion sowieso der große Ausnahmefall.

Die sportliche Darbietung war etwas enttäuschend. Beitar hatte mit dem torlosen Unentschieden zwar seine Tabellenführung verteidigt, aber ein paar Tore wären uns ganz recht gewesen. Die Anhänger zog es nach dem Spiel so schnell wie möglich nach Hause, und wir spazierten zurück zu unserer Unterkunft.

Am Montag fuhren wir nach Jerusalem. Zwar hatten wir auch am kommenden Wochenende Jerusalem auf dem Zettel, um Beitar zu sehen, aber der Fußballverband hatte den kommenden Spieltag noch nicht endgültig terminiert, und wir wollten den freien Montag nutzen, um schon mal die wichtigsten Sehenswürdigkeiten abzugrasen.

Jerusalem ist historisch betrachtet wohl die am meisten umkämpfte Stadt der Welt. Die Altstadt ist heute noch geteilt in ein jüdisches, ein christliches und ein islamisches Viertel. Auffällig war die hohe Anzahl orthodoxer Juden in der Stadt. Während sich der Kleidungsstil der Bevölkerung in den anderen Orten Israels kaum von unserem europäischen unterschied, trugen hier fast alle Männer die traditionellen schwarzen Gewänder und Hüte. Nirgendwo war der Konflikt im Land allgegenwärtiger. Dementsprechend war die Militärpräsenz in der Stadt wesentlich dichter als in Tel Aviv oder Haifa. Die Trennung nach Religionszugehörigkeiten im alltäglichen Leben Jerusalems empfand ich in etwa so krass wie die strikte Trennung zwischen Schwarzen und Weißen während der Apartheid in Südafrika.

Die Altstadt gleicht einem riesigen Labyrinth, in dem man sich nur zu Fuß durch die Basare und vorbei an biblischen Stätten bewegen kann. Es war ein erhabenes Gefühl, von den Dächern der Stadt auf die Klagemauer und den darüber liegenden Felsendom mit seiner goldenen Kuppel zu blicken. Allerdings musste man erst mal bis zur Altstadt gelangen. Der Verkehr auf Jerusalems Straßen war nichts für schwache Nerven und erinnerte mich stark an Rom oder Neapel.

Den Platz vor der Klagemauer durfte man erst nach einer Kontrolle betreten – wie an einem Flughafen. Auf Sicherheit wird in dieser Stadt aufgrund der zahlreichen Anschläge sehr viel Wert gelegt.

Als Klagemauer bezeichnet man den Rest der Westmauer des zweiten jüdischen Tempels, der von den Römern zerstört wurde. Sie ist ein wichtiges religiöses Symbol des jüdischen Glaubens und des Machtanspruchs auf die Stadt Jerusalem, vor allem auf den darüber liegenden Tempelberg.

Den umzäunten Bereich um die Klagemauer darf man auch als Nichtjude betreten, allerdings nach Geschlechtern getrennt. Etwa drei Viertel der Mauer ist Männern vorbehalten. Der Bereich für die Frauen wird durch eine Holzwand abgetrennt. Männer müssen zudem eine Kopfbedeckung tragen. Die traditionelle jüdische Kopfbedeckung „Kippa“ konnte man kostenlos am Eingang erhalten.

Die gläubigen Juden notieren auf kleinen Zettel ihre Gebete und stecken diese in die Schlitze der Klagemauer. Dabei zeigen sie sich in der Umsetzung als sehr erfinderisch: Da nicht jeder Jude die Möglichkeit hat, selbst nach Jerusalem zu reisen, kann der Gläubige eine E-Mail mit seinen Gebeten und Wünschen an einen Jerusalemer Rabbi schicken, der den Ausdruck der E-Mail im Namen des Auftraggebers in die Klagemauer steckt!

Während ich dort stand und ein Ritual zur Bar Mitzwa beobachtete, sprach mich ein Rabbi auf Englisch an. Aus welchem Land ich stammen würde, wollte er wissen. Ein wenig verlegen sagte ich „Germany“, worauf er mich etwas entgeistert ansah. Mir war schon klar, dass meine deutsche Herkunft an diesem Ort bei einem Juden vielleicht nicht unbedingt zu Freudenschreien führen würde, aber das war für mich kein Grund zur Lüge. Einige Sekunden herrschte eine merkwürdige Stille zwischen uns. Dann fragte er mich, ob ich gerne mit ihm an der Klagemauer beten wollte. Na ja, wenn ich schon mal da war, könnte ich eigentlich auch mal beten, und der Rabbi nahm mich mit an eine der wenigen freien Stellen an der Klagemauer.

Mit den jüdischen Gebetsritualen war ich nicht vertraut, aber der Rabbi signalisierte mir, ich möge die Mauer berühren, und dann legte er ein Tuch über unsere beiden Köpfe. Er fragte mich nach meinem Namen und nach dem meiner Verlobten. Daraufhin sprach er sein Gebet auf Hebräisch. Das Einzige, was ich verstand, waren die Namen Jessica und Ingo. Zumindest beim abschließenden „Amen“ konnte ich mit einstimmen. Der Rabbi erklärte mir, dass er für Gesundheit und viele Kinder für Jessica und mich gebetet habe. Da ich davon ausging, dass er es ernst gemeint hatte, bedankte mich für seine Freundlichkeit, und wir verabschiedeten uns mit einem Mazel Tov, was soviel wie „Viel Glück“ bedeutet.

Direkt neben der Klagemauer befindet sich ein verkleideter, hölzerner Aufgang zum Tempelberg. Dort sind die muslimischen Heiligtümer. Diese Art Tunnel wird von israelischen Soldaten bewacht, falls es zu Unruhen kommen sollte. Im Inneren lagen zerkratze Schutzschilde aus Plastik und Holzknüppel bereit, deren Kerben vom regelmäßigen Gebrauch zeugten. Bevor man diesen Aufgang betreten durfte, musste man sich aus Sicherheitsgründen ebenfalls zuerst einer Flughafen-Kontrolle unterziehen. An diesem neuralgischen Punkt kommt es im Streit um die Vorherschaft in Jerusalem immer wieder zu gewalttätigen Auseinandersetzungen zwischen jüdischen und muslimischen Extremisten, die dem Rest der Bevölkerung das Leben schwer machen.

Auf dem Tempelberg selbst war alles friedlich, und die ersten Araber sprachen uns an, ob wir Interesse an einer Besichtigung der Al-Aqsa-Moschee hatten. Leider ist der Tempelberg nur zu bestimmten Zeiten für Touristen zugänglich, und nach einer Viertelstunde wurden wir von palästinensischen Polizisten gebeten, das Gelände wieder zu verlassen, da sich in Kürze die Gläubigen zum Gebet versammeln würden.

Über einen der nördlichen Ausgänge verließen wir den Tempelberg und gelangten auf den Kreuzweg Jesu Christi. Diesen Kreuzweg konnte man in den einzelnen Stationen ablaufen. Ganz perfide Geschäftemacher verkauften Interessierten dazu auch Dornenkronen und lebensgroße Holzkreuze, damit sich die Gläubigen auch ganz wie der Heiland auf den Weg nach Golgota schleppen konnten.

Von soviel Geschichte und Religion fühlten wir uns ziemlich erschlagen und kehrten in einem der Restaurants im jüdischen Viertel ein. Jerusalem ist definitiv einer der faszinierendsten Orte, an dem ich jemals gewesen bin. Nicht wegen irgendwelcher Bars, Clubs oder Grounds, sondern weil hier wirklich alles nach jahrtausendealter Geschichte roch und schmeckte. Mario und Jens sahen das nicht viel anders.

Am Abend sollten im Winter Stadium in Ramat Gan die beiden Zweitligisten Hakoah Ramat Gan und Ironi Ramat Ha'Sharon aufeinandertreffen. Ramat Gan liegt im Großraum Tel Aviv, dort, wo sich auch das israelische Nationalstadion befindet. Weil wir nun schon mal dort waren, sagten wir kurz im dortigen Sekretariat des nationalen Fußballverbandes Hallo und durften das leere Stadion zu einem Fotoshooting besichtigen.

Wir hatten keinen Stadtplan von Ramat Gan, und leider konnte uns auch der Sekretär den Weg zum Winter Stadium nicht erklären. Inzwischen weiß ich, dass das Nationalstadion im Norden der Stadt liegt und das Winter Stadium ganz im Süden, aber im Jahr 2008 waren der Staat Israel und Google noch keine Freunde – dieses Hilfsmittel stand uns genauso wenig zur Verfügung wie ein Navigationssystem. An den Tankstellen wollte man uns immer wieder zum Nationalstadion zurückschicken, da die meisten Einheimischen das Winter Stadium selbst nicht kannten. Nach einer Stunde sinnlosen Umherirrens durch die Stadt brachen wir die Stadionsuche ab. Ich schätze, es gibt einige Groundhopper, die wegen des verpassten Spiels einen Nervenzusammenbruch erlitten hätten. Wir sahen das aber relativ entspannt und widmeten uns lieber dem Nachtleben Tel Avis.

Gespeist wurde heute sogar vegetarisch, und zwar in Form eines Falafel-Sandwiches. In Deutschland hatte ich es nie geschafft, diese frittierten Bällchen aus Bohnen und Kichererbsen zu testen, aber hier konnte man an jeder Straßenecke einen Imbiss finden, der sich als *der* beste Falafel-Imbiss des Landes bewarb.

Die City hatte neben den Imbissen natürlich auch zahlreiche nette Bars und Restaurants zu bieten. Clubs gab es in der Innenstadt ebenfalls etliche, aber das war weniger etwas für uns. Wir versackten in einem tschechischen Restaurant, wo wir statt der doch etwas wässrigen „Maccabi"- oder „Goldstar"-Biere mal wieder ein anständiges Pilsner Urquell trinken konnten.

Historische Sehenswürdigkeiten gab es in Tel Aviv weniger zu sehen, aber mit diversen Fußballvereinen und einem empfehlenswerten Nachtleben deckte die Stadt die Grundbedürfnisse von Fußballfans bestens ab. Schließlich stand in den nächsten Tagen wieder ausreichend Kulturelles auf dem Programm.

Den Dienstag nutzten wir für eine Spritztour quer durch das nördliche Galiläa bis zu den südwestlichen Ausläufern der Golan-Höhen sowie einen Besuch des See Genezareth, an dem laut der Bibel die Speisung der Fünftausend stattgefunden haben soll.

Noch vor Einbruch der Dunkelheit traten wir die Weiterreise in das Königreich Jordanien an. Auf dem Landweg stehen dazu drei Grenzübergänge zur Verfügung: einer im Süden am Roten Meer, einer auf der Höhe von Jerusalem (Allenby Bridge) und einer im Norden bei Beit She´an (River Jordan Crossing). Am Grenzübergang Allenby Bridge benötigte man bereits ein vorab ausgestelltes Visum für Jordanien, daher fiel diese Variante für uns aus. Der Grenzübergang am Roten Meer war ziemlich weit abgelegen. So kam nur noch der Grenzübergang bei Beit She´an in Frage.

Mit unserem Mietwagen durften wir aus versicherungstechnischen Gründen nicht nach Jordanien fahren, aber am Grenzübergang konnten wir unser Fahrzeug auf einem bewachten Parkplatz zurücklassen. Nicht, dass wir Angst gehabt hätten, jemand würde unser Fahrzeug klauen, aber nach den ganzen Geschichten, die wir über Israel gelesen hatten, wollten wir auch nicht diejenigen sein, denen nach der Rückkehr unwissenderweise eine Bombe unter die Karosserie montiert worden war. Wir waren noch nicht mal fünf Tage im Gelobten Land und schon völlig paranoid.

Ungestörtes Reisen im Nahen Osten kann man mit einem israelischen Visum im Reisepass normalerweise vergessen, aber im Gegensatz zu den meisten anderen arabischen Ländern gibt es zwischen Israel und dem als gemäßigt geltenden Jordanien ein Abkommen, das die gegenseitige Einreise möglich macht. Für den Grenzübertritt muss man trotz der Lockerungen mindestens zwei, besser aber vier Stunden einplanen, da die Israelis sich je nach Sicherheitslage auch mal querstellen können. Wir hatten heute einen guten Tag erwischt, und nach zwei Stunden betraten wir jordanischen Boden, wo wir auch gleich vom Grenzkommandanten persönlich willkommen geheißen wurden. Er war sichtlich erfreut, zu dieser späten Stunde noch Besuch aus dem westlichen Ausland begrüßen zu dürfen, und wünschte uns einen angenehmen Aufenthalt im Königreich Jordanien. Von der Begrüßungszeremonie dürften sich die Israelis gerne mal eine Scheibe abschneiden!

Der Grenzposten war auf der jordanischen Seite ähnlich trostlos wie im israelischen Teil. Außer dem Zollgebäude gab es keine weitere Bebauung zu sehen. Zur Weiterreise bestand für uns die Option, einen Mietwagen zu reservieren oder ein Taxi nach Amman zu nehmen. Mario wollte schon in Israel nicht selbst am Steuer sitzen, und Jens und ich legten auch nicht sonderlich viel Wert darauf, in stockdunkler Nacht durch uns völlig unbekannte Gefilde zu fahren.

Mit der örtlichen Taxifahrergewerkschaft wurden wir uns schnell einig, und unser Fahrer Omar brachte uns für den Festpreis von 25

Dinar durch die finstere Nacht nach Amman. Ein Dinar entspricht ungefähr dem Gegenwert von einem Euro.

Omar trug ein weiß-rotes „Kufiya“, bei uns besser als „Palästinenserhalstuch“ bekannt, und hatte einen für unsere westlichen Ohren sehr exzentrischen Musikgeschmack. Aus der voll aufgedrehten Stereoanlage dröhnten Trommel und Trompeten, dazu Kommandos auf Arabisch, unterlegt mit Maschinengewehrsalven. Das Ganze in stockdunkler Nacht in einem fremden Land, auf einem Gebirgspass, bei dem wir nur erahnen konnten, wie tief man hinabstürzen konnte. Da in den deutschen Medien jeder Araber als potentieller Terrorist präsentiert wird, vermuteten wir, dass es sich bei der Musik um den Soundtrack der nächsten Intifada handeln würde. Als ich bei Omar nachfragte, drückte er mir das Cover der Musikkassette in die Hand. Zuerst war ich perplex, da ich schon seit Jahren keine Musikkassette mehr gesehen hatte, aber das Cover sah wenig nach Intifada aus: Omar hatte sich die „King Abdullah Hits Volume 5“ zugelegt, eine regelmäßig aufgelegte Hommage eines arabischen Popstars an den jordanischen König. Die Musik gefiel mir danach so gut, dass ich mir später eine CD der „King Abdullah Hits“ zulegte.

Alle paar Kilometer mussten wir eine Straßenkontrolle der Polizei oder des Militärs passieren, aber mit dem arabischen Zauberwort „Aleman“ ging es zügig weiter in Richtung der Hauptstadt.

In Amman hatte ich bereits im Vorfeld das „Sun Rise Hotel“ reserviert. Eine typische Hopperabsteige: zentral gelegen und spottbillig. Nach genauerem Hinsehen fanden wir den Namen „Hotel Sunset“ irgendwie passender. Die Schlafzimmer waren uralt, mit staubigen Matratzen und Decken, aber noch relativ annehmbar. In den dazugehörigen Badezimmern waren vermutlich seit dem Bau des Hotels in den 30er Jahren keinerlei Renovierungen vorgenommen worden. Weder an Wänden noch am Boden waren Fließen vorhanden, so dass man auf den verstaubten Rohputz blickte. Die Dusche bestand aus einem verrosteten Rohr, aus dem ungefähr so viel Wasser floss wie aus einer handelsüblichen Spritzpistole, und die Wanne war dermaßen verschimmelt, dass man sie nur noch mit einer Handgranate hätte reinigen können.

Das Einzelzimmer mit Frühstück kostete umgerechnet nur 8 Euro pro Tag.

Mario hatte für den gleichen Preis sogar ein Doppelzimmer erhalten, dass er sich mit der Kakerlake Paco teilte. Mario und Paco sind leider keine Freunde geworden, weil sie sich die drei Nächte aus dem Weg gingen, dafür aber wurde Mario von Jens und mir öfters mal mit dem Song „La Cucaracha“ bedacht.

Das Hotel war zwar eine Bruchbude, aber die einheimischen Hotelangestellten waren gut drauf, und man kam ins Gespräch über Land und Leute, vor allem über die palästinensische Minderheit im Land. Der Inhaber des Hotels hieß Jabar, ein aus Jaffa stammender Palästinenser, der niemals auch nur eine Miene verzog. Wir schätzten ihn auf Mitte fünfzig.

Als Willkommensgeschenk hatte er für uns Tee und eine Wasserpfeife bereitgestellt. Er erzählte uns, dass er nebenbei noch ein kleines Import-Export-Unternehmen betreiben würde: Über Mittelsmänner kaufte er in Deutschland Gebrauchtwagen, die er dann in Jordanien gewinnbringend verkaufte. Ein Detail lag ihm bei der Fahrzeugauswahl besonders am Herzen: Es musste auf jeden Fall ein deutsches Modell sein. Nach seinen Ausführungen ist Jordanien ein Mercedes-Land, während man im Libanon lieber BMW fährt (eineinhalb Jahre später war ich mit Jens im Libanon unterwegs und war dann doch etwas enttäuscht, dass die beiden großen deutschen Autohersteller sich die Waage hielten, aber zunehmend von modernen asiatischen Modellen verdrängt wurden).

Zwangsläufig landeten wir beim Gesprächsthema Familie. Jens und Mario waren Single, ich zwar schon verlobt, aber Kinder hatte von uns keiner. Ich erzählte, dass ich aus einer hessischen Großfamilie entstammte und noch drei Geschwister hätte. Darüber musste Jabar schmunzeln – und erzählte, dass er zwölf Geschwister habe und seine eigene Frau mit vierzehn Kindern gesegnet sei. Ob vierzehn Kinder für die Frau wirklich ein Segen waren, konnte ich nie in Erfahrung bringen, denn die weiblichen Mitglieder der Familie bekamen wir nicht zu Gesicht. Zumindest hatte der Patriarch der Familie viele günstige Arbeitskräfte, wobei in diesen Breitengraden üblicherweise nur die Männer einer Arbeit nachgingen und die Frauen sich um den Haushalt und die Kleinkinder zu kümmern hatten. In den meisten arabischen Familien wurde noch ein sehr, sagen wir mal, *traditionelles* Rollenverhältnis zwischen Männern und Frauen gepflegt.

Jabar war ein sehr geschäftstüchtiger Mann. Neben dem Hotel und dem Autoverkauf organisierte er für Touristen Touren durch Jordanien, Syrien und den Libanon.

Wir waren ohne größere Vorstellungen, was wir eigentlich genau machen wollten, nach Jordanien gekommen. Klar, natürlich war das Länderspiel zwischen Jordanien und Nordkorea der Hauptgrund unserer Reise, und die Felsenstadt Petra wollten wir selbstredend auch besichtigen, aber im Grunde hatten wir uns nicht damit auseinandergesetzt, was man in diesem Land noch so anstellen könnte.

Jabar unterbreitete uns, dass er uns für einen Festpreis eine Tour mit Auto, Fahrer, Getränken, Mahlzeiten und Eintrittskarten für die größten Sehenswürdigkeiten Jordaniens organisieren könnte. Jens und Mario waren sofort Feuer und Flamme für die Idee, aber mir war der aufgerufene Preis noch zu hoch. Doch mit jedem Zug an der Shisha schwanden meine Bedenken zunehmend, und eine Stunde später waren wir uns einig. Die nächsten drei Tage würde ein gewisser Atta unser Fremdenführer sein und uns mit seinem Toyota durch die Region kutschieren.

Atta war ein lustiger Typ, mit dem man sich bestens in Englisch unterhalten konnte. Mit seinem Dreitagebart, der Zahnlücke und seinem Lockenkopf machte er einen vertrauenerweckenden Eindruck auf uns. Er hatte früher Reisegruppen durch Petra geführt und hatte auch viele Bekanntschaften mit deutschen Besuchern gemacht. Von uns wollte er sofort wissen, ob es in Deutschland wirklich ein Putzmittel namens „Atta“ gäbe, worauf wir erstmal in Gelächter ausbrachen.

Da wir die Zeit mit unserem eigenen Fremdenführer möglichst ausgiebig nutzen wollten, brachen wir am frühen Morgen nach Jerash auf, eine alte Römerstadt nördlich von Amann. Die rund 2000 Jahre alten Ruinen waren sehr gut erhalten und teilweise auch rekonstruiert. In dem Amphitheater fanden regelmäßig Konzerte statt, und in der Arena wurden Gladiatorenkämpfe und traditionelle Wagenrennen ausgetragen.

In Amman selbst besichtigten wir die Zitadelle mit dem Herkules-Tempel, von dem man eine fantastische Aussicht auf die Stadt genießen durfte. Besonders auffällig waren die King-Abdullah-Moschee und der von weitem sichtbare, 124 Meter hohe Fahnenmast mit einer überdimensionalen jordanischen Nationalflagge. Viele der Häuser sahen aus, als ob sie nie fertiggestellt worden wären, und erweckten bei uns den Eindruck von Baracken. An diese Art der Architektur mussten sich unsere Augen erst noch gewöhnen.

Atta chauffierte uns brav von A nach B und klärte uns dabei ausführlich über das Leben in einem arabischen Königreich auf. König Abdullah und seine bildhübsche Gattin Rania sind ein bei der Bevölkerung sehr beliebtes und weltoffenes Monarchenpaar. Nach der Amtsübernahme durch König Abdullah ging es mit dem Land sichtlich bergauf, und Jordanien steht als Garant für ein friedliches Miteinander im Nahen Osten.

Eine von Attas Geschichten ist mir besonders in Erinnerung geblieben: König Abdullah ging nach seiner Amtsübernahme regelmäßig als einfacher Bürger inkognito auf die Straßen und zu Behörden. Dort machte er faulen Beamten und korrupten Polizisten die Hölle heiß. Klingt ganz nach einem Märchen aus 1001 Nacht, oder?

Für 17 Uhr war im „Amman International Stadium“ das WM-Qualifikationsspiel zwischen Jordanien und Nordkorea angesetzt.

Das jordanische Nationalstadium wurde auch für Leichtathletikveranstaltungen genutzt und wirkte durch die Laufbahn recht weitläufig, obwohl das Fassungsvermögen nur bei knapp 25.000 Plätzen lag. Die überdachte Haupttribüne verfügte über einige hundert Sitzplätze, während der restliche Bau aus Stehplätzen bestand. Eine Besonderheit des Stadions ist die dazugehörige Anzeigetafel, ein Geschenk der Volksrepublik China an das jordanische Volk – zumindest stand das in Englisch unter der Anzeigetafel.

Der Einfachheit halber gab es für das Länderspiel nur zwei verschiedene Kartenpreise: Stehplätze für 1 Dinar, und die Haupttribüne kostete 7 Dinar. Wir gönnten uns selbstverständlich Sitzplätze in der Nähe der Königsloge. Diese blieb heute jedoch leer, da der König aus Gründen der Staatsraison andere Termine wahrnehmen musste.

Zu Ehren des Königs und seines verstorbenen Vaters Hussein waren gegenüber der Königsloge, auf der Gegentribüne, drei überdimensionale Portraits aufgebaut. Links und rechts der Haupttribüne sammelten sich einige supportwillige Einheimische, die mit Trommeln und Nationalflaggen für Stimmung sorgten.

Angeheizt wurde die Meute von einer Handvoll Männer jenseits der 50, die per Megafon und in einem ordentlichen Befehlston die Masse dirigierten.

Aus Nordkorea fanden sich ein paar offizielle Vertreter auf der Haupttribüne wieder, und unser Bereich wurde von einem Dutzend Südkoreaner bevölkert. Aufgrund des immer noch währenden Konflikts zwischen dem Norden und Süden Koreas habe ich nicht verstanden, warum diese Handvoll Südkoreaner unbedingt den kommunistischen Norden des Landes unterstützte. Die nordkoreanische Delegation war darüber ebenso verwundert, und ein Offizieller fotografierte die Fans mit ihren Südkorea-Fahnen. Vermutlich sammelten sie neues Material für den Geheimdienst. Die Südkoreaner ließen sich davon wenig stören und feuerten mit ihren Trommeln und Gesängen die Mannschaft Nordkoreas unermüdlich an.

Das Spiel war erwartungsgemäß keine sportliche Glanzleistung. Die Nordkoreaner beschränkten sich aufs Kontern, und die Jordanier scheiterten an ihrer eigenen technischen Überlegenheit. Entschieden wurde die Partie kurz vor der Halbzeitpause durch einen Freistoß, den der jordanische Torwart falsch einschätzte.

In der Halbzeitpause rollten mehrere Dutzend Zuschauer den Teppich für das Abendgebet aus. Der Islam basiert auf fünf Säulen. Dazu gehört das muslimische Glaubensbekenntnis an Allah und den Propheten, die fünf Gebete pro Tag, die Unterstützung von Bedürftigen durch Almosen, das Fasten während des Ramadan und die Pilgerfahrt nach Mekka. Nachdem ein Muslim die sogenannte „Hadsch" nach Mekka erfolgreich absolviert hat, darf er den Ehrentitel „Hadschi" tragen. Dabei musste ich immer an den Gefährten von Kara Ben Nemsi aus dem Karl-May-Buch „Durchs wilde Kurdistan" denken. Der hieß nämlich Hadschi Halef Omar Ben Hadschi Abul Abbas Ibn Hadschi Dawuhd al Gossarah. So ein Name schindet natürlich Eindruck.

Da von den anwesenden Zuschauern nur ein verschwindend geringer Anteil dem Gebet nachging, scheint es mit dem Thema der strengen Religiosität in islamischen Ländern nicht ganz so weit her zu sein. In Israel hatten wir bereits ähnliche Erfahrungen gesammelt: Nicht jeder nahm es mit der Religion so genau, und das erschien mir nicht anders als in unserem westlichen Kulturkreis zu sein. In Unterhaltungen spielte Religion zwar eine wichtige, aber gegenüber anderen Themen untergeordnete Rolle. Im Endeffekt hatten die Menschen die gleichen Sorgen wie überall; Familie, Arbeit und Gesundheit standen definitiv im Vordergrund des Interesses.

Kurz nach der Halbzeit zeigten die ersten nordkoreanischen Spieler bereits Schwächeanfälle, und im Fünfminutentakt musste das Schiedsrichtergespann aus Bangladesch das Spiel unterbrechen, da sich der nächste Koreaner mit Krämpfen auf dem Boden krümmte. Die Jordanier konnten ihre physische Überlegenheit trotzdem nicht nutzen, und so blieb es bei dem 0-1 für die Gäste.

Das einheimische Publikum war zwar enttäuscht von der eigenen Niederlage, applaudierte jedoch fairerweise der Mannschaft Nordkoreas, und viele Einheimische beglückwünschten die Handvoll koreanischer Zuschauer zu dem Auswärtssieg. Keine Spur von Feindseligkeit oder Beleidigungen gegenüber den Gästen. Hier wurde Gastfreundschaft noch groß geschrieben.

Nach dem Spiel herrschte auf der vierspurigen Hauptverkehrsstraße ein noch schlimmeres Chaos als ohnehin – es existierten keine ordentlichen Fußgängerüberwege. Die abwandernden Zuschauer liefen planlos inmitten des fließenden Verkehrs umher. Das rief wiederum die Polizei auf den Plan, die mittels Knüppelandrohung die Fußgänger von den Straßen scheuchte. Da wir auf die andere Seite mussten, um zurück zu unserem Hotel zu gelangen, blieb uns nichts anderes übrig, als zusammen mit ein paar Einheimischen zwischen den drohenden Polizisten und den Autos hin und her zu hüpfen.

Nach dem unverletzt überstandenen Hindernislauf widmeten wir uns in einem von Atta empfohlenen Restaurant der lokalen Küche. In der City fanden sich auch Filialen der beiden größten amerikanischen Fastfood-Ketten, aber für uns galt immer die Devise, dass wir so viel wie möglich von den einheimischen kulinarischen Köstlichkeiten probieren wollten. Schawarma ist scharf angebratenes würziges Lammfleisch, das zusammengerollt in einem Fladenbrot serviert wird. Das arabische Fladenbrot erinnert optisch mehr an einen Crêpes und schmeckt nicht ganz so trocken wie die türkische Variante. Garniert wurde das Ganze mit Tahina, einer leckeren Sesampaste, und frischem Salat. Gurken und Tomaten gehörten auch hier zum Standard. Der obligatorische Hommus durfte natürlich nicht fehlen, und dazu wurden Pommes Frites gereicht. Wir vermuteten zuerst, dass man uns Europäern damit einen Gefallen tun wollte, aber Atta versicherte uns, dass Pommes Frites auch zum Schawarma dazugehören.

Nach diesem opulenten Mahl stand uns der Sinn nach einem kühlen Blonden.

Offiziell ist Alkohol im Islam zwar nicht erlaubt, aber in vielen arabischen Ländern wird der Konsum unter Auflagen toleriert. Lediglich in Saudi-Arabien ist Alkohol generell nicht erhältlich, aber auch dort wissen sich die Einheimischen zu helfen, und an den Wochenenden setzt ein regelrechter Alkoholtourismus in die benachbarten Emirate ein. In Jordanien konnte man sein Feierabendbierchen zwar nicht im benachbarten Supermarkt erwerben, aber es gab verschiedene Bars, die eine Lizenz zum Alkoholausschank besaßen.

Gegenüber unserem Hotel fanden wir eine Spelunke namens „Piccadilly Pub“. Die Inneneinrichtung war fast komplett in schwarz gehalten, und als ob das nicht düster genug wirken würde, war die Fensterfront mit Vorhängen verdunkelt, damit niemand von außen hineinsehen konnte. Die Auswahl an Alkoholika war allerdings stark eingeschränkt. Hinter dem Tresen standen vereinzelt Flaschen international beliebter Spirituosen, aber die meisten der Gäste tranken holländisches Exportbier. In dem Schuppen waren außer uns noch ein paar Einheimische, die sichtlich angetrunken waren. In dieser Atmosphäre stieg die Bierlaune nicht unbedingt, und wir zogen uns nach ein paar Gute-Nacht-Bierchen zurück ins Hotel.

Die verlassene Felsenstadt Petra liegt knapp 200 Kilometer südlich der jordanischen Hauptstadt. Weil wir für den Besuch möglichst viel Zeit zur Verfügung haben wollten, mussten wir in den frühen Morgenstunden aufbrechen. Der Verkehr war bereits tagsüber für europäische Verhältnisse gewöhnungsbedürftig. Vor allem bei Überholvorgängen schien es üblich zu sein, dem überholten Fahrzeug per dauerhafter Betätigung der Lichthupe mitzuteilen, dass man gerade überholte.

Bei Dunkelheit auf Jordaniens Straßen unterwegs zu sein war ein echtes Erlebnis. An manchen Autos war die Lichtmaschine defekt oder nicht mehr vorhanden. Die Fahrer orientierten sich nur an den Scheinwerfern des Gegenverkehrs. Damit ihre Vehikel nicht gänzlich unbeleuchtet waren, hatten einige Fahrer brennende Kerzen auf dem Armaturenbrett angebracht!

Erheiternd war auch Attas Hinweis, dass das Telefonieren mit dem Handy während der Fahrt mit einem Bußgeld von 1.000 Dinar geahndet wird, was umgerechnet immerhin 1.000 Euro entsprach. Er fand das super, denn dieses Verbot führte seiner Meinung nach zu weniger Verkehrsunfällen.

Nur hinderte ihn das nicht daran, selbst im Fünfminutentakt sein Handy am Ohr zu haben.

Gegen 9 Uhr erreichten wir die Felsenstadt, und angenehmerweise waren zu dieser Uhrzeit nur wenige Touristen vor Ort. Petra war von der UNESCO zum Weltkulturerbe erklärt worden, und die antike Stadt übte eine schwer beschreibbare Faszination auf uns aus. Die Gebäude waren vor fast 2500 Jahren aus dem Fels geschlagen worden. Bedingt durch die Beschaffenheit des Gesteins leuchteten die Fassaden im Sonnenschein in unterschiedlichen Farbtönen. Erreichen konnte man die Stadt durch eine schmale, etwa anderthalb Kilometer lange Schlucht, die wahlweise zu Fuß oder in einem Eselkarren der Einheimischen durchquert werden konnte. Am Ende der Schlucht war diese nur knapp 2 Meter breit. Dahinter erspähte man dann die Umrisse des berühmtesten Bauwerks, des Schatzhauses. Ein wirklich beeindruckendes Erlebnis! Wir verließen die Stadt erst wieder mit Sonnenuntergang; zwar ziemlich groggy, aber schwer begeistert.

Zurück im Sunrise Hotel herrschte zur späten Stunde noch ungewöhnlich viel Betrieb. Jabar war damit beschäftigt, ein Tourangebot für drei russische Touristen auszuhandeln. Ein Pärchen saß schweigend da, während der dritte Russe lautstark mit Jabal über den Preis verhandelte. Jabal ließ aber nicht mit sich handeln, da konnte der Russe noch so wild gestikulieren.

Schließlich wurden sie sich einig, und in dem Aufenthaltsraum kehrte wieder Ruhe ein.

Im TV lief ein arabischer Spielfilm über die Geschichte einer Frau, die als Kind von ihrem Onkel missbraucht wurde. Zumindest war das alles, was wir uns mangels Sprachkenntnissen aus der Handlung zusammenreimen konnten. Karim, einer der Söhne Jabars, leistete uns Gesellschaft. Er war erst 17 Jahre alt, aber sprach neben seiner arabischen Muttersprache bereits fließend Englisch, Französisch und Hindi. Der Vater legte eben viel Wert darauf, dass seinen Söhnen die bestmögliche Bildung zuteil wurde. Wir wollten von ihm wissen, was Jugendliche abends in Amman so treiben, und Karim erzählte uns, dass sich die Jugend an einem Platz im Süden der Stadt traf, um dort gemeinsam abzuhängen und Breakdance zu üben. Scheinbar sahen sich die Kids nur DVDs amerikanischer Spielfilme der Achtziger an, und Breakdance fanden die Kids alle total hip.

Wir waren noch platt von unserer Kletterpartie durch Petra und ließen Karim alleine Breakdance üben.

Die russischen Touristen mussten bereits vor uns aufgebrochen sein, denn deren Zimmertür stand offen. Aus purer Neugier warf Mario einen Blick hinein und war überwältigt von der Anzahl leerer Wodka-Flaschen, die sich auf den Tischen stapelten. Die Russen hatten jedes Klischee bestätigt und in der Nacht ein wilde Orgie gefeiert, die Mario um seinen Schlaf brachte. Dafür saß ich wie jeden Morgen senkrecht im Bett, als der Muezzin vom Minarett der benachbarten Moschee um halb fünf Uhr morgens zum Gebet rief.

Die Müdigkeit saß uns noch in den Knochen, als wir uns vom Hotel Sunrise und Amman verabschiedeten. Unseren letzten Tag in Jordanien begannen wir mit der Besteigung des Mount Nebo. Laut Geschichtsschreibung soll Moses von hier aus das Gelobte Land entdeckt haben, in das er dann die aus Ägypten geflohenen Israeliten brachte. Zumindest hatten wir von dem Gipfel aus eine prächtige Aussicht auf das grüne Jordantal. Nach einem Besuch der historischen Mosaike in der Georgskirche zu Madaba brachte uns Atta an den „South Amman Beach".

Wir hatten wegen der dreckigen Badezimmer im Hotel Sunrise seit Dienstagmorgen nicht mehr geduscht und freuten uns nun um so mehr auf unser erstes Bad im Toten Meer. Dessen Salzgehalt liegt bei durchschnittlich 28 Prozent. Das Mittelmeer hat im Vergleich dazu einen Salzgehalt von nur knapp 3 Prozent! Durch diese extrem hohe Salzhaltigkeit ist es unmöglich, im Toten Meer unterzugehen. Das Schwimmen gestaltete sich dann auch äußerst kompliziert, denn durch den Auftrieb konnte man die Beine kaum unter Wasser halten. Am einfachsten war es, sich auf dem Rücken liegend treiben zu lassen. Wir waren auch tunlichst darauf bedacht, kein Wasser in die Augen zu bekommen, denn das wäre mehr als nur unangenehm gewesen.

Der dunkle Schlamm aus dem Toten Meer soll gut für die Haut sein, und so verpassten Jens und ich uns eine Ganzkörperschlammpackung. Wir sahen aus wie die Sumpfmonster, über und über mit Schlamm besudelt, so dass man nur noch die blauen Augen sehen konnte. Aber egal, uns kannte hier ja keiner.

Nach der langersehnten Dusche brachte uns Atta zu unserem Grenzübergang, und wir verabschiedeten uns nach drei erlebnisreichen Tagen aus dem Königreich Jordanien, denn in Israel rollte am Wochenende wieder der Ball.

Die Wiedereinreise nach Israel zog sich etwas länger hin als die Ausreise. Nicht etwa, weil die Israelis übertriebene Sicherheitskontrollen durchgeführt hätten, sondern eher, weil die israelischen Grenzer kurz vor Beginn des Sabbat ziemlich unmotiviert erschienen. Wenigstens war mit dem Mietwagen alles in Ordnung und der Unterboden nicht verkabelt.

Unser Abendziel war Haifa, wo wir nach einer Unterkunft Ausschau hielten. Leider waren sämtliche Hotels in der Innenstadt restlos ausgebucht. Auf den Straßen und in den Bars und Restaurants war die Hölle los, aber wir konnten nicht herausbekommen, aus welchem Grund die gesamte Stadt auf den Beinen war.

Schlussendlich versuchten wir unser Glück in der etwas weit vom Schuss gelegenen Jugendherberge. Dort war allerdings die Zufahrt verschlossen, und das Gelände war weiträumig umzäunt. Nach mehrfachem, erfolglosem Klingeln öffnete sich nach einiger Zeit die Schranke, und ein Fahrzeug fuhr vom Gelände. Wir nutzen die Gelegenheit, um selbst auf das Gelände zu fahren. Hinter uns schloss sich das Tor wieder.

Die Jugendherberge war komplett verschlossen. Scheinbar hatten die Besitzer zurzeit Winterpause. Außer ein paar chinesischen Gastarbeitern, die in einem angrenzenden Wohnheim einquartiert waren, war auf dem Gelände niemand ausfindig zu machen. Von dem Gelände kamen wir nun auch nicht mehr runter, denn das Tor war verschlossen und ließ sich ohne Code nicht öffnen. Das uns bei der Einfahrt entgegengekommene Fahrzeug stammte von den Chinesen, aber die verstanden unser Problem nicht. Wir waren völlig übermüdet und mussten notgedrungen im Auto übernachten und warten, bis sich das Tor öffnete. Das Auto parkte ich direkt vor der abschüssig liegenden Zufahrt.

Mitten in der Nacht weckte mich Mario. Das Auto der Chinesen kam zurück, und als sich das Tor öffnete, löste ich die Handbremse, und wir rollten in die Freiheit. Ich war todmüde, zog nach dem Durchrollen nur schnell die Handbremse wieder an und schlief sofort mit dem Kopf auf dem Lenkrad wieder ein. Sehr zum Missvergnügen Marios und des chinesischen Fahrers, der unser Auto nun als Hindernis umkurven musste. Im Gegensatz zu Jens und mir konnte Mario im Auto eigentlich überhaupt nicht schlafen, aber wir waren platt von den letzten Tagen. Und ich konnte sowieso in jeder Position und an jedem Ort pennen.

Die ersten Sonnenstrahlen des Tages holten uns aus unserem Schönheitsschlaf. Nach dieser unfreiwilligen Nacht im Auto brauchte es erst mal einen starken Kaffee, um wieder munter zu werden. Das war einfacher gesagt als getan. Haifa ist zwar eine bezaubernde Stadt, aber zu den Frühaufstehern gehören deren Bewohner scheinbar nicht. An der Strandpromenade fand sich neben ein paar wagemutigen Frühsportlern schließlich doch noch ein Café, das auch zum Frühstücken einlud. Den weiteren Vormittag verbrachten wir in Caesarea, der alten Residenzstadt der römischen Statthalter in Palästina. Heutzutage dienen die Ausgrabungsanlagen als beliebtes Ausflugsziel in der Region, um ein paar nette Stunden am Strand zu verbringen. In dem restaurierten Hippodrom finden in den Sommermonaten regelmäßig Veranstaltungen statt, aber leider keine Fußballspiele; das wäre mal eine abgefahrene Kulisse für ein Spiel gewesen!

Am frühen Samstagnachmittag stand endlich wieder Fußball auf dem Programm. Schließlich hatten wir seit Mittwoch kein Spiel mehr gesehen. An der Autobahn von Haifa nach Tel Aviv konnten wir an der Autobahnausfahrt Netanya bereits den Rohbau des „City of Netanya"-Stadions erkennen. Noch spielte Maccabi aber im 1943 erbauten Shar-Tov Stadion. Das kleine Fußballstadion war sichtlich in die Jahre gekommen. Es bot 7.500 Zuschauern Platz, war dafür jedoch ein reines Fußballstadion und lag im Gegensatz zum neuen Stadion nicht im Niemandsland, sondern zentral in der Innenstadt.

Im Jahr 2006 wurde der Verein vom Frankfurter Geschäftsmann Daniel Jammer aufgekauft, der seitdem die Geschicke des Clubs mehr oder weniger erfolgreich lenkt. Ein paar Monate nach unserem Besuch sorgte Maccabi Netanya mit der Verpflichtung von Lothar Matthäus als Trainer für weltweite Schlagzeilen in der Sportpresse. Doch Matthäus hielt es – wie bei seinen vorherigen Trainerstationen – auch bei Maccabi nicht sonderlich lange aus und dankte bereits im April 2009 wieder ab.

Netanya ist die israelische Hochburg in der industriellen Verarbeitung von Diamanten, darum ziert Maccabis Vereinswappen nicht nur der obligatorische Davidstern, sondern auch ein Diamant. Die Anhänger von Netanya nennen sich daher auch „Crazy Diamonds – Ultras Netanya" und versammeln sich geschlossen auf der Gegengeraden. Bereits beim Auswärtsspiel in Haifa hatte uns dieser Haufen gefallen, und auch heute ließen sie uns nicht im Stich, denn das eigene Team wurde wieder mächtig angefeuert.

Unter den grob geschätzten 4.500 Zuschauern waren auch zwei Busladungen mit Fans von Hapoel Kiryat Shmona, die sogar mit etwas Konfetti und ein paar Fahnen für optische Akzente sorgten. Kiryat Shmona ist eine Kleinstadt hoch im Norden Israels, unweit der libanesischen Grenze. Leider wurde die weite Anreise nicht mit Toren belohnt, und die beiden Teams trennten sich in einem torlosen Unentschieden. Am Ende der Saison ergatterte Netanya immerhin den zweiten Platz in der Liga, und die heutigen Gäste landeten überraschend auf Platz drei der Abschlusstabelle.

Im zweiten Spiel des Tages trafen Maccabi Herzliya und der SC Ashdod im städtischen Stadion Herzliya aufeinander. Die Hafenstadt Herzliya liegt ungefähr 10 Kilometer südlich von Netanya. Wirklich Sehenswertes gab es dort außer dem örtlichen Fußballclub nicht – wobei nicht einmal der sonderlich attraktiv war.

Da die Bezeichnung „Städtisches Stadion" irgendwie einfallslos klang, wurde das Stadion im Volksmund auch „Hbonbonira" genannt, was angeblich in Anlehnung an die berühmte Heimstätte „Bombonera" der Boca Juniors in Buenos Aires geschah. Das hatte schon fast etwas von Gotteslästerung, denn dieses Stadion hier hatte nur ein Fassungsvermögen von 9.000 Sitzplätzen, und die Heimfans konnten nicht ansatzweise ein Gefühl von „La Boca" vermitteln.

Für das heutige Kellerduell wurde lediglich die Haupttribüne geöffnet. Für 80 Schekel pro Person durften auch wir eintreten. Wir hatten keinen blassen Schimmer, wer hier wer ist, und ließen uns einfach auf der linken Seite der Tribüne nieder. Der Block war vergleichsweise voll, und deshalb gingen wir davon aus, dass es der Heimbereich war. Als die Jungs anfingen zu singen, stellte sich diese Stadionseite dann doch als Gästebereich heraus. Sowas passiert, wenn man die Farben der Vereine nicht kennt.

Ashdod liegt südlich von Tel Aviv, etwas 30 Kilometer vom Gazastreifen entfernt. Mit dem Sportclub Ashdod schaute zwar der Tabellenletzte der Liga vorbei, brachte aber einen für israelische Verhältnisse stattlichen Anhang von geschätzten 800 Leuten mit. Die Ultras aus Ashdod nennen sich „Dolphinins", deren Name sich aus dem Vereinswappen ableitet: einem rot-gelben Delphin, der einen Fußball kickt.

Immerhin fielen bei dem Unentschieden zwei Tore, so dass die Fans wenigstens was zum Jubeln hatten und wir auch nicht schon wieder leer ausgingen. Für den SC Ashdod war dies ein wichtiger Punkt im Abstiegskampf, denn mit 39 Punkten sicherte sich der Verein am Ende der Saison den Klassenerhalt, während bereits 37 Punkte den Abstieg bedeutet hätten.

Direkt nach dem Abpfiff brachen wir in Richtung unserer Unterkunft in Jerusalem auf. Wir hatten uns von den beiden heutigen Spielen nicht ganz so viel versprochen und deswegen unsere Erwartungen auch nicht sonderlich hoch gesteckt. Morgen sollte aber der Tabellenführer Beitar Jerusalem auf den Zweiten, Maccabi Haifa, treffen, und darauf waren wir schon sehr gespannt.

Dass es mit Parkplätzen in Jerusalem schlecht aussah, wussten wir noch vom Montag. Direkt am Jaffa Gate, unweit unseres Hostels, gab es ein Parkhaus, wo wir unser Auto wohlbehütet abstellen konnten. Von der Dachterrasse des „Jaffa Gate Hostel" hatten wir zwar einen phänomenalen Ausblick auf das nächtliche Jerusalem und den beleuchteten Felsendom, aber unser Hostel hatte ein Problem ganz anderer Natur: Der Wasserdruck in den Leitungen war nicht ausreichend. Und daher durfte das benutzte Toilettenpapier nicht runtergespült, sondern nur in Eimer geworfen werden, die neben dem Klo bereitstanden. Den Geruch kann man sich ja vorstellen. Ekelhaft!

Da wir die Woche zuvor schon mal die Highlights der Stadt abgelaufen waren, beschränkten wir uns heute auf die Grabeskirche und den außerhalb liegenden Ölberg. Sogar der Holocaust-Gedenkstätte Yad Vashem statteten wir noch einen Besuch ab, auch wenn es zeitlich etwas eng wurde. Allerdings kann man sich in Deutschland tagtäglich mit der Thematik auseinandersetzen, und es gab für uns nichts Neues in Erfahrung zu bringen. Zudem war ich auf verschiedenen Touren bereits in Buchenwald, Auschwitz, Sachsenhauen und Theresienstadt gewesen.

Um wieder abzuschalten, brauchten wir jetzt dringend wieder Fußball. Wir hatten noch keine Karten für das abendliche Topspiel zwischen Beitar Jerusalem und Maccabi Haifa und wollten uns frühzeitig auf den Weg zum Teddy-Kollek-Stadion begeben. Weil wir nicht wussten, wo sich der Ground befand, fragte ich im Tourist Office nach dem Weg. Aber das junge Mädel hinter der Theke war völlig geschockt von unserem Vorhaben.

„Fußball? Wollen Sie da wirklich hin? Mein Freund hat auch Karten für Beitar, aber ich würde da nie hingehen. Die Fans benehmen sich doch wie wilde Tiere!“

Das klang für unsere Ohren durchaus vielversprechend! Wir konnten uns ein Grinsen nicht verkneifen.

Zumindest drückte sie uns einen Stadtplan in die Hand.

Fünf Stunden vor Anpfiff herrschte vor dem Ticket Office ein reges Treiben. Wir checkten bei ein paar Beitar-Fans die Lage und erfuhren, dass das Spiel ausverkauft war. Angeblich gäbe es aber noch 500 Restkarten, die an den gleich öffnenden Ticketschaltern verkauft würden. Nach zwei Stunden öffnete sich dann tatsächlich eine Kasse, und es entstand ein bösartiges Hauen und Stechen um die letzten Karten.

Gedrückt wurde da und geschoben, und teilweise flogen sogar die Fäuste zwischen den Beitar-Anhängern. Kurz vor dem Erstickungstod traten Mario und ich den Rückzug aus dem Gerangel an, während sich unser Working Class Hero Jens tapfer durch die Masse kämpfte und drei Tickets ergatterte – sogar zum Schnäppchenpreis von 30 Schekeln, was gerade einmal 6 Euro pro Ticket entsprach und das Spiel zum günstigsten der Tour machte.

Da wir nun Tickets hatten, war es Zeit für eine andere Pflicht. Bisher hatten wir es noch nicht geschafft, einmal koscher essen zu gehen. Daher stand dieser Programmpunkt heute ganz oben auf unserer To-Do-Liste. Unweit des Teddy-Kollek-Stadions gab es eine Shopping-Mall, die über einen vielfältigen *Food Court* verfügte. Man konnte in den beiden bekanntesten amerikanischen Fast-Food-Ketten koschere Hamburger bekommen, aber irgendwie passte das nicht zu unserer Vorstellung einer koscheren Mahlzeit. Also suchten wir weiter.

In der Speisekarte eines kleinen Restaurants wurde koscheres Schnitzel angepriesen. Das klang nach dem perfekten Gericht! Da stand wirklich *Schnitzel*. Unser Leibgericht war wohl von deutschen Juden vor oder nach dem Holocaust nach Palästina exportiert worden. Da Schweinefleisch nicht koscher ist, wurde uns ein Putenschnitzel serviert. Hat geschmeckt wie jedes andere Putenschnitzel auch, war aber trotzdem irgendwie... lustig. Kulinarisch hat uns Israel überhaupt gut gefallen; man orientiert sich sehr stark an der arabischen Küche, und immer hatten wir viele kleine Schälchen mit verschiedenen Gemüsesorten und deftig gewürztem Fleisch vor uns stehen.

Nach diesem geradezu fürstlichen Essen kehrten wir zum Stadion zurück, um dort das rege Treiben zu beobachten. Vor der Hintertortribüne sammelten sich bereits Beitars jüngere Semester und bauten die Schwenkfahnen für das Spiel zusammen.

Da wir uns gute Plätze sichern wollten, enterten wir gleich den Ground.

Bei der Ticketkontrolle erkannte ich dann auch, warum die Karten so günstig waren. Zwei Ordner schauten mich plötzlich ziemlich verdutzt an und fragten mich etwas auf Hebräisch. Auf mein Achselzucken hin fragten sie mich auf Englisch, ob ich Soldat wäre. Die Fragezeichen in meinem Gesicht führten dann zu der Erklärung, dass ein aufgestempelter hebräischer Schriftzug auf meinen Ticket wohl „Ermäßigung für Wehrpflichtige“ bedeutete. Nachdem ich ihnen erzählte, dass mein Kumpel die Restkarten am Ticket Office erkämpft hatte, erklärten sie mir, dass Beitar immer Tickets für Soldaten zurückhalten würde. Die Jungs waren sichtlich begeistert, auf einen deutschen Fußballanhänger zu treffen, so dass ich mit frommen Wünschen in den Palast eintreten durfte.

Das Stadion von Beitar wurde nach Teddy Kollek, dem ehemaligen Bürgermeister Jerusalems, benannt. Der Ground besteht aus 21.600 überdachten Sitzplätzen und erinnert mit seinen nur drei ausgebauten Tribünen von der Form her ungefähr an das alte Düsseldorfer Rheinstadion. Interessanterweise gab es im kompletten Teddy-Kollek-Stadion weder VIPs noch die dazugehörigen Logen.

Die eigentliche Heimkurve im Stadion war gar nicht erkennbar, da wirklich auf jeder Tribüne Fahnen und Schals geschwenkt wurden und die Zuschauer am Hüpfen, Singen und Klatschen waren. Die größte Fangruppe, „La Familia“, hatte sich auf der Gegentribüne niedergelassen. Vom Auswärtsspiel bei Maccabi Tel Aviv hatten wir schon einen guten Eindruck von Beitars Anhang, aber dies hier übertraf dann doch unsere Erwartungen.

Beitars Fans sind jedoch nicht unumstritten; man neigt zu Extremen. Wie man es nicht anders erwarten würde, setzte sich der erkennbar nationalistische Anhang des Vereins aus rein jüdischer Bevölkerung zusammen. Und darauf ist man bei Beitar besonders stolz.

Die Anhänger Beitars zeigen ihre Einstellung gerne: Nirgendwo sonst konnten wir so viele Nationalflaggen und Davidsterne auf Schals und T-Shirts sehen wie hier. Kein Wunder, dass sich unter Beitars

Anhängern keine Fans mit arabischen Wurzeln fanden. Die Fans wurden ihrem extremistischen Ruf immer wieder gerecht. Der Vorstand Beitars hatte 2005 beschlossen, den Mittelfeldspieler Abbas Suan zu verpflichten. Immerhin hatte der arabischstämmige Israeli zwölf Länderspiele für Israel bestritten und sogar ein Tor gegen Irland erzielt. Die Anhänger Beitars duldeten jedoch keine nicht-jüdischen Spieler in ihrem Team und liefen Sturm gegen die drohende Verpflichtung. Nach etwas Internetrecherche auf englischsprachigen israelischen Online-Zeitungen konnte ich lesen, dass bei einem Heimspiel gegen Hapoel Bnei Sachnin die Zuschauer ein Transparent mit der Aufschrift „Suan, du bist keiner von uns" präsentierten und dazu sangen „Wir hassen alle Araber". Der Vorstand nahm danach Abstand von einer Verpflichtung.

Das erinnerte mich sehr stark an die Geschichte, als der Präsident von Hellas Verona verkündete, dass er aufgrund der eigenen rassistischen Fans keinen farbigen Spieler verpflichten könne. Nur, dass sich da die ganze politisch korrekte Welt auf Hellas Verona stürzte und den Verein brandmarkte – während das mindestens genauso miese Treiben der israelischen Anhänger lediglich in der britischen und arabischen Presse größere Beachtung fand!

Zum Einlaufen der Teams hatten die Beitar-Anhänger für das heutige Spiel verschiedene Choreographien vorbereitet. Auf der Haupttribüne wurden Fahnen mit Davidsternen und dem Wappen Beitars von den Zuschauer präsentiert. Auf der Gegentribüne schwenkten die Fans dutzende Fahnen und warfen Konfetti in die Luft, während die Supporter auf der Hintertortribüne diverse Überziehfahnen mit hebräischen Schriftzeichen hochzogen. Dabei erzeugten die Fans einen ohrenbetäubenden Lärm. Vor allem der Schlachtruf „Yerushalaim" hatte sich in meinem Kopf festgesetzt.

Die Green Apes aus Haifa waren mit knapp 2.000 Leuten vor Ort und hatten mehrere grün-weiße Schwenkfahnen dabei. Von unserem Platz aus konnte man deutlich sehen, dass deren Block komplett in

Bewegung war – aufgrund der Unterzahl gegenüber dem fanatisch lauten Heimpublikum konnte man sie jedoch nicht hören. Die Stimmung war klasse; dies war mit Abstand das geilste Stadion Israels, das sich zudem den umgangssprachlichen Namen „Gehinnom" (Hölle) – im Gegensatz etwa zum Lauterer Betzenberg – wirklich verdient hatte.

Plötzlich fiel in der 12. Spielminute überraschend das Flutlicht aus. Kurze Unruhe beim Publikum – dann zückten viele Zuschauer ihr Handy, und die Tribünen wurden vom Licht der Displays leicht erleuchtet. Das sah ziemlich verrückt aus. Leider aber blieb das Spielfeld dunkel.

Nach fünfzehn Minuten ging das Licht ebenso plötzlich wieder an, wie es erloschen war. Alle drei Tribünen legten mit einem lautstarken Support los und freuten sich, dass es weiterging. Keine 20 Sekunden später fiel das Licht erneut aus. Nach weiteren fünfzehn Minuten ging das Licht wieder an. Die Beitar-Spieler liefen plötzlich applaudierend in Richtung Kurve, und der Stadionsprecher machte eine für uns unverständliche Durchsage. Kurze Ahnungslosigkeit – dann die Gewissheit, dass hier heute nicht mehr weitergespielt und das Spiel abgebrochen wurde.

Schock! Das geilste Spiel der Tour – und die Spieler wollten wegen 30 Minuten Unterbrechung nicht mehr weiterspielen? Enttäuschung und Frustration machten sich bei uns dreien breit. Das konnte doch wohl alles nicht wahr sein!

Eigentlich hatten wir erwartet, dass die Zuschauer ausflippen und die Spieler zum Weiterspielen zwingen würden. Leider aber gingen die Zuschauer ganz gesittet nach Hause. Na, sagen wir, fast gesittet. Auf dem Stadionparkplatz gab es ein paar vereinzelte Backpfeifen für allzu großmäulige Gästefans. Die anwesenden Soldaten beendeten derlei Scharmützel sofort nach dem Motto: „Spart euch eure Energie für den Militärdienst".

Ansonsten zogen alle weitgehend entspannt ab, während wir ziemlich enttäuscht unseres Weges gingen. Nicht, weil ein Ground weniger auf der Rechnung stand – wir waren einfach enttäuscht, weil eines der stimmungsmäßig geilsten Spiele einfach so abrupt zu Ende ging.

Eine der wenigen, ungeschriebenen Groundhopping-Regeln besagt, dass man von einem Spiel mindestens eine Halbzeit gesehen haben muss, damit ein Ground als besucht gilt. Andererseits ist das auch eine ziemlich bescheuerte Regel, denn ein Fußballspiel besteht nun mal aus zwei Halbzeiten, und nicht nur aus einer. In diesem Fall war es eh vollkommen egal, da 12 Minuten Spielzeit nicht mal ansatzweise die Mindestanforderungen erfüllten.

Beitar hat der Spielabbruch jedenfalls nicht geschadet. Sie konnten das Nachholspiel neun Tage später mit 1-0 für sich entscheiden und wurden am Ende der Saison Meister.

Am nächsten und gleichzeitig unserem letzten Tag in Israel stand ein Besuch der Ruinen der Festung Masada an. Die Festung liegt auf einem steilen, über 400 Meter hohen Felsplateau direkt am Toten Meer. Von Jerusalem erreicht man Masada auf direktem Weg durch das Westjordanland, aber mit dem Mietwagen durften wir nicht in die Palästinensergebiete fahren und mussten einen riesigen – dafür aber lohnenswerten – Umweg machen.

Jerusalemer Schulklassen nahmen für ihre Exkursionen den kürzeren Weg durch das Westjordanland, aber nur mit bewaffneter Begleitung, da es regelmäßig zu Anschlägen auf die Schulbusse kommt. So sahen wir auf dem Plateau zahlreiche Schulklassen, die immer von zwei mit Karabinern bewaffneten Aufpassern begleitet wurden.

Der Legende nach wurde im Jahr 73 nach Christus die Festung Masada von 15.000 römischen Legionären über mehrere Monate belagert. In der Festung hatten sich 973 jüdische Rebellen verschanzt. Es schien, als wäre die Festung uneinnehmbar. Die taktisch klugen Römer schütteten an der Westseite langsam aber stetig eine Rampe aus Sand und Gestein auf, über die sie mit Rammböcken die Mauern der Festung erreichen konnten. In der Nacht vor der Erstürmung begingen die jüdischen Verteidiger kollektiven Selbstmord, frei nach dem Motto: „Ein ruhmvoller Tod ist besser als ein Leben im Elend“.

Die israelische Armee nutzte in der Vergangenheit diesen mystisch wirkenden Ort, um ihre Rekruten mit den Worten „Masada darf nie wieder fallen“ auf den Kampf für den Staat Israel zu vereidigen.

Von Masada war es nur noch ein kleiner Sprung nach En Gedi, dem beliebten Bade- und Kurort am Toten Meer. Nachdem wir nun auch auf der israelischen Seite gebadet hatten, muss ich sagen, dass mir die Anlage in Jordanien besser gefiel. Der Strand in En Gedi war eindeutig gepflegter, nur hatte ich mir diesen berühmten Kurort wesentlich größer vorgestellt. Nur falls jemand mal auf den Gedanken kommen sollte, dort Urlaub machen zu wollen – jetzt wisst Ihr Bescheid!

Baden im Toten Meer war auf jeden Fall ein einmaliges Erlebnis und steht bei mir auf einer Stufe mit Baden im Vulkangebiet: Auf einer Tour durch Island war ich mit Jessica in der „Blauen Lagune“ schwimmen. Das Thermalfreibad liegt in einem Lavafeld südlich von Reykjavik und wird durch heißes Wasser aus bis zu 2000 Meter Tiefe gespeist. Das Wasser leuchtet milchig hellblau, und die Badetemperatur liegt im Schnitt bei 40 Grad Celsius. Ein ziemlich erhabenes Gefühl, in dieser „Badewanne“ zu sitzen, über den Kopf den kalten Wind streichen zu lassen und dabei mitten in der Abgeschiedenheit auf ein erkaltetes Lavafeld zu blicken.

Zurück durch die Ausläufer der Negev-Wüste machten wir einen Zwischenstopp in Be`er Sheva. Die Stadt wurde mit der Gründung des Staates Israel 1948 aus der Taufe gehoben. Heute könnte man den Eindruck bekommen, man wäre irgendwo in Russland. Hier war nicht nur alles drei-, sondern viersprachig beschildert. Zu den arabischen, hebräischen und lateinischen Buchstaben ist nun auch noch kyrillisch hinzugekommen, was den hohen Anteil jüdischer Aussiedler aus der Sowjetunion dokumentiert.

Am letzten Tag in Israel stand natürlich auch Fußball an, und zwar immerhin das Topspiel der zweiten Liga. Hapoel Petach-Tikva hatte lange Zeit in der ersten Liga gespielt. Wie die meisten anderen israelischen Fußballstädte, liegt auch Petach-Tikva im Ballungsgebiet rund um Tel Aviv, und der heutige Gegner im städtischen Stadion waren die Nachbarn von Maccabi Ramat Gan.

Das Stadion war zwar nur auf den beiden Längsseiten bebaut, bot aber immerhin 7.500 Zuschauern einen Sitzplatz. Insgesamt verloren sich heute nicht mehr als 3.000 Zuschauer auf die Tribünen.

Die Gäste hatten nur eine Handvoll Anhänger mitgebracht, aber dafür war die Tribüne der Heimfans brechend voll. Organisierte Stimmung wie bei den anderen Spielen war nicht zu beobachten, nur ein paar Einheimische, die ab und zu vergeblich versuchten, ihre Sitznachbarn zum Schreien aufzufordern. Eine intensive, emotionale Unterstützung der Mannschaft sah anders aus.

Das Spiel war so spannend, wie ein torloses Unentschieden halt meistens ist, nämlich ziemlich langweilig. Unglaublich, dass beide Vereine am Saisonende in die erste Liga aufstiegen.

Das Märchen von einem ansehnlichen torlosen Unentschieden hält sich hartnäckig. Ich habe vermutlich hunderte torlose Unentschieden gesehen. Aber höchstens eine Handvoll konnte mich wirklich begeistern.

Nach dem Kick brachten wir den Mietwagen zurück zum Airport. Da ich den Nachtflug zurück nach Frankfurt gebucht hatte, musste ich nur noch ein paar Stunden rumkriegen. Mario und Jens dagegen durften noch bis zum Nachmittag am Ben Gurion abhängen.

Die Ausreisekontrolle war richtig heftig! Das hatte ich nach der vergleichsweise laschen Einreisekontrolle nicht erwartet. Mein Rucksack wurde bis auf die letzte stinkende Socke komplett gefilzt, und es wurden Abstriche zur Untersuchung nach Sprengstoffresten genommen. Anschließend durchblätterte eine Sicherheitsangestellte meinen Reisepass und stellte mir dutzende Fragen. Urplötzlich behauptete sie, sie müsse weg und ihre Kollegin würde übernehmen. Die Kollegin stellte mir dieselben dämlichen Fragen, während meine angeblich beschäftigte erste Interviewerin drei Meter seitlich von mir stand und lauschte, ob ich auch wieder dieselben Antworten geben würde. Da meine Antworten keinen Grund zur Besorgnis bei den beiden Damen auslösten, durfte ich nach dem dreißigminütigem Verhör das Land verlassen.

Jens und Mario konnten sich am Nachmittag dann ebenfalls verabschieden, wurden aber von den Flughafenmitarbeitern argwöhnisch beobachtet, da sie den ganzen Vormittag noch am Airport rumgehangen hatten.

Der Trip durch Israel und Jordanien war auf alle Fälle ziemlich genial und erlebnisreich. Es war die perfekte Mischung aus Fußball und Kultur. Irgendwann werde ich noch mal nach Israel zurückkehren, und dann will ich auch 90 Minuten Beitar Jerusalem sehen oder mir das Stadtderby in Tel Aviv anschauen.

Noch gibt es aber genug andere Länder, die zuvor bereist werden wollen.

Kapitel 12

Big in Japan

Südkorea/Japan im Juli 2008

Der Sommer stand vor der Tür. Für mich war damit ein Wechsel meiner bisherigen beruflichen Tätigkeit verbunden. Bevor ich meine neue Stelle antreten würde, wollte ich noch etwas Urlaub abfeiern und bei der Gelegenheit eine größere Tour unternehmen.

Eine kurze Recherche der verfügbaren Spielpläne im Internet ließ mein Auge auf die südkoreanische K-League und die japanische J-League fallen. Sehr einfallsreich in der Namensgebung ihrer Fußballligen waren die Asiaten zwar nicht, aber wenigstens lief dort die Saison auf Hochtouren.

Im asiatischen Kulturkreis war ich zuvor noch nie unterwegs gewesen, deswegen war ich umso gespannter, was mich dort erwarten würde. Jessica war natürlich wenig begeistert, dass ich sie schon wieder alleine lassen wollte, aber letztendlich hatte sie, wie meistens, Verständnis für meinen Tatendrang.

Außer mir hatte sonst niemand Urlaub, oder die Jungs waren nicht liquide genug für den Trip, so dass ich notgedrungen alleine fliegen musste. Nicht, dass ich ein Problem damit gehabt hätte: Alleine zu verreisen hat auch seine Vorzüge, gerade hinsichtlich der Flexibilität.

Während der WM 2002 waren Thorsten und Simon bereits in Südkorea und Japan unterwegs gewesen und konnten mir zumindest ein paar hilfreiche Tipps geben, wobei sich das bei Simon auf die üblichen Kneipenempfehlungen beschränkte.

Da ich mich recht spontan zu dem Trip entschlossen hatte, waren die Flugpreise entsprechend hoch. Eine koreanische Airline bot die Strecke

Frankfurt-Seoul-Tokyo-Frankfurt jedoch zu einem halbwegs bezahlbaren Preis an. Zudem erledigte sich damit die Frage der Weiterreise von Korea nach Japan – zuerst hatte ich nämlich überlegt, von Busan die Fähre über die Meerenge zu nehmen. Das wäre sicherlich spannender gewesen, doch hätte ich in Japan auf das Heimspiel der Urawa Red Diamonds verzichten müssen. Und das war alles andere als akzeptabel!

Mein alter Schulfreund Alex arbeitete bei der größten deutschen Fluggesellschaft und konnte berufsbedingt spottbillig fliegen. Daher beschloss er, mir zumindest für ein Wochenende Gesellschaft zu leisten. Es erschien mir zwar irgendwie sinnlos, bei einer einfachen Flugzeit von 12 Stunden nur für ein Wochenende nach Asien zu fliegen, aber nicht nur Groundhopper haben manchmal seltsame Anwandlungen. Vermutlich würde ich genauso handeln, wenn ich zu Mitarbeiterpreisen fliegen könnte.

Ich startete bereits am Donnerstagabend nach Asien. Alex wollte am Freitag nachkommen. Aufgrund der Zeitverschiebung erreichte ich Südkorea und den Incheon Airport in den frühen Morgenstunden des Freitag. Das Klima haute mich sofort um! Es war zwar nur ein paar Grad heißer als in Deutschland, aber ich traf auf die extrem hohe Luftfeuchtigkeit wie auf eine Wand. Der Juli war der regenreichste Monat der Monsunzeit, und die Luftfeuchtigkeit lag bei durchschnittlich 92 Prozent. Aber auf solche Befindlichkeiten kann man beim Hoppen leider keine Rücksicht nehmen.

Im Internet hatte ich vorab eine günstige und saubere Bleibe für die nächsten drei Nächte gebucht (dass sie günstig sein würde, wusste ich – dass sie sauber sein würde, war mehr so eine Hoffnung). Das Hostel lag mitten im Insadong-Viertel von Seoul. Von dort würde ich alles Sehenswerte bequem zu Fuß erreichen können. Dass es keine richtigen Straßennamen gibt, hatte mich zu Beginn schon etwas verwirrt. Die

Wegbeschreibung zu meiner Unterkunft lautete in etwa: „Steigen Sie an der U-Bahn Haltestelle Anguk-Dong aus und nehmen Sie Ausgang 5. Laufen sie vier Minuten in südliche Richtung. Am Zeitungskiosk biegen Sie in die erste kleine Straße links ein und folgen dieser Straße 200 Meter geradeaus. Danach biegen Sie rechts auf dem Hinterhof ab, und nach 3 Minuten erreichen Sie unser Hostel". Na gut, machen wir das doch mal.

An diese Art der Orientierung gewöhnte ich mich aber recht schnell. Zudem war in Seoul vieles zweisprachig beschildert, und die meisten Einheimischen, die ich ansprach, waren auch der englischen Sprache mächtig.

Ein sechsstündiger Stadtspaziergang vermittelte mir einen ersten Eindruck der Innenstadt von Seoul. Phänomenal, welche Menschenmassen sich über die Straßen und Fußwege schoben. Die City war eine bunte Mischung aus Tradition und Moderne. Neben den gläsernen Wolkenkratzern thronten alte Königspaläste im traditionellen koreanischen Baustil. Besonders eindrucksvoll war der buddhistische Jogyesa-Tempel mit seinen drei goldenen Buddha-Statuen. Etwas südlich der Innenstadt stieß ich unerwartet sogar auf die katholische Myedong-dong-Kathedrale.

Ein Wahrzeichen des modernen Seouls war der 33-stöckige Jongno Tower, den ich besonders wegen seiner fast freistehenden Dachkonstruktion verblüffend fand. Im obersten Stockwerk gab es außerdem eine beliebte Bar, von der die Besucher in gemütlicher Atmosphäre das phantastische Panorama genießen konnten.

Doch auch außerhalb des Towers wäre man nicht verhungert. Links und rechts des Weges fanden sich jede Menge Restaurants, und auf den Wegen standen die einheimischen Straßenhändler, die teilweise Undefinierbares vom Grill anpriesen. Neben Filialen sämtlicher Fastfood-Ketten der Welt warteten alle paar hundert Meter auch einheimische Gaststätten auf ihre Gäste.

Ich war neugierig auf koreanisches Essen und suchte ich mir ein hübsches Restaurant in der Nähe meines Hostels. Der Laden sah gemütlich aus und war sehr rustikal eingerichtet. Ein anderes Detail erschien mir noch viel wichtiger: Die Tische waren proppevoll mit Einheimischen. Das war immer ein gutes Zeichen für die Qualität des Angebots.

Kimchi ist ein fermentierter Chinakohl, der prinzipiell zu jedem Essen gereicht wird. Eingelegt in Chili, Knoblauch, Paprika und Ingwer, verfügte das Kimchi auch über die passende Schärfe. Bi Bim Bap ist eine schmackhafte Reispfanne mit Gemüse und verschiedenen Fleischsorten. Dazu wurden ein paar für mich undefinierbare rohe Beilagen serviert, die ich ebenfalls brav testete.

Entgegen europäischer Vorurteile wurde mir kein Hund und keine Katze serviert. Wirklich nicht! Also... ich bin zumindest fest davon überzeugt. Falls ich mich doch geirrt haben sollte, kann ich zumindest behaupten, das Hund und Katze gar nicht so schlecht gemundet haben. Dennoch rebellierte mein Magen gegen den Rohkostanteil meines Menüs. Im Zusammenspiel mit der Hitze und der hohen Luftfeuchtigkeit wurde mein Magen-Darm-Trakt hyperaktiv und schaltete in den Auswurfmodus. Das Thema Essen war für die nächsten zehn Tage somit leider so gut wie erledigt.

Wenn man ein Land wirklich kennenlernen will, führt kein Weg am Genuss der einheimischen Küche vorbei. Das Risiko eines verdorbenen Magens muss man dabei schon mit einkalkulieren, auch wenn es alles andere als angenehm ist. Vorher hatte ich noch nie gesundheitliche Probleme im Ausland, dementsprechend bestand meine Reiseapotheke lediglich aus zwei Aspirin, und die brachten mich in dem Fall nicht weiter. Tja, aus Dummheit wird man klug. Auf späteren Touren hatte ich dann ein umfangreicheres Sortiment am Mann.

Am Samstagmorgen sollte Alex in Seoul eintreffen. Airline-Mitarbeiter fliegen Standby, müssen also auf einen freien Platz in der Maschine hoffen, und deswegen war Alex nicht hundertprozentig sicher, ob er auch im ersten Flieger des Tages mitkommen würde. Mein Hostel war jedenfalls ausgebucht; er würde sich eine andere Unterkunft suchen müssen. Daher verabredeten wir, dass er mich anrufen sollte, sobald er gelandet war.

Dummerweise verweigerte mein nagelneues iPhone seinen Dienst in Asien. Das Scheißteil war zu allem zu gebrauchen, nur nicht mehr zum Telefonieren. Alex hatte vorab eine Wegbeschreibung zu meinem Hostel in die Hand gedrückt bekommen. Eine gute Idee – so trafen wir uns ohne weitere Probleme an meiner Unterkunft.

Da wir zwei als Jugendliche schon großes Interesse an militärischen Gerätschaften hatten, war unser erstes gemeinsames Ziel das koreanische Kriegsmuseum. Dort waren unzählige Fahrzeuge und Waffen aus den letzten Jahrhunderten zu sehen. Im Gegensatz zu anderen Museen durften Besucher dort auch auf die Fahrzeuge klettern. Davon machten wir ausgiebig Gebrauch: Wie die kleinen Kinder kraxelten wir auf und zwischen den Fahrzeugen und Kanonen hin und her. Interessantestes Ausstellungsstück, so fand ich jedenfalls, war ein Lazarett-Hubschrauber, wie man ihn aus der Fernsehserie M*A*S*H kannte.

Praktischerweise lag das Museum auf der gleichen U-Bahn-Strecke wie das World Cup Stadium, so dass wir uns vor dem nächsten Regenguss ins trockene Stadion retten konnten.

An das Klima wollte ich mich nicht gewöhnen. Alex war zwar von dem dauerhaften Regen ebenso wenig begeistert, hatte aber weniger Probleme mit dem Kreislauf. Tagsüber führten Hitze und hohe Luftfeuchtigkeit dazu, dass die Klamotten schon beim Verlassen des Hotels völlig durchnässt waren. Der andauernde Regen tat sein Übriges. Sobald wir die U-Bahn oder ein Gebäude betraten, wurden wir durch die Klimaanlagen von 30 Grad Celsius auf 18 Grad Celsius schockgefrostet, nur um danach von den Außentemperaturen wieder umgehauen zu werden. Das konnte auf Dauer nicht gesund sein.

Die K-League wurde 1983 gegründet und ist damit die älteste Profiliga Asiens. Interessanterweise gibt es in der Liga keinen Auf- und Abstieg. Die Meisterschaftsentscheidung ist mindestens genauso ungewöhnlich: Von März bis November werden die regulären Punktspiele gegeneinander ausgetragen. Der Tabellenerste wird jedoch nicht automatisch Meister, sondern erst in den folgenden Playoff-Spielen ermittelt. Dabei tritt der Drittplatzierte gegen den Sechstplatzierten und der Vierte gegen den Fünften der Liga an. Die Sieger dieser Partien spielen anschließend gegeneinander, und die wiederum siegreiche Mannschaft trifft auf den Zweiten der Tabelle. Erst wenn der Tabellenführer den Sieger aus diesem Spiel besiegt hat, gilt das Team offiziell als Meister. Klingt komplizierter als es ist.

Auf den sportlichen Wert scheint diese Regelung durchaus positiven Einfluss zu haben, denn die koreanischen Vereine kickten recht erfolgreich in den asiatischen Pendants der Europapokale.

Der gastgebende Club FC Seoul war dreifacher Meister und bereits seit 1984 fester Bestandteil der K-League (wenn auch erst seit 2004 unter dem Namen „FC Seoul“; diverse Namensänderungen gingen dem voraus).

Die Gäste aus dem östlich von Seoul gelegenen Jeonbuk bolzten zwar seit Mitte der neunziger Jahre in der erstklassigen Bedeutungslosigkeit vor sich hin, konnten aber immerhin 2006 als erster koreanische Vertrete das Finale der asiatischen Champions League für sich entscheiden.

Während wir vor dem Ticket Office anhand eines Stadiongrundrisses noch überlegten, welche Tribüne für uns passend wäre, sahen wir die zwei jungen Mädels hinter den Fensterscheiben ihres Kassenhäuschens bereits kichern. Man musste kein Sherlock Holmes sein, um Alex und mir anzusehen, dass wir keine Koreaner waren. Die Mädels glucksten unaufhörlich und tuschelten vermutlich, wer von ihnen wohl gleich das Vergnügen haben würde, die beiden Langnasen zu bedienen. Da wollten wir selbst keine falsche Scheu an den Tag legen und schnappten uns jeder seine eigene Verkäuferin. Schließlich sollten die Mädels nachher stolz berichten können, dass sie sich in ihrem Drittjob mit zwei Europäern auseinandersetzen mussten.

Die Eintrittspreise waren ziemlich moderat: Ein Kurvenplatz schlug mit umgerechnet vier Euro zu Buche, doch in unserer typisch westlichen Dekadenz gönnten wir uns für 8 Euro Plätze auf der Haupttribüne.

Im Seouler WM-Stadion fand 2002 das Eröffnungsspiel statt. Deutschland stoppte dort im Halbfinale den sensationellen Lauf des südkoreanischen Teams. Seitdem hatte das Stadion optisch wenig an seinem Glanz verloren.

Die rund 15.000 Zuschauer wirkten im über 60.000 Zuschauer fassenden All-Seater ein wenig verloren, doch waren das immer noch weitaus mehr Zuschauer, als wir erwartet hatten. Erfreulicherweise waren die beiden Fankurven beflaggt, und im Gästebereich tummelten sich grob geschätzte eintausend Anhänger des FC Jeonbuk. Die Fans hatten sich komplett in ihre neongrünen Vereinsfarben gehüllt und leuchteten im Flutlicht wie Kermit, der Frosch. Die Anhänger nannten sich selbst „Mad Green Boys“ und unterstützten ihre Mannschaft akustisch wie optisch. Beruhigt nahmen wir zur Kenntnis, dass sie nicht quakten, sondern tatsächlich sangen.

In der Nordkurve sammelten sich die zahlenmäßig überlegenen „Ultras Amigos“. Die Jungs fielen uns durch ihren kreativen Support auf. Vor allem die schwingenden und unglaublich rasant wirkenden Drehungen der Fans von links nach rechts, mit zwischenzeitlicher tiefer Verbeugung nach vorne, sahen schon ziemlich cool aus. Das Liedgut der Fans war klar europäisch beeinflusst, und so gab es für uns sogar die Melodie von „Pipi Langstrumpf“ zu hören. Das erinnerte mich wieder an das weit entfernte heimische Waldstadion und die Eintracht. Diese Tour kollidierte wegen der Sommerpause ausnahmsweise mal nicht mit dem Spielplan der Bundesliga. Aber seitdem ich mich aus der aktiven Ultraszene zurückgezogen habe, sehe ich sowieso maximal noch die Hälfte aller Heim- und Auswärtsspiele. Anfangs hatte ich mir das Fernbleiben von der Eintracht schwieriger vorgestellt, aber da ich mich normalerweise mit interessanteren „Ersatzdrogen“ versorge, reicht es mir meist schon aus, wenn mir Thorsten das Endergebnis und die Torschützen per SMS zukommen lässt. Der verpasst im Gegensatz zu mir nie ein Pflichtspiel der Eintracht. Wenn ich mich recht entsinne, war seine letzte versäumte Partie ein Auswärtsspiel bei den Stuttgarter Kickers. Und das ist schon etliche Jahre her.

Im Gegensatz zu den Fröschen zogen die in schwarz-rot gekleideten Spieler des FC Seoul natürlich gleich unsere Sympathien auf sich. Alex war wie ich ebenfalls Eintrachtfan, und bei diesen Vereinsfarben fühlten wir uns natürlich heimisch.

Das eingespielte Vereinslied des FC Seoul klang in unseren Ohren eindeutig nach „Drei Chinesen mit dem Kontrabass“.

Auch die Mannschaftsaufstellung auf der Leinwand erinnerte uns mehr an die Präsentation der Kämpfer bei „Mortal Kombat“. Kurzzeitig hatte ich ein nervöses Zucken in meinem rechten Daumen und suchte verwirrt nach meinem Controller für die Playstation.

Ein Video, das während der Pausen mehrmals abgespielt wurde, zeigte mit unerwarteten Archivbildern, dass pyrotechnische Erzeugnisse und körperliche Auseinandersetzungen zwischen den Fans auch in Südkorea nicht erwünscht waren. Auf der Leinwand waren Bilder von koreanischen Fans zu sehen, die mit Plastikstangen aufeinander einprügelten und bengalische Fackeln auf den Rasen warfen. Darauf folgten zwei überdimensionale Verbotsschilder, eines mit einer Art durchgestrichenem Streichholz (das war wohl das Pyro-Verbot), und das andere mit einem durchgestrichenen Strichmännchen mit einem Stock in der Hand. Ein weiteres amüsantes Video wies uns auf die Gefährdung der eigenen Sicherheit durch die Sitzschalen hin! Tatsächlich war jede der 66.806 Sitzschalen mit einem Sicherheitshinweis beklebt, wonach man darauf achten sollte, sich beim Hinsetzten bloß nicht die Finger einzuklemmen. Sehr fürsorglich, diese Koreaner.

Während des Spiels kamen wir mit einem unserer koreanischen Sitznachbarn ins Gespräch. Der Typ im Barca-Trikot war seit der WM begeisterter Anhänger der deutschen Nationalelf. Seine Lieblingsspieler waren Ballack und Schweinsteiger. Den Chemnitzer konnte ich noch gelten lassen, bei Schweinsteiger sträubten sich mir die Haare. Wenn es um nix geht, trumpft „Schweini“ auf wie ein Weltmeister, aber in entscheidenden Momenten verlassen ihn die Nerven. Unserem koreanischen Nachbarn empfahl ich, diesen Namen möglichst schnell wieder aus seinem Gedächtnis zu streichen.

Insgesamt gab es vier Tore zu bewundern, auch wenn die das gezeigte technische Niveau nicht ganz vergessen lassen konnten. Sportlich war das alles – wie von uns befürchtet – keine Glanzleistung, dafür fanmäßig weitaus besser als erwartet. In einer anschließenden Internetrecherche fand ich Bilder vergangener Topspiele: Da fanden sich auf den Rängen auch schon mal 50.000 Zuschauer ein, und in den Fankurven wurden fantastische Choreographien präsentiert.

In der Peripherie des Stadiongeländes war eine Shopping-Mall untergebracht, in der man samstagabends auch noch um Mitternacht einkaufen gehen konnte. Wir waren ziemlich begeistert, was man in einem koreanischen Supermarkt alles an Essbarem kaufen konnte, vor allem an Fischen und anderem teilweise noch lebenden Meeresgetier. Doch mir war dank des Bi Bim Bap vom Vortag eh nicht nach Essen zumute, und Alex wollte lieber die Gourmetküche in der Innenstadt testen.

Dort sammelten sich bereits wieder die Demonstranten. Zumeist waren es Landwirte und Gewerkschaften, die bereit in den Wochen zuvor gegen die Einführung von US-Saatgut und gegen die zunehmende staatliche Korruption auf die Straße gingen.

Gewerkschaftsdemonstrationen waren in Südkorea jedoch nicht so ein kümmerlicher Kindergeburtstag wie hierzulande; das sah mehr aus wie in Frankreich oder Italien. Wenn die Leute auf die Straße gingen, dann auch mit der nötigen Konsequenz, ihre Forderungen mit allen Mitteln durchzusetzen: Während der Demos kam es immer wieder zu heftigen Auseinandersetzungen zwischen den Demonstranten und der massiv vertretenen Polizei, die das Regierungsviertel vor den Demonstrationszügen abschirmen wollte. Da brannten die Straßen wie am 1. Mai in Kreuzberg. Nur, dass hier keine autonomen Krawallmacher aus purer Lust an der Zerstörung die Nachbarschaft in Schutt und Asche legten, sondern koreanische Bauern um ihre wirtschaftliche Existenz kämpften.

Die Polizei hatte auch heute Abend wieder mehrere Hundertschaften und etliche Wasserwerfer für den Fall der Fälle bereitgestellt. Die anwesenden Journalisten trugen Stahlhelme, auf denen mit Leuchtfarbe „Press" zu lesen war. Da wir nicht scharf darauf waren, Bekanntschaft mit der koreanischen Bereitschaftspolizei zu machen und nicht solche hübschen Helme zur Verfügung gestellt bekamen, beobachten wir die Szenerie nur kurz und verdrückten uns dann in Richtung Insadong-Ausgehviertel. Außerdem musste ich dringend aufs Klo.

Das nächste Spiel war für den Sonntagabend angesetzt, und wir nutzten die Zeit ausgiebig für die Besichtigung der Changdeokgung- und Gyeongbokgung-Königspaläste (das richtige Tippen dieser Namen kostete mich locker zehn Minuten). Außerdem musste ich Alex noch ein paar Entdeckungen vom Freitag präsentieren.

In der U-Bahn starrte uns eine koreanische Familie ziemlich unverblümt an. Wir hatten zwar bisher nur wenige Nicht-Asiaten gesehen, doch so eine Attraktion konnten wir nun auch wieder nicht sein. Das zwölfjährige Mädchen lief auf uns zu und fragte uns in akzentfreiem Deutsch: „Kommen Sie aus Deutschland?" Alex und ich waren verblüfft, worauf uns die Kleine erklärte, dass sie in Frankfurt aufgewachsen sei, aber ihr Papa nun wieder für seine Firma in Korea arbeiten würde. Sie wollte uns aber eigentlich nur darauf hinweisen, dass wir auf Plätzen für ältere Menschen, Schwangere und Behinderte saßen. Wir bedankten uns höflich und versprachen, den Platz sofort zu räumen, falls es erforderlich sein sollte. Sehr freundlich, diese Koreaner.

Als wir jedoch nicht sofort aufstanden, kam das Mädchen wieder auf uns zu und forderte uns auf, sofort einen anderen Platz zu suchen. Irgendwie nervig, diese Koreaner.

Suwon liegt etwas südlich von Seoul, ist aber noch an die Metro angeschlossen. Das Highlight der Stadt ist eine alte Festungsanlage, und auch ansonsten sah es hier im Gegensatz zu Seoul schon eher so aus, wie wir uns Südkorea vorgestellt hatten.

Das WM-Stadion „Big Bird" lag abseits der Innenstadt, ohne Stadtplan kaum zu finden. Somit war die Taxifahrt mit umgerechnet drei Euro eine Investition, die sich durchaus rentierte.

Die Suwon Bluewings wurden 1996 gegründet und hatten seitdem 3 Meistertitel errungen. Glücklicherweise hatten diese „blauen Flügel" mal nichts mit dem ekelhaften österreichischen Energy-Drink am Hut. Seit 2003 wurden die Bluewings sehr erfolgreich von niemand anderem als der Eintracht-Stürmerlegende Bum-Kun Cha trainiert.

Die Bluewings trafen heute als Tabellenführer auf den Tabellenzweiten und koreanischen Rekordmeister aus dem Seouler Stadtteil Seongnam. Der volle Name des Vereins lautete Seongnam Ilhwa Chunma Football Club, wobei „Chunma" für den mystischen Pegasus steht, der auch das Clubwappen ziert. Die meisten koreanischen Fußballclubs werden von den finanzstarken Industriekonzernen unterstützt, während der Eigentümer dieses Clubs witzigerweise die „Moon Vereinigungskirche" war. Außer dem italienischen Club Ancona Calcio, der zu großen Teilen dem Vatikan gehört, war mir kein Profifußballverein bekannt, der Eigentum einer Kirche ist.

Das heutige Topspiel wollten immerhin 20.000 Zuschauer sehen. Obwohl die beiden Hintertortribünen unüberdacht waren, sammelten sich bei strömenden Regen auch dort die Fans. Alex und ich waren von dem Wetter nicht ganz so begeistert und gönnten uns für umgerechnet fünf Euro zwei Plätze auf der überdachten (und erfreulicherweise mit zahlreichen Toiletten ausgestatteten) Gegentribüne.

Gästefans waren vielleicht 600 anwesend, davon rund die Hälfte in der Kurve und der Rest auf unserer Tribüne. In der Fankurve hatten die Gäste eine Zaunfahne mit „Ultra Boys - The Yellowrism" gehisst, fielen ansonsten aber kaum auf. Lediglich das Tor des Tages wurde mit einer bengalischen Fackel gefeiert.

Die Heimkurve hinterließ akustisch schon einen besseren Eindruck. Annähernd 4.000 Wetterfeste supporteten ihre Mannschaft durchgehend. Meist war es europäisches Liedgut mit abwechselnd koreanischen oder englischen Texten. Die Melodie von „The Great Escape", abgeschlossen mit einem langgezogenen „SU-WON!", entwickelte sich regelrecht zu einem Ohrwurm, den ich auch Jahre später nicht mehr aus dem Kopf bekam.

Die Koreaner waren schon ein begeisterungsfähiges Publikum, und wir kamen sehr gut mit den Leuten ins Gespräch. Als einzige Nichtasiaten fielen wir im Stadion natürlich auf wie bunte Hunde, und die Leute waren neugierig. Sobald wir denen erzählten, dass wir die Stadt nur wegen ihres Club besuchten, waren die happy bis zum nächsten Neujahrsfest.

Hinter uns saß ein neunjähriger Bub mit seiner Mutter. Die beiden waren hellauf begeistert, zwei „Langnasen" vor sich sitzen zu haben. Der Junge sprach für sein Alter hervorragend Englisch. Wir erklärten ihm, dass wir Fans von Eintracht Frankfurt, Bum-Kun Cha und Du-Ri Cha seien.

"You know Cha Du-Ri?" Der Bube war hellauf begeistert und schloss uns in sein Herz. Da sich mein Magen immer noch an mir rächte, verdrückte ich mich in regelmäßigen Abständen in Richtung der sanitären Anlagen. Der Kleine hütete derweilen meinen Sitzplatz wie seinen Augapfel und verscheuchte eisern jeden, der er wagte, nur in die Nähe meines Platzes zu kommen.

Du-Ri Cha war weit davon entfernt, in die erfolgreichen Fußstapfen seines Vaters zu treten, doch er war auf allen seinen Stationen ein Publikumsliebling und wurde auch in Frankfurt verehrt. „Du

Ri Cha – Torgefahr“ war ein beliebter Hit auf den Stehrängen des Waldstadions.

Persönlich verbindet mich mit Du-Ri eine verlorene Wette. Er war nicht unbedingt für seine Qualitäten als Torjäger bekannt. Entsprechend ging es zu Beginn der Zweitligasaison 2004/2005 gegen Thorsten um eine Kiste Bier, dass Du-Ri niemals mehr als fünf Tore in dieser Saison erzielen würde. Erst am 10. Spieltag markierte er seinen ersten Treffer, und bis zum 27. Spieltag standen gerade mal drei Buden auf seinem Konto. Ein todsicheres Ding, diese Wette. Hätte auch meine Oma gewonnen. Dachte ich.

Denn urplötzlich hatte Du-Ri den Lauf seines Lebens und erzielte in vier Spielen fünf Tore. An seinen fünften Saisontreffer beim 5-0-Auswärtssieg der Eintracht in Aue erinnere ich mich noch sehr deutlich: Der Gästeblock bejubelte den Treffer begeistert, doch sieben Reihen hinter mir sah ich den sonst eher ruhigen Thorsten, der wie ein kleiner Schuljunge völlig aufgelöst auf seiner Sitzschale auf und ab hüpfte. Noch nie zuvor und auch danach nicht mehr hatte ich Thorsten in solch einer Ekstase erblickt. Die Wette hatte ich verloren, aber Du-Ri Cha habe ich das längst verziehen.

In Korea gibt es übrigens lediglich so um die 250 verschiedene Familiennamen. Der beliebteste Nachname ist Kim; darauf hören immerhin 21 Prozent der Bevölkerung. Fast die Hälfte der Bevölkerung heißt mit Nachnamen Lee, Kim oder Park. Der Name Cha schafft es nicht mal in die Top 10.

Sportlich war das Spiel schon was ganz anderes als der gestrige Kick in Seoul. Die Teams setzten sich fast nur aus einheimischen Spielern zusammen, und die Spielweise war für unseren Geschmack extrem fair. Es gab kaum Fouls und somit nicht eine einzige Verwarnung durch den Schiedsrichter. Technisch waren die Spieler versiert, aber es fehlte die richtige Power im Spiel, was vermutlich an der mangelnden Physis der asiatischen Spieler lag. Die Asiaten an sich sind ja alle eher schmächtige Hungerhaken, dachte ich bei mir und eilte erneut in Richtung Toilette

– wenn es bei mir so weiterging, würde ich bald ähnlich dürr sein.

Die Punkte gingen heute leider an den Gastverein, und so konnten wir keinen Torjubel der Heimkurve bewundern. Trotzdem ein Klasse-Spiel. Und auch wenn die Bluewings den Kick heute verloren hatten: Sie wurden später im Endspiel gegen den FC Seoul verdient Meister.

Die Suche nach einem freien Taxi gestaltete sich nach Abpfiff komplizierter als gedacht. Immer genau dann, wenn man eines braucht, findet sich keines. Nach einer halben Stunde stoppten wir endlich erfolgreich einen Wagen, doch der Fahrer war keiner Fremdsprache mächtig. Wir versuchten in allen Variationen das Wort „Bahnhof“ zu umschreiben und fühlten uns schon wie bei *Activity*. Zwecklos. Der Fahrer beherrschte lediglich seinen lokalen Dialekt und gestikulierte uns, dass wir aussteigen sollten. Ich weigerte mich jedoch, da wir sonst unsere letzte Bahn nach Seoul verpasst hätten. Glücklicherweise konnte Alex ein paar junge englischsprechende Koreaner heranwinken, die dem ignoranten Nixwisser unser Anliegen näherbrachten.

Sicherheitshalber beschloss ich, mir in Ländern ohne lateinisches Alphabet zukünftig die Bezeichnung für Bahnhof und Stadion in der Landessprache aufzumalen. Bisher stieß ich lediglich in Korea und der Ukraine auf solche völlig planlosen Taxifahrer, wobei der Ukrainer anscheinend die Familie Flodder kannte und mit den Worten „Taka Taka, Tuff Tuff“ sofort den Bahnhof in Verbindung brachte.

Am nächsten Morgen verabschiedeten wir uns von Seoul und traten die Weiterreise nach Japan an. Alles in allem haben mir Seoul und die beiden Spiele gut gefallen. Es war wesentlich besser als erwartet. Sicherlich, alles schien noch ausbaufähig; aber um in entspannter Atmosphäre ein bisschen Fußball zu schauen war es genau richtig.

Alex war noch am Überlegen, ob er direkt zurück nach Frankfurt fliegen oder mich zumindest noch einen Tag nach Tokyo begleiten sollte. Sowieso im Standby-Modus, hatte er vorsorglich beide Flüge reserviert, und mit etwas gutem Zureden saßen wir zusammen in der Maschine nach Tokyo.

Das erste Highlight in Japan wartete bereits am Haneda Airport auf mich. Da mich ein menschliches Bedürfnis zu den sanitären Anlagen führte, wollte ich sofort die Chance nutzen und eine dieser Hightech-Toiletten testen, über die ich kürzlich eine Reportage im Fernsehen gesehen hatte. In Japan sind fast alle Behinderten-Toiletten mit diesem Wunderwerk der Technik ausgestattet. Natürlich musste ich sämtliche Funktionen sofort ausprobieren.

Rechts von der Klobrille befand sich ein Panel, mit dem man die Toilette steuern konnte. Zunächst gab es eine beheizbare Klobrille, deren Temperatur manuell reguliert wurde. Damit man seine Toilettennachbarn nicht mit unangenehmen Geräuschen beim Erledigen des Geschäftes belästigte, bestand zudem die Möglichkeit, über die Soundanlage ein Spülgeräusch hinzuzuschalten. Wenn man sein Geschäft verrichtet hatte, konnte man zwischen zwei verschieden starken Wasserdüsen wählen, die einen untenrum mit lauwarmem Wasser säuberten. Abschließend wurde die Taste für den Fön aktiviert, und der Nutzer wurde an den eben gesäuberten Stellen trockengelegt. Mann, war das spektakulär! Aber auch durchaus gewöhnungsbedürftig. Da blieb ich lieber bei Altbewährtem.

Alex rauchte derweil eine Kippe vor dem Flughafengebäude. Rauchen war in Japan weit stärker reglementiert als in Europa. Auf den Bürgersteigen und an den Straßenpfosten waren „Rauchen verboten"-Schilder angebracht, die den Tabakkonsum sogar unter freiem Himmel untersagten. In Kyoto wurde ich später Zeuge, wie ein alter Opa wegen Rauchens auf offener Straße mehrere Scheine Bußgeld an die Polizei abdrücken musste. Keine Ahnung, was das kostete, aber in Japan war es bestimmt nicht billig.

Der Haneda Airport ist per Monorail an die City angebunden. Unweigerlich erinnerte ich mich an die Simpsons-Folge, in der sich die

Bewohner Springfields eine „Einschienenbahn“ aufschwätzen lassen. Anschließend bekam ich die „Monorail, Monorail“-Melodie nicht mehr aus dem Kopf. Die Fahrt verlief äußerst unspektakulär. Wir konnten jedenfalls keinen Unterschied zwischen einer Monorail und einem Nahverkehrszug erkennen.

In Tokyo war der erste Programmpunkt die Suche nach unserer Unterkunft. Der U-Bahn-Plan Tokyos ist einigermaßen gewöhnungsbedürftig. Wir hatten noch nie zuvor solch ein buntes Schlangengewirr auf Papier erblickt. Dagegen waren die Metropläne von New York oder London ein Witz! Nachdem Alex und ich das System ausgiebig erforscht hatten, war die Orientierung aber genauso easy wie in anderen Großstädten.

Glücklicherweise landeten wir nicht während der Hauptverkehrszeit, und die U-Bahn war angenehm leer. In der Rush Hour stehen die Fahrgäste wie Ölsardinen eng aneinander gepresst in den Waggons. An den Gleisen warten dann spezielle Schaffner, die jeden Fahrgast, der noch mindestens einen Fuß in den Waggon setzen kann, in eben diesen hineindrücken, damit die Türen zur Weiterfahrt geschlossen werden können. Ein Schauspiel sondergleichen, das ich mir ein paar Tage später voller Begeisterung live ansah. Das war ganz großes Kino. Um die Sache abzurunden hätte nur noch die Flasche Bier und die Tüte Popcorn gefehlt.

Das „Juyoh Hostel“ im Altstadtbezirk Asakusa war eine Empfehlung Thorstens. Die Zimmer waren etwa 6 Quadratmeter groß, und das einzige Möbelstück war ein Regal, auf dem der Fernseher thronte. Ein Bett? Fehlanzeige. Geschlafen wurde japanisch traditionell auf drei übereinander gelegten Tatami-Reismatten.

Vorm Betreten der Zimmer musste man seine Schuhe ausziehen und in ein paar Pantoffeln schlüpfen. In Japan galt es als extrem unhöflich, eine Wohnung mit Straßenschuhen zu betreten. Die Räume waren zwar klimatisiert, kamen jedoch völlig ohne Fenster aus. Der Gestank in den

Zimmern haute Alex und mich allerdings erst einmal von den Socken! Genau genommen erinnerte er uns an eben diese. Eventuell war dies auch das Zimmer, in dem Thorsten während der Weltmeisterschaft übernachtet hatte. Seine berüchtigten Käsequanten hatte ich bereits an anderer Stelle erwähnt, und es war durchaus vorstellbar, dass dieser grauenhafte Geruch seitdem nicht mehr abgezogen war.

Gott sei dank gewöhnt sich die menschliche Nase sehr schnell an unangenehme Düfte, und nach einer Minute nahmen wir den Gestank nicht mehr wahr.

Der Preis war jedoch unschlagbar: Bei 20 Euro für ein klimatisiertes Einzelzimmer konnte man in einer der teuersten Städte der Welt nicht meckern. In der näheren Umgebung fanden sich zudem verschiedene Restaurants und etliche Supermärkte.

Doch für weitere Erkundungen war keine Zeit, denn das Heimspiel der Urawa Red Diamonds wartete auf unseren Besuch.

Die J-League wurde 1992 gegründet, und die Urawa Red Diamonds sind der bekannteste und beliebteste Club des Landes und der Liga, obwohl sie erst 2006 zum ersten Mal Meister wurden. Das „Red Diamonds“ stammt übrigens vom Logo des Mitsubishi-Automobilkonzerns.

Bei uns wurden die „Reds“ durch deutsche Spieler wie Uwe Bein und Guido Buchwald bekannt, die im Zenit ihrer Karriere nach Asien wechselten. Doch auch deutsche Trainer fanden sich in der Geschichte der Urawa Reds und der J-League: Gert Engels hatte Holger Osieck zu Saisonbeginn als Trainer der Urawas abgelöst, und Pierre Littbarski dankte erst vor Kurzem als Trainer des Zweitligisten Fukuoka ab, um sich als Coach im Iran zu versuchen.

Die japanischen Teams sind gemischt mit einheimischen Talenten und zweitklassigen südamerikanischen Kickern, was der J-League immerhin zum Status der attraktivsten Profifußballliga in Asien verhalf.

Früher war der Meister der J-League in einem Finalspiel zwischen dem Tabellenersten der Hinrunde und dem Tabellenersten der

Rückrunde ermittelt worden. Inzwischen hatten die Japaner von dieser ungewöhnlichen Regelung wieder Abstand genommen, und wer am Saisonende den Platz an der Sonne innehatte, wurde automatisch Meister.

Vom Tokyoter Hauptbahnhof benötigten wir knapp 45 Minuten bis zum WM-Stadion in Urawa, oder, genauer gesagt, in Saitama, denn Urawa war längst eingemeindet worden. Im Ballungsgebiet Tokyo leben so um die 34 Millionen Menschen. Da gehören Eingemeindungen zum Alltag.

Die U-Bahn war drei Stunden vor Anpfiff bereits gut gefüllt mit Anhängern der Urawa Red Diamonds, was uns auf einen höheren Zuschauerschnitt als in Korea hoffen ließ.

An einem der zahlreichen Getränkeautomaten kaufte ich mir eine Fanta. Die Dose sah zwar anders aus als bei uns, aber es stand groß und breit FANTA drauf. In der U-Bahn nahm ich einen kräftigen Schluck. Mir wurde schlagartig ganz anders. Die Dose sah deshalb anders aus, weil sie mit nach Orange schmeckenden Geleebröckchen versetzt war. Das schmeckte ungefähr genauso lecker wie in Limo aufgeweichte Gummibärchen oder lauwarmes Henninger. Ganz extrem ekelhaft! Ich konnte meinen Würgreiz gerade noch kontrollieren.

Der Weg von der U-Bahn-Station bis zum Stadion hielt für experimentierfreudige Gaumen allerhand bereit. Alle paar Meter offerierte ein neuer Imbissstand seine Grillspezialitäten, und wir konnten nur erahnen, ob uns da Huhn und Rind oder Hund und Katz unter die Nase gehalten wurde.

Mein Magen war immer noch nicht aufnahmebereit. So drehten wir erst mal eine Runde ums Stadion.

Bis jetzt erinnerte alles an ein großes Familienpicknick, da sich die Fans auf dem Stadionvorplatz und im angrenzenden Park niederließen, um im Kreise der Freunde und Familie zu speisen. Es sah aus wie diese Art von Barbecue, die US-Amerikaner vor Footballspielen auf den Stadionparkplätzen veranstalteten.

Eine Stunde vor Kick-Off waren die Plätze im Saitama Stadion dann aber bereits komplett belegt. In Japan ist es üblich, sich ein Ticket für eine bestimmte Tribüne zu kaufen, nicht jedoch für einen bestimmten Sitz. Die Platzwahl ist frei; wer sich also einen guten Platz sichern wollte, musste dementsprechend früh im Stadion sein. Wir nahmen auf der Haupttribüne Platz und waren gespannt, was uns erwarten würde.

Die supportwilligen Anhänger der Urawas belegten die komplette Nordkurve sowie zwei Drittel der Südkurve. Dort war auch der Gästebereich untergebracht. Aus Kawasaki waren geschätzte 4.000 Fans vor Ort, die ihren Block im Stadion während des Spiel mittels zwanzig großer Schwenkfahnen, unzähligen kleineren Fahnen und Schals in die blau-schwarzen Farben ihres Vereins hüllten. Zu Spielbeginn bastelten sie im kompletten Gästebereich sogar eine Choreographie mit schwarzen und blauen Papptafeln und sorgten zudem für lautstarke Anfeuerung ihres Teams.

Das war schon ein phänomenales Bild – doch der eigentliche Knaller waren die beiden Fankurven der Urawa Red Diamonds. Die Fanclubs hatten so klangvolle Gruppennamen wie „Welcome to Hell“, „Red Pride“ oder „Hellas Urawa“. Insgesamt waren das um die 15.000 sangesfreudige Zuschauer, die während der gesamten Spielzeit in Aktion waren. Alle waren einheitlich in rot gekleidet, was an sich schon ein beeindruckendes Bild ergab. In den Kurven bewunderten wir nahezu 100 große Schwenkfahnen mit Motiven, die von japanischen Schriftzeichen und Samurais bis zum Konterfei von Che Guevara reichten.

Optisch erinnerte das an die alten Zeiten im Mailänder San Siro. Viel besser waren die Gesänge der Heimkurve. Die Lieder bestanden zwar fast nur aus europäischem Liedgut wie „We are Reds“, „Forza Urawa“ oder „Come on Diamonds“, wurden aber von der gesamten Kurve gesungen und dann auch minutenlang in einer brachialen Lautstärke durch die Kurve getragen. Als zu Spielbeginn aus 45.000 Zuschauern ein „Forza Urawa“ erklang, hatte ich eine Gänsehaut.

Sportlich war das Spiel für uns ebenso interessant. Bei den Urawas kickte Naohiro Takahara, der erst im Frühjahr von unserer Eintracht zurück nach Japan gewechselt war. Neben den schwarz-roten Trikots war das für uns Grund genug, den Urawas die Daumen zur drücken.

Urawa traf als Tabellenführer auf den Tabellensechsten aus Kawasaki, und sportlich sah man den Unterschied zur koreanischen K-League sofort. Schnelles Kurzpassspiel und wenig Fouls sorgten für einen sehenswerten Spielfluss, der durch ein Takahara-Tor in der 7. Minute gekrönt wurde. Das ließ nicht nur die Urawa-Anhänger, sondern auch Alex und mich auf der Tribüne jubeln. Der Ausgleich folgte allerdings bereits zwanzig Minuten später.

In der Halbzeitpause flimmerte eine Ansprache von Karl-Heinz Rummenigge über die Anzeigetafel. Wir wussten gar nicht, dass der Kalle so fließend japanisch spricht.

Zu allem Übel dröhnte für volle fünf Minuten die FC-Bayern-Hymne „Stern des Südens“ durch das Stadionrund. Zu meinem Durchfall gesellte sich nun auch noch akuter Brechreiz. Die Urawas hatten in zehn Tagen ein Testspiel gegen die Bayern und wollten vorher noch mal kräftig die Werbetrommel für das Spiel rühren. Leider gewannen die Bayern das Spiel im Saitama-Stadion auch noch 4-2, was ich mir – vergelt`s Gott und pfiat euch – nicht live mit ansehen musste.

In der zweiten Halbzeit zog Kawasaki das Tempo an. In der 66. und 68. Minute erfolgte der vernichtende Doppelschlag der Gäste. Hätte Takahara zuvor nicht seine Chance auf das 2-1 vergeben und dadurch den Konter zum 1-2 verursacht, wäre das Spiel definitiv anders ausgegangen. Witzigerweise hieß der Torschütze zum 3-1 wie die Actionfigur: „Hulk“. Hervorragend! Das wäre ja so, als würde ich mein Kind „Godzilla“ nennen.

Trotz der Niederlage für unseren Favoriten war es ein echt geniales Spiel. Im Vorfeld hatte ich zwar schon gehört, dass die Japaner gelegentlich ganz gute Kurvenshows basteln, aber das übertraf meine Erwartungen bei weitem! Es ist wirklich schwer zu beschreiben, was da auf den Tribünen los war. Selten hatte ich so einen kompakten Auftritt gesehen, bei dem wirklich die komplette Fankurve das gesamte Spiel über mitzog.

Alex war in Sachen Fußball noch nicht so weitgereist, aber er war ebenfalls baff von den Geschehnissen.

Während des Spiels hatte sich mein Freund immer wieder leise Mut zugesprochen, um jetzt auf dem Weg zurück zur U-Bahn-Station ein paar der lokalen Spezialitäten zu probieren. Seine Wahl fiel auf frittierte Kartoffelbälle. Zumindest sahen sie so aus. Wir konnten nicht in Erfahrung bringen, womit diese Bälle gefüllt waren. Besonders schmackhaft fand Alex sie jedenfalls nicht. Als er einen Streuner mit den Resten füttern wollte, verschmähte selbst dieser ausgemergelte Straßenköter das Leckerli. Wir hätten wohl doch eine Probe ins Lebensmittellabor schicken sollen.

Im Anschluss zog es uns in Tokyos Vergnügungsviertel Roppongi. Aber alle paar Meter wollte uns ein farbiger Ex-GI nach dem anderen in seinen Table-Dance-Schuppen zerren, woraufhin wir schnell die Schnauze voll hatten von der Gegend. Definitiv die falsche Ecke der Stadt, um gemütlich ein Bier zu zischen.

In der Nähe der U-Bahn-Station erspähten wir dann eine Filiale von Wendy's, unserer Lieblings-US-Burgerkette. Alex hatte ein halbes Jahr in New York gelebt, und ich hatte mich während meines USA-Aufenthaltes fast ausschließlich von den Produkten dieses Unternehmens ernährt. Der Abend war somit gerettet. Auch wenn mein Magen Nein sagte, konnte ich der Versuchung nicht widerstehen, musste dann aber auch mit der unvermeidlichen Konsequenz leben.

Im Hostel feierten wir unseren Abschied mit ein paar Flaschen des köstlichem Sapporo-Bieres, bevor es Abschied nehmen hieß: Alex flog am nächsten Morgen zurück nach Frankfurt, und ich hatte für den Rest der Woche zwischen meinen Toilettenaufenthalten etwas Sightseeing eingeplant, bevor es am Samstag wieder Zeit für Fußball war.

Um von A nach B zu kommen, hatte ich mir bereits in Frankfurt den „Japan Rail Pass“ organisiert, mit dem ich eine Woche lang das sehr gut ausgebaute japanische Schienennetz nutzen konnte. Die rasanten Shinkansen-Züge waren die schnellste und bequemste Möglichkeit, die vier japanischen Hauptinseln zu besuchen. Mein neues Hauptquartier wurde Kyoto, die alte Kaiserstadt und das bedeutendste Kulturzentrum des Landes. Die Stadt war der Wahnsinn! Meine absoluten Lieblingstempel waren die Kinkakuji- und die Kiyomizu-Tempelanlage. Der Kinkakuji ist eines der beliebtesten Fotomotive des Landes und auch als *der goldene Pavillon* bekannt, da die Außenfassade des dreistöckigen Gebäudes komplett mit Blattgold beschlagen ist. Die Stadt war übersäht mit bedeutenden Schreinen und Pagoden, so dass ich dort Wochen hätte verbringen können.

Ein weiterer Höhepunkt in der Region um Kyoto war ein Besuch der alten Hauptstadt Nara. Auch dort hätte ich mehrere Tage verbringen können, musste mich jedoch auf die wichtigsten Tempelanlagen beschränken. Besonders eindrucksvoll fand ich den Daibutsuden-Tempel. Die „Halle des Großen Buddha“ ist mit fast 50 Metern Höhe eines der größten noch existierenden Holzbauwerke der Erde. Die hölzernen Hallen beherbergten die größte antike Buddha-Statue Japans; die Bronzestatue hatte immerhin ein Gewicht von 445 Tonnen und war über 16 Meter hoch.

Nur der Betreiber meines Hostels ging mir auf die Nerven. Er war ein merkwürdiger alter Kauz, weit über 70 Jahre alt und nicht größer als 1,60 Meter. In jungen Jahren hatte er selbst die halbe Welt bereist, und jetzt betrieb er das „Guest Inn“. Er klopfte mir immer wieder mit den Worten „You are very strong“ auf die Schulter und war sichtlich begeistert, dass Europäer viel größer sind als die meisten Asiaten.

Mein Zimmer bestand dieses Mal zumindest aus einer am Boden liegenden Matratze. Dafür wurde der Fernseher eingespart. Die Klobrille war zudem mit einem Plüschüberzug versehen, was dem Toilettengang einen etwas schwulen Touch verlieh. Entsprechend ließ ich das Teil sofort verschwinden.

Es war gar nicht so einfach, sich mit meinen immer noch andauernden Magenproblemen auf Erkundungstour zu begeben. Die Japaner verfügten glücklicherweise über ausreichend und vor allem saubere öffentliche Toiletten. Meist gab es neben der High-Tech-Toilette immer auch noch eine japanische Toilette und eine im „Western Style", nach unserem europäischen Vorbild. Die japanische Toilette hatte Ähnlichkeit mit einem Bidet. Irgendwie war mir schleierhaft, wie genau der Toilettengang darauf funktionieren sollte. Ich hätte mich natürlich bei meinem Herbergsvater nach der Funktionsweise erkundigen können, allerdings hatte ich wenig Lust auf seine praktische Vorführung.

Die meisten Japaner waren nicht sonderlich redselig, doch mein Vermieter quatschte meist munter drauflos. Wenigstens konnte er mir verschiedene Fragen zur japanischen Lebensweise beantworten. In den Städten sah ich regelmäßig Schlipsträger, die am hellichten Tag auf Parkbänken, Blumenbeeten oder auch mitten auf den Gehwegen schliefen. Die Japaner störten sich nicht daran, aber ich war sichtlich irritiert und erkundigte mich bei meinem Hostelbetreiber nach dem Hintergrund:

Japanische Arbeitnehmer schuften wortwörtlich bis zum Umfallen. Im Vergleich zu Europa geht es in Japan scheinbar richtig zur Sache. Die Sechstagewoche ist Standard, und unter 15 Stunden täglicher Arbeit nach Hause zu gehen kommt beim Chef gar nicht gut an. Offiziell verfügen Japaner über 20 Urlaubstage und verschiedene Feiertage, aber es gilt als ungehörig, diese vollständig in Anspruch zu nehmen. Zudem werden diese als Ausgleich für mögliche Krankheitstage benötigt. So, und damit halte ich fortan meine Schnauze und beklage mich so schnell nicht mehr wieder über meine harmlose 42-Stunden-Woche!

Die Japaner konnte man immer in Verlegenheit bringen, wenn ich mich aus Gewohnheit beim Einkaufen bedankte. Dann verbeugten sich die Verkäuferinnen wieder und dankten erneut mit „arrigato gozaimasu“ oder „gozaimashita“, da es als unhöflich gilt, wenn sich der Käufer zuletzt bedankt.

Grüner Tee war auch so eine Sache, an die ich mich nicht gewöhnen wollte: Der Tee war dermaßen bitter, dass sich in mir alles sträubte, ihn über meine Lippen zu lassen. Aus Höflichkeit entsorgte ich den Tee immer unauffällig im nächsten Blumenkübel. Da waren mir die Getränkeautomaten wesentlich lieber. In japanischen Ortschaften kann man keine 500 Meter zu Fuß gehen, ohne dass man auf Getränkeautomaten stößt. Bei Temperaturen weit über 30 Grad war das eine willkommene Möglichkeit, den Flüssigkeitshaushalt aufrechtzuerhalten. Wenn schon keine feste Nahrung in mir blieb, konnte ich meine Yen wenigstens in Getränke investieren. Mein Lieblingsgetränk wurde der köstliche „English Afternoon Tea“, eiskalter Ceylon mit Milch und Zucker. Lecker.

Woran ich mich ebenso gewöhnen musste, waren die vielen Hakenkreuze auf meinen japanischen Stadtplänen. Damit wurden sämtliche buddhistischen Tempelanlagen gekennzeichnet. Das Hakenkreuz ist in verschiedenen asiatischen Kulturkreisen ein wichtiges religiöses Symbol und ist nicht mit der missbräuchlichen Nutzung im 3. Reich gleichzusetzen.

Ich gab wirklich Gas, um soviel wie möglich von Japan mitzunehmen, und war von Sonnenaufgang bis Sonnenuntergang unterwegs. In Hiroshima sah ich mir unter anderem das Mahnmal für den Abwurf der ersten Atombombe während des 2. Weltkrieges an. Der sogenannte Atombomben-Dom war die Ruine der ehemaligen Industrie- und Handelskammer. Direkt hinter dem Mahnmal befand sich eine traditionelle japanische Burg – und das örtliche Baseballstadion, in dem zufälligerweise gerade zwei Studententeams gegeneinander antraten. Baseball gilt nach Fußball als die beliebteste Sportart bei Japanern.

Am Freitag kehrte ich zurück ins Juyoh Hostel nach Tokyo. Auch die Hauptstadt verfügt mit dem Kaiserpalast, dem bedeutenden Meji-

Schrein oder dem Asakusa-Kanon-Tempel über wichtige traditionelle Bauten, doch Tokyo war für mich auch wegen seiner modernen Gebäude interessant. Die Zwillingstürme des 243 Meter hohen Rathauses durfte jedermann besichtigen, und von dort oben genoss ich einen phänomenalen Ausblick über die Stadt. Bei gutem Wetter konnte man am Horizont sogar mein nächstes Ziel erkennen: den Fujiyjama.

Am Samstagmorgen machte ich mich mit der Bahn auf den Weg zum Fuji-San, so wurde die höchste Erhebung des Landes von den Japanern genannt, denn der Berg galt als heilig. Allerdings wollte ich den erloschenen Vulkan nicht besteigen, sondern lediglich aus der Nähe betrachten. Die letzten Meter in das Örtchen Kawaguchiko legte ich mit einer Eisenbahn zurück, die mich an Jim Knopf und die Wilde 13 erinnerte. Der Fuji-San lag im Nebel verdeckt, und seine Umrisse waren kaum zu erkennen.

Auf einem Streifzug durch den Ort entdeckte ich auf einem Platz die bronzene Replik der Bremer Stadtmusikanten. Alle Bekannten aus meiner Kindheit waren hier: der Esel, der Hund, die Katze und auch der Hahn. Es war irgendwie merkwürdig, mitten im japanischen Niemandsland auf die bekannte Bremer Tierkapelle zu treffen, aber die Parallele gefiel mir, denn in Bremen konnte man von Bergen ähnlich viel erkennen wie hier. Zum Glück blieb mir aber der fischig-tranige Geruch der Weserstadt erspart.

Der Nebel um den Fuji-San hatte sich auch nach zwei Stunden nicht verzogen, und so bekam ich ihn nun ebenso wenig zu Gesicht wie das Steak des sagenumwobenen Kobe-Rinds. Gerüchten zufolge erhalten die Tiere bis zu zwei Flaschen Bier täglich, um ihren Appetit anzuregen. Außerdem wird jedes Rind bis zu drei Stunden täglich von Hand mit Sake, dem japanischen Reisschnaps, massiert. Das Kobe-Rindfleisch genießt durch diese Behandlung den Ruf des besten und am stärksten marmorierten Fleisches aller Rinderrassen.

Der Preis war allerdings kein Gerücht, denn Kobe-Rind ist eine Delikatesse für Menschen mit dem nötigen Kleingeld. Ein Kilogramm vom deutschen Rind kostet durchschnittlich 15 Euro. Für ein Kilogramm Kobe-Rindfleisch muss man bis zu 400 Euro auf den Tisch legen.

Dieser Preis hätte sich angesichts meiner gestörten Nahrungsaufnahme nicht rentiert.

Nach dieser Enttäuschung begab ich mich zurück nach Tokyo, denn im Ajinomoto-Stadion wurde am frühen Abend wieder Fußball gespielt. Das Duell zwischen dem FC Tokyo und den Yokohama F. Marinos versetzte mich dann leider nicht annähernd in solch Euphorie, wie es den Urawa Red Diamonds gelungen war.

Der Vorgängerverein FC Tokyo Gas kickte bereits recht erfolglos im Vorgänger der J-League, der Japan Soccer League. Seit 1998 hieß der Club nur noch FC Tokyo und spielte seit dem Jahr 2000 weiterhin erfolglos in der J-League.

Die Yokohama F. Marinos aus der größten japanischen Hafenstadt waren immerhin dreimal Meister der J-League und verfügten über eines der imposantesten Fußballstadien Japans. Im Gegensatz zum FC Tokyo.

Der FC Tokyo teilte sich das Ajinomoto-Stadion mit dem Lokalrivalen Tokyo Verde. Der Ground war eine hässliche Schüssel mit 50.000 Sitzplätzen. Das Spielfeld war von einer riesigen Laufbahn umgeben, die durch aufgelegten Kunstrasen verdeckt wurde. Die Zuschauer auf den Rängen waren vom Spielfeld noch weiter entfernt als früher im Münchner Olympiastadion. Wenigstens die Eintrittspreise bewegten sich mit 12 Euro für die Kurve und 25 Euro für die Gegentribüne im moderaten Rahmen.

Im Stadion fanden sich rund 30.000 Zuschauer ein, wobei 6.000 davon aus dem benachbarten Yokohama stammten. Die Gästefans hatten ihren Block ordentlich beflaggt. Den blau-rot-weißen Zaunfahnen nach zu urteilen, nannten sich die Fangruppen „Ultras Yokohama“, „Brigada Yokohama“ oder auch „Our Passion Yokohama“. Das klang alles sehr europäisch beeinflusst. Das Liedgut stammte zu großen Teilen aus

Südamerika, aber es waren auch mir völlig unbekannte Melodien dabei. Als die Fans loslegten, erreichten sie eine beachtliche Lautstärke. Zum Einlaufen der Mannschaften wurden mehrere Schwenkfahnen, Doppelhalter und eine Überziehfahne präsentiert, und danach verstummte der Gästeblock 90 Minuten lang nicht mehr.

Die japanischen Fußballfans taten eben das, was ihre Industrie bereits seit Jahrzehnten tat: Sie kopierten die Originale. Sie bereisten europäische und südamerikanische Fußballstadien, sammelten die imposantesten Eindrücke und importierten diese in ihre heimischen Fankurven. Lediglich den Hooliganismus hatten sie in Übersee zurückgelassen. Dabei fiel mir wieder auf, dass ich im und rund um das Stadion weder Ordner noch Polizisten gesehen hatte.

Der FC Tokyo hatte zwar keines dieser Manga-Maskottchen wie die meisten anderen J-League Clubs. Dafür verfügten sie über eine superpeinliche Vereinshymne, was ich dank des englischen Liedtextes feststellen konnte. Es ist schon faszinierend, dass sich selbst die erfolglosesten Vertreter unserer Sportart immer noch so präsentieren, als wären sie der trophäenreichste Club überhaupt.

Zudem fühlte sich der FC Tokyo genötigt, zum Einlaufen der Teams „You`ll never walk alone“ zu spielen. Das zog ein gellendes Pfeifkonzert und, frei übersetzt, „Ihr seid so lächerlich“-Gesänge aus dem Gästeblock nach sich.

Die Heimkurve hatte dem wenig entgegenzusetzen. Die schwenkten zwar auch die obligatorischen Fahnen, aber mehr als drei bis vier verschiedene Lieder waren aus der Ecke der „Hinchas La 12 Tokyo“ nicht zu vernehmen. Die Gesänge hallten dafür dauerhaft und minutenlang durchs Stadion.

Die Marinos erzielten bereits in der 4. Minute den Führungstreffer, den der FC Tokyo durch ein Tor des Brasilianers Santos wieder ausgleichen konnte. Danach passierte leider nicht mehr viel Sehenswertes auf dem Rasen. Sportlich war das Spiel wirklich sehr ausgeglichen, mit leichten Vorteilen für die Marinos. Diese konnten ihre wenigen

Torchancen nicht zur Führung nutzen, und es blieb beim Unentschieden. Die Gästefans legten zwar einen fulminanten Auftritt hin, doch die Atmosphäre war nicht ansatzweise vergleichbar mit dem Spiel vom Montag.

Woher hätte ich auch wissen sollen, dass es sich beim FC Tokyo um das japanische Pendant zu Bayer Leverkusen handelt?

Nach dem Spiel verschwand ich etwas enttäuscht wieder in Richtung Asakusa.

In Hostels traf ich immer wieder die merkwürdigsten Gestalten. Globetrotter, Backpacker, Aussteiger, Flüchtige, Abenteurer, eben die ganze Bandbreite der rastlosen Bevölkerung dieses Planeten.

Dieses Mal waren es zwei Norweger. Mit ihren langen blonden Haaren und rötlichen Vollbärten sahen die beiden Brüder aus wie waschechte Wikinger. Als ich Freitag im Juyoh Hostel eincheckte, saßen die zwei in der Lobby und tranken Bier. Am Abend saßen die beiden immer noch an der gleichen Stelle, spielten ein paar Metallica-Songs auf der Gitarre und tranken Bier. Am Samstagmorgen war ich mir nicht sicher, ob die zwei wieder oder immer noch da saßen. Und wie sollte es anders sein, am Samstagabend saßen die zwei Norweger in ihren Sesseln und hatten bereits eine beachtliche Anzahl Dosen der Tokyoter Asahi-Brauerei vernichtet. So kann man auch die Welt bereisen.

Japanisches Fernsehen war auch so eine Angelegenheit für sich. Vom DSF kannte ich „Takeshi's Castle“, und tatsächlich lief abends auf verschiedenen Kanälen solcher Schrott. Interessanterweise war sogar ein Pornokanal frei empfangbar. Die asiatischen 12 Zentimeter wurden technisch unkenntlich gemacht, nur um in der nächsten Sequenz zu zeigen, wie der männliche Hauptdarsteller ins Gesicht und auf die Brüste seiner Partnerin ejakulierte. Geschlechtsteile zeigen tabu, Sperma okay.

Ein sehr schizophrenes Volk, die Japaner.

Am Sonntagmorgen checkte ich aus und verabschiedete mich von Tokyo. Die beiden Norweger saßen übrigens nicht mehr in ihren Sesseln.

Kashima ist eine Kleinstadt an der Pazifikküste und knapp zwei Bahnstunden östlich von Tokyo gelegen. Der Bahnhof bestand aus zwei Gleisen, und es fuhr nur einmal die Stunde ein Zug rein beziehungsweise wieder raus. Aufgrund der miserablen Anbindung war ich bereits fünf Stunden vor Anpfiff in Kashima, und mangels Alternativen in der Stadt begab ich mich direkt zum Kashima Soccer Stadium.

Das einzig Erwähnenswerte in der Stadt war in der Tat der ansässige Fußballerstligist Kashima Antlers. Die waren immerhin der aktuelle Meister der J-League und zugleich japanischer Rekordmeister.

Kashima konnte man also super mit Mönchengladbach oder Kaiserslautern vergleichen. Auch dort war bekanntlich der Hund begraben, und ohne den örtlichen Fußballverein wüsste der Großteil des Landes nichts von der Existenz dieser Kleinstädte.

Erfolgreichster Trainer in der Geschichte der Antlers war niemand anderes als der brasilianische All-Star Zico. Ihm zu Ehren wurde in einer lokalen Shopping-Mall eine Statue errichtet. Noch eine weitere Parallele zu Kaiserslautern: Die hatten ihrem König Otto auch eine Statue in der „weltberühmten" Lauterer Fußgängerzone gewidmet.

Unglaublicherweise war am Stadion fünf Stunden vor Anpfiff schon die Hölle los. Die Massen hatten sich bereits vor den Eingängen versammelt und warteten in der brütenden Hitze auf den Einlass. Weit und breit war kein Schatten in Sicht, und das Thermometer zeigte immerhin 34 Grad Celsius an.

Auf der Geschäftsstelle des Vereins organisierte ich mir schnellstmöglich ein Ticket und fragte, ob ich den Ground zwecks Fotografierens kurz von innen besichtigen dürfte. Die Tribünen waren leer, doch ein Blick in die Fankurve der Heimfans rief großes Kopfschütteln bei mir hervor: Vier Stunden vor Anpfiff war die Kurve schon weit über die Hälfte gefüllt! Wie erwähnt bekam man nur eine generelle Karte für die jeweilige Tribüne, und wer sich einen guten Platz sichern wollte, musste möglichst früh im Stadion sein. Doch vier Stunden vor Anpfiff in dieser Hitze ohne Schatten auszuharren – das war mir echt zu viel! So viel Fanatismus hätte ich den japanischen Fans wirklich nicht zugetraut.

Das Aufeinandertreffen gegen die Urawa Red Diamonds war das absolute Topspiel der J-League. Die Antlers trafen als Tabellenerster und Titelverteidiger auf den Tabellendritten und amtierenden Sieger der AFC Champions League.

Das Spiel hatte in der Tat einen anderen Stellenwert als die übrigen Partien der Antlers. Im Schnitt kamen 20.000 Menschen zu den Heimspielen, doch heute war die Hütte ausverkauft, wobei knapp 10.000 Anhänger der Urawa Red Diamonds im Stadion waren.

Auf der Homepage der Antlers wurde die Partie schon seit Wochen als das 50. Vermelha-Derby angepriesen. Vermelha ist das portugiesische Wort für rot und bezog sich auf die Vereinsfarben der beiden Clubs. Daraus resultierte die Bezeichnung des Duells als Vermelha-Derby. Also „rotes Derby“, sozusagen. Wegen Vermelha. Verstanden soweit? Gut!

Die Bezeichnung Antlers stammte aus dem Englischen und bedeutete übersetzt „Geweih“, daher auch der Hirsch als Wappentier des Clubs. Die Japaner liebten solche Wortspielereien, die ihrem Fußball zu mehr internationalem Flair verhelfen sollten.

Das Kashima Soccer Stadium war während der WM 2002 unter anderem Austragungsort der Vorrundenbegegnung zwischen Deutschland und Irland. Es war eines der wenigen reinen Fußballstadien Japans und wurde zur Weltmeisterschaft von 16.000 Plätzen auf knapp 40.000 erweitert. Wegen seiner engen und steilen Tribünen war es als Hexenkessel bekannt. Im zweiten Rang des Stadions waren dutzende Imbissbuden untergebracht, und außer US-Fastfood konnte man hier so ziemlich alles kaufen. Die Leute ließen sich irgendwo im Stadion nieder, packten ihr mitgebrachtes oder gekauftes Futter aus und ließen die Stäbchen kreisen. Auf mich machte das einen sehr gemütlichen Eindruck, und ich ließ mich auf meinem Platz für ein kleines Nickerchen nieder.

Eine Stunde vor Anpfiff wurde ich jäh aus meinen Träumen geweckt. Die 10.000 Urawa-Anhänger dachten, es wäre jetzt mal an der Zeit für ein zehnminütiges „URAWA!"-Stakkato! Eine hammerharte Lautstärke – ich war sofort wieder hellwach. Ab jetzt ging bis zum Halbzeitpfiff die Post ab. Die Urawa-Anhänger hatten ihre Tribüne ordentlich mit Bannern beflaggt und zudem knapp 20 Schwenkfahnen sowie unzählige Doppelhalter und weitere Fahnen dabei. Damit verwandelten sie die Gästekurve in ein rotes Fahnenmeer. Die Fans lieferten wie beim Heimspiel letzte Woche einen 1-A-Auftritt ab.

Die Heimkurve ließ sich bei diesem Derby auch nicht lumpen und präsentierte zu Spielbeginn eine mehrstufige Choreographie. Zuerst wurden im Unterrang drei Überziehfahnen mit den Logos dreier großer Fanclubs präsentiert, die im fliegenden Wechsel durch drei weitere Überziehfahnen anderer Fangruppierungen ausgetauscht wurden.

Danach folgte der überdimensionale Schriftzug „Just bring it", gepaart mit einer Fahne, auf der eine Mangaversion des Hirschmaskottchens dem Manga-Wappentier der Urawas die Rübe mit einem Samuraischwert runtersäbelt. Sah ziemlich genial aus, und die Abläufe zwischen den Sequenzen waren perfekt organisiert. Die Fans auf der Tribüne waren ebenso kreativ wie diszipliniert, so dass die einzelnen Bilder immer lange genug zu sehen waren.

Nach Abschluss der Choreographien hüllten die Antlers-Anhänger ihre Tribüne in ein sehenswertes blau-rotes Fahnenmeer. Das war doch mal ein würdiger Auftakt für ein Derby, und die Fans feuerten ihre Teams auch unermüdlich akustisch an.

Mitte der ersten Halbzeit begann es langsam zu regnen. In der 39. Minute hatte ich das Gefühl, die Welt würde untergehen. In dem komplett überdachten Stadion war ich binnen 30 Sekunden von oben bis unten durchnässt! Von den Tribünen flossen kleine Bäche abwärts. Zusammen mit den anderen Zuschauern flüchtete ich mich in die Aufgänge, und erst im Trockenen fiel mir auf, dass die Mannschaften das Spielfeld verlassen hatten.

Ein hübsches Sommergewitter, mit einem violetten Himmel, der gelegentlich von Blitzen erhellt wurde, zog über das Stadion hinweg und machte ein Weiterspielen vorerst unmöglich. So ziemlich alle Zuschauer und Offiziellen hatten sich einen trockenen Unterschlupf gesucht. Nur in den beiden Fankurven verweilten je knapp 1.000 Leute, die mit freiem Oberkörper eine Riesenparty feierten und ihre Teams aufforderten, aus der Kabine zu kommen und weiterzuspielen.

Der Regen ließ nur langsam nach, und erst nach 66 Minuten Unterbrechung wurde das Spiel schließlich wieder angepfiffen – zunächst wurden die restlichen sechs Minuten der ersten Hälfte zu Ende gespielt.

Der brasilianische Trainer der Antlers wurde in der Zwangspause wegen Pöbelns vom Referee auf die Tribüne verbannt. Das schien die Hausherren irgendwie zu beflügeln. Die Spieler der Reds waren mental noch nicht ganz auf dem Platz angelangt, da erzielten die Antlers eine Minute nach Wiederanpfiff den Führungstreffer durch den Mittelstürmer Mitsuo Ogasawara. Der spielte immerhin seit 1998 für Kashima und absolvierte sogar 53 Länderspiele für Japan, die er mit sieben Toren krönte. Keine schlechte Bilanz für einen Mittelfeldspieler.

Bis zur tatsächlichen Halbzeit geschah auf dem Spielfeld nichts. Ursprünglich hätte ich das gesamte Spiel sehen können, doch nun war es für mich nach dem Halbzeitpfiff leider Zeit zu gehen. Durch die wetterbedingte Unterbrechung wurde mein Zeitplan derart durcheinandergebracht, dass ich mich nun beeilen musste, den letzten Zug in Richtung Tokyo zu erwischen. Sonst hätte ich es nicht mehr bis zum morgendlichen Rückflugtermin zum Flughafen geschafft. Sehr bedauerlich, da ich mein Herz an die Urawa Red Diamonds verloren hatte. Wenigstens erzielten die Urawa Reds in der 82. Minute den Ausgleich durch den Nationalmannschaftsstürmer Tatsuya Tanaka. Die Kashima Antlers sicherten sich jedoch am Saisonende ihren sechsten Meistertitel.

In Narita wollte ich nach Ankunft meiner Bahn gleich weiter zum gleichnamigen Airport. Durch den heftigen Gewitterregen hatte mein Zug allerdings so viel Verspätung, dass der letzte Bus bereits abgefahren war. Außer einer McDonalds-Filiale gab es in der Nähe keine Möglichkeit, die sieben Stunden bis zur Abfahrt des Airport-Shuttles zu verbringen. Gezwungenermaßen nahm ich mir ein Taxi zum Flughafen.

Was ich nicht wusste, war, dass der Narita International Airport nachts geschlossen wurde. Aufgrund der weltweiten Terrorgefahr hatten die Japaner besondere Sicherheitsmaßnahmen getroffen.

Bereits an der Zufahrt notierten sich die Sicherheitskräfte die Nummer meines Reisepasses. Am Terminal wurde ich von den nächsten Sicherheitskräften in Empfang genommen und in einen Bereich geführt, in dem höchstens ein Dutzend anderer Reisender campierten. Im Vergleich zu anderen internationalen Flughäfen schien es in japanischen wohl äußerst ungewöhnlich zu sein, bereits die Nacht vor einem morgendlichen Flug am Airport zu verbringen.

Der Sicherheitschef vom Dienst notierte sich meine Passdaten und wünschte mir eine angenehme Nachtruhe sowie einen angenehmen Rückflug nach Deutschland.

Wenigstens hatte ich auf dem 12-stündigen Rückflug über Seoul nach Frankfurt ausreichend Zeit, die Erlebnisse der letzten Tage noch einmal Revue passieren zu lassen.

Ich war von all dem Erlebten so fasziniert, dass ich mich im Nachhinein ärgerte, nicht noch ein paar Tage mehr Urlaub eingeplant zu haben. Zudem war es schade, dass ich mich nicht wie üblich der einheimischen Küche hingeben konnte. Wenigstens erholte sich mein

Verdauungsapparat nach der Heimkehr recht zügig. Nach zwölf Tagen konnte ich bereits wieder feste Nahrung zu mir nehmen.

Zusammenfassend muss ich sagen, dass Südkorea und Japan meine Erwartungen weit übertroffen hatten. Im Nachhinein war ich froh, dass ich zuerst Südkorea besuchte, denn Japan war in allen Bereichen eine Steigerung. Wäre es andersrum gelaufen, wäre ich von Korea vielleicht enttäuscht gewesen.

Japan war kulturell einfach absolute Weltklasse. Die Atmosphäre in den japanischen Stadien war ebenso bombastisch. Soviel Fanatismus hätte ich diesem sonst so ruhig und reserviert wirkenden Völkchen gar nicht zugetraut. Das war auch kein vereinsgesteuertes Entertainment, denn nur echte Fanatiker harren Stunden vor Anpfiff in ihrem Block aus, um sich den besten Platz zu sichern, oder feiern ihre Mannschaft in einem Gewitterregen, der seinesgleichen suchte. Sicherlich haben die Fans viele ihrer Ideen aus Europa oder Südamerika entliehen, aber darin unterscheiden sie sich nicht von deutschen Anhängern.

Auch sportlich gesehen hat der japanische Fußball eine enorme Entwicklung hinter sich. Japanische Mannschaften spielen nicht umsonst eine stärker werdende Rolle im asiatischen Fußballgeschäft.

Und die Toiletten in Japan sind auch ganz hervorragend.

Kapitel 13

Der Stern von Afrika

Tunesien im November 2008

Tunesien kennen die meisten Deutschen wohl nur aus dem letzten Sommerurlaub in Djerba oder Monastir. Doch Tunesien hat viel mehr als langweiligen Cluburlaub mit der Familie zu bieten. In der Capitale Tunis steigt jede Saison eines der heißesten Derbies auf dem afrikanischen Kontinent: das Duell zwischen Espérance und dem Club Africain.

Ein Besuch in Tunesien war folglich längst überfällig, und als die größte deutsche Fluggesellschaft knapp einen Monat vor dem Derby günstige Flüge von Frankfurt in die tunesische Hauptstadt anbot, fand sich für den Kurztrip ziemlich schnell eine passende Vierergruppe.

Mit von der Partie war wieder einmal Mario, der mittlerweile zum festen Inventar Frankfurter Hoppertouren gehörte. Unsere Freunde Sascha und Markus hatten bereits vorher schon einmal erfolglos versucht, nach Tunis zu gelangen, und waren entsprechend sofort Feuer und Flamme für einen neuen Versuch.

Sascha ist ein alter Bekannter in der Eintracht-Fanszene – und einer der charismatischsten Menschen, die bisher meine Wege gekreuzt haben. An guten Tagen könnte er vermutlich anstandslos einem Eskimo auf Grönland einen Kühlschrank verkaufen, aber an schlechten Tagen war er nicht mehr als ein störrischer Esel, der es liebte, die ganze Welt gegen sich aufzuwiegeln.

Markus war unser letzter Neuzugang in der Frankfurter Hopper-Gilde und wurde von uns nur der „Kapuziner“ genannt. Er ist zwar Anhänger des unsäglichen Clubs von der Säbener Straße in München, gleicht dies aber durch sein Faible für das Doppel-D aus der sächsischen Landeshauptstadt wieder aus.

Und außerdem ist er ein lustiger Typ, und die sind in Frankfurt meist gern gesehene Gäste.

Nordafrika bedeutet in Sachen Groundhopping immer Planungsunsicherheit. Entweder wartet man, bis die endgültigen Terminierungen feststehen und versucht dann, einen günstigen Flug zu ergattern, oder man pokert und sucht sich Monate zuvor bereits die günstigste Flugroute heraus. Variante eins schied aus Kostengründen meist aus, und Variante zwei führte zu regelmäßigen Frusterlebnissen, da sich die Spielpläne oft kurzfristig änderten und das anvisierte Derby verlegt wurde.

Die tunesische Liga wird in der Regel recht kurzfristig terminiert, so dass die konkrete Planung für den Trip erst kurz vor dem Abflug feststand. Im Gegensatz zu den anderen nordafrikanischen Ländern konnte man sich in Tunesien wenigstens auf das anvisierte Wochenende verlassen.

Unser Plan, das gesamte Wochenende in Tunis zu verbringen, hatte sich bereits erledigt. Der gesamte Spieltag der Ligue 1 wurde wegen des Endspiels um den CAF-Cup auf Sonntag verlegt. Das Derby zwischen Espérance und dem Club Africain sollte demnach nicht wie von uns erwartet am Samstagabend steigen, sondern wurde für Sonntag um 14:30 Uhr angesetzt.

Der CAF-Cup ist ein afrikanischer Pokalwettbewerb ähnlich dem UEFA-Cup. In dem Jahr war es erstmals in seiner Geschichte ein rein tunesisches Finale, denn der Vorjahressieger aus Sfax traf auf seinen Ligakonkurrenten aus Sousse. Von der Tabellensituation in der Liga entsprach das einem Spiel des 2. gegen den 4., und das klang durchaus vielversprechend in unseren Ohren.

Und außerdem war es das einzige Spiel, das am Samstag stattfand. Somit hatten wir gar keine Alternative.

Freitagabends starteten wir direkt nach der Arbeit vom Rhein-Main-Airport in den Süden. Allerdings nur noch zu dritt. Sascha war nicht nur ein störrischer Esel, sondern auch seit einiger Zeit Papa und musste daher aus familiären Gründen am Tage des Abfluges wieder absagen.

Die Flugzeiten waren *suboptimal*, um es mal wie ein Trainer nach einer verkorksten Niederlage zu sagen, da wir den „Aéroport de Tunis-Carthage" erst gegen ein Uhr nachts erreichten. Die einzige U-Bahn des afrikanischen Kontinents steht in Ägyptens schmuddeliger Hauptstadt Kairo, demnach blieb als Möglichkeit, vom Airport in die Stadt zu gelangen, nur der Bus oder das Taxi. Zu dieser späten Stunde fuhren keine Busse mehr, und damit waren wir der Taximafia vollends ausgeliefert.

Sobald wir das Flughafengebäude verließen, schwirrten die ersten Gestalten bereits mit „Taxi! Taxi!"-Rufen um uns herum. Mit einem älteren Herrn einigten wir uns auf umgerechnet 10 Euro für den Transport in die City. Natürlich zahlten wir den Touristenaufschlag, aber das waren wir aus dem ärmeren Ausland gewohnt.

Das Taxi war ein verrosteter Renault aus den fünfziger Jahren. Außer der Technik, den Sitzen und der Karosserie war nicht mehr viel übrig von dem einstigen Schmuckstück. Wir fühlten uns fast wie in einem „Stock Car", nur dass unser Taxi nicht annähernd die Sicherheit eines mit Überrollbügeln verstärkten Stuntfahrzeugs vermittelte. Dafür klapperte und schepperte es im Rhythmus der Fahrbahnunebenheiten.

In Tunesien hatten wir ausnahmsweise keine größeren Sprachbarrieren zu überwinden. Neben der Amtssprache Arabisch ist Französisch ein Überbleibsel aus Kolonialzeiten. Dank meines eingestaubten Schulfranzösischs konnte ich mich einigermaßen mit den Einheimischen verständigen, was die Orientierung stark vereinfachte.

Als Unterkunft hatten wir uns ein günstiges Hotel in der Avenue Habib Bourguiba reserviert, dem zentralen Boulevard der Stadt. Auch wenn wir am frühen Morgen weiter nach Sfax wollten, waren ein paar Stunden gesunden Schlafes nie zu verachten. Ich habe Hopper kennengelernt, die lieber auf einer Parkbank übernachteten, als zehn Euro für ein Bett locker zu machen. Wir sparten auf unseren Fußballreisen zwar auch, wo es möglich war, aber ganz so geizig waren wir dann doch nicht. Allerdings stellte ich so manches Mal fest, dass eine Übernachtung in der Abflughalle eines Flughafens ohne Weiteres luxuriöser sein konnte als manche kostenpflichtige Übernachtungsvariante.

Sfax ist die zweitgrößte Stadt Tunesiens und liegt knapp 250 Kilometer südöstlich der Hauptstadt. Das CAF-Finale stand bereits nachmittags auf dem Programm, so dass wir schon gegen 9 Uhr morgens Tunis verließen und im Expresszug nach Süden saßen. Das tunesische Schienennetz ist zwar nicht sonderlich breit ausgebaut, doch zwischen den großen Städten verkehren mehrmals täglich Züge nordamerikanischer Bauart.

Zur Mittagszeit erreichten wir Sfax. Wir hatten keinen blassen Schimmer, wo sich der heutige Spielort befand, und liefen erst mal planlos durch die Innenstadt. Aus vielen Häusern wehten schwarz-weiße Fahnen, und vor den Cafés tummelten sich bereits feiernde Anhänger des Club Sportif Sfaxien, kurz CSS genannt. Vor dem Eingang zum sehenswerten Souk dröhnte aus den Boxen eines Händlers die CSS-Vereinshymne „Avanti, Avanti, Bianconera“, und fast jeder Händler bot Devotionalien in schwarz-weiß feil.

Der Verein hegt wohl größere Ambitionen, denn in der Innenstadt stolperten wir über eine Ausstellung, in der ein Stadionneubau mit 40.000 Sitzplätzen vorgestellt wurde. Noch allerdings wurde im Stade Taieb Mhiri gekickt. Der Ground liegt hinter dem Souk und verfügt über ein Fassungsvermögen von 18.000 Steh- und Sitzplätzen.

Die Ticketpreise für das Endspiel starteten bei umgerechnet 10 Euro für einen Stehplatz und endeten bei 30 Euro für einen Sitzplatz auf der Haupttribüne. Angesichts der für Einheimische vergleichsweise hohen Eintrittspreise waren die Tribünen nicht völlig ausverkauft.

Wir ließen uns auf der Gegentribüne nieder. Von dort hatten wir freie Sicht auf das Spielfeld und die beiden Fankurven. CSS gehört zu den erfolgreicheren Vereinen des Landes und brachte es bisher auf sieben Titelgewinne in der nationalen Meisterschaft. Die Höhepunkte der bisherigen Vereinsgeschichte waren der Gewinn des CAF-Cups 1998 und 2007. Diesen Titel galt es nun zu verteidigen, wobei der Gegner Ètoile Sportive du Sahel nicht zu unterschätzen war.

Immerhin konnte ESS auf acht tunesische Meisterschaften zurückblicken und war auf internationaler Ebene ebenfalls nicht erfolglos. Ètoile Sportive du Sahel war zudem der erste afrikanische Club, der es in die Top-100-Rangliste der FIFA schaffte.

Die arabischen nordafrikanischen Länder spielen neben dem CAF-Cup und der Teilnahme an der afrikanischen Champions Legaue sogar noch einen eigenen arabischen Pokal aus.

Unter den Anhängern von CSS fielen uns etliche Fans in Trikots von Juve, Newcastle United und sogar Besiktas Istanbul auf. Das Motto bei der Trikotwahl lautete wohl: Hauptsache schwarz-weiß. CSS heißt nicht umsonst „Juventus Al Arab“ mit Spitznamen, wobei das sportlich betrachtet natürlich schon mehr als grenzwertig war. Auf den Rängen war auch öfter der Schlachtruf „Juve, Juve“ zu hören.

Es gab sogar noch weitere Gemeinsamkeiten zwischen CSS und dem italienischen Rekordmeister: Ein Teil der CSS-Supporter nennt sich „Black & White Fighters“, und deren Zaunfahne war ein 1-A-Abziehbild der gleichnamigen ehemaligen Ultragruppierung von Juventus Turin, sogar inklusive der italienischen Trikolore im Wappen!

Aber nicht nur von den Italienern wurde geklaut. Die zweitgrößte Gruppe der Kurve stellten die „Ultras Sfaxien“ – und die hatten ihr Logo beim berühmten „Commando Ultra'“ aus Marseille „geliehen“.

In Deutschland und anderen europäischen Ländern wurden natürlich auch Ideen aus Italien und Südfrankreich geklaut, aber einfach den Gruppennamen inklusive des Logos zu übernehmen – das war doch etwas ungewöhnlich!

Um das afrikanische Schiedsrichtergespann auf das Spiel einzustimmen, begrüßte das einheimische Publikum die Unparteiischen während des Warmlaufens mit „One, Two, Three – Super Referee!"-Gesängen. Daran sollten sich deutsche Fans mal ein Beispiel nehmen. *So* macht man sich den Schiri zu einem Heimschiri, nicht mit Gesängen wie „Schiri, du Arschloch" oder „Schiri, wir wissen, wo dein Auto steht".

Zum Anpfiff präsentierten die CSS-Anhänger über die gesamte Fankurve eine Choreographie aus schwarzen Bändern und weißen Papptafeln. Auf dem Dach der Tribüne standen verteilt dutzende Fans, die zeitgleich mehrere überdimensionale Fahnen mit Seilen aus dem Block nach oben zogen. Auf den Fahnen waren Schatten salutierender Soldaten zu sehen, was wohl für die Treue der Fans gegenüber ihrem Verein stehen sollte. Auf den anderen Fahnen konnte man das Vereinswappen von CSS erkennen. Dazu kam die eingespielte Vereinshymne „Avanti, Avanti, Bianconera". Sensationell gut.

Optisch war dies das Beste, was die Fans aus diesem Stadion rausholen konnten. Der Support war klasse, die Fans standen wie eine Eins hinter ihrem Team und feuerten ihre Spieler unermüdlich an. Dabei wurde auf Arabisch, Französisch und sogar auf Italienisch gesungen.

Aus Sousse waren so um die 2.000 Anhänger zum Endspiel angereist, die bis auf eine kleine Gruppe agiler Fans hinter dem Tor nicht sonderlich auffielen. Erst nachdem sich abzeichnete, dass ESS einen Punkt im Hinspiel holen würde, gab die ganze Gästekurve Vollgas und feierte das Team.

Das Spiel endete 0-0 – und war sportlich einer der miesesten Kicks, den ich bisher sehen musste! Fast im Minutentakt ließen sich Spieler nach der kleinsten Berührung fallen und wälzten sich am Boden, als müssten sie sterben. Immer wieder sah sich der Schiedsrichter gezwungen, das Spiel zu unterbrechen, damit die Sanitäter anrücken konnten, um den „verletzten" Spieler vom Felde zu tragen. Sobald der Spielfeldrand erreicht war, sprang der ach so schwer gefoulte Spieler sofort von der Trage und flitzte zurück aufs Spielfeld. Von Spielfluss konnte folglich keine Rede sein, und die Partie war mehr als unansehnlich.

Die ständigen Unterbrechungen kosteten natürlich massiv Zeit. Die Nachspielzeit der ersten Hälfte betrug glatte sieben Minuten und in Hälfte zwei weitere sechs Minuten.

Das Spielverständnis der tunesischen Spieler leuchtete mir wenig ein. Der Ball wurde nie länger als eine Sekunde gehalten, auch wenn kein Gegenspieler in der Nähe war. Statt den Ball zu halten und nach einem freistehen Mitspieler zu schauen, wurde er einfach planlos weggeschlagen. Hauptsache, erst mal weg. Ein versiertes Kurzpassspiel sah anders aus.

Gefährliche Strafraumszenen gab es eigentlich keine. Selbst wenn der Winkel noch so unmöglich war, wurde der Ball bereits aus 25 Metern Entfernung fünf Meter über das Tor geknallt.

Statt Schwalben hätten die beidem Teams lieber Taktik trainieren sollen. In der Vergangenheit versuchten sich bereits die deutschen Trainer Otto Pfister und Eckhard Krautzun als Entwicklungshelfer bei CSS. Aber diese Versuche waren *ganz eindeutig völlig vergeblich.* Ein *absolut grausamer Rumpelfußball*, der uns präsentiert wurde. Dabei handelte es sich bei dem Spiel immerhin um ein kontinentales Pokalfinale, vergleichbar mit dem Endspiel um den UEFA-Cup!

Nach dem Abpfiff war noch etwas Zeit bis zur Abfahrt des Zuges. Wir hatten das schreckliche, dilettantische Gebolze überstanden. Wenn das kein Grund war, ein paar Flaschen Bier zu organisieren. Immerhin gab es einen neuen Länderpunkt zu feiern. Länderpunkte gibt es nicht nur bei der früheren RTL-Softporno-Show „Tutti Frutti", sondern auch beim Groundhopping, und zwar für jedes Land, in dem man zum ersten Mal ein Fußballspiel besucht. Also: Cin cin!

Tunesien ist zwar ein liberales arabisches Land, aber immer noch ein *arabisches* Land, in dem der Islam die vorherrschende Glaubensrichtung stellt. Der Alkoholkonsum ist dementsprechend sehr streng reglementiert, und außerhalb der Touristenhochburgen an der Küste konnte man Alkohol nur in speziellen Geschäften erwerben. Diese Läden versprühten noch weniger Charme als eine Trinkhalle im Frankfurter Gallusviertel. Der Lagerraum in der Nähe des Bahnhofs war mit Kisten vollgestapelt. Die einzige verfügbare Biersorte war „Celtia", ein wässriges Lagerbier, das in der einzigen Brauerei des Landes in Tunis gebraut wurde.

Zur Straße hin befand sich ein vergittertes Schiebefenster, durch dessen einzige Öffnung Geld und Bierflaschen den Besitzer wechselten. Da Alkoholgenuss in der Öffentlichkeit streng untersagt ist, wurden die Bierflaschen wie in schlechten Hollywoodschinken in dunkle Plastiktüten gewickelt. Irgendwie hatte das Ganze etwas Anrüchiges. Da machte uns das Trinken gleich viel mehr Spaß!

Zurück in Tunis wurden wir im gegenüber unserem Hotel liegenden „Café de Paris" schnell auf unserer Suche nach einer Lokalität fündig, in der man sein Bier auch offiziell trinken durfte. Dort kamen uns die scheinheiligen Moslems schon reihenweise besoffen über die Straße entgegengetorkelt. Ich fragte mich ernsthaft, wie das mit dem Koran in Einklang gebracht werden konnte, und als ich meinen ersten, tiefen Schluck nahm, war ich für ein paar Augenblicke richtig glücklich, dass mir die Zehn Gebote mein kühles Blondes nicht verboten. Nicht, dass ich sonderlich viel auf die Zehn Gebote geben würde, aber sicher ist sicher. Ein wohltemperiertes „Celtia" konnte man auch noch in der Abendkühle genießen, nur das Speiseangebot in den Restaurants sorgte für Verwirrung. Die Speisekarten bewarben die leckersten Gerichte – doch sobald wir etwas bestellen wollten, gab es nur noch Pizza mit Thunfisch.

In der Innenstadt hatten wir vormittags das Gefühl, die halbe Stadt wäre auf den Beinen. Schließlich trafen heute auch die populärsten

Clubs des Landes aufeinander. Überall sahen wir Menschen in schwarz-rot-gelb oder rot-weiß gekleidet. Auch die Polizei war bereits massiv vertreten und beobachtete die Lage, da es in der Vergangenheit öfter zu Zwischenfällen zwischen den Anhängern beider Clubs gekommen war.

Die eigentliche Spielstätte von Espérance und dem Club Africain ist das Olympiastadion El Menzah in Tunis. Das Derby wird jedoch aus Kapazitäts- und Sicherheitsgründen immer im Nationalstadion im Vorort Radés ausgetragen.

Auch heute wurde das außerhalb liegende Stadiongelände weiträumig abgesperrt, so dass die Fans beider Lager nicht aufeinandertreffen konnten. Insgesamt hatte man das Gefühl, dass die gesamte Polizei des Landes im Einsatz war: Auf der zwanzigminütigen Taxifahrt zwischen der Innenstadt und dem Nationalstadion bekamen wir kaum einen Flecken zu Gesicht, der nicht von Polizisten überwacht wurde.

Laut Taxameter sollte unsere Fahrt 49,77 Dinar kosten. Das Nationalstadion befand sich zwar rund zehn Kilometer außerhalb der Stadt, aber umgerechnet 25 Euro schienen uns schon ein wenig überteuert für die Strecke. Der Kapuziner drückte dem Fahrer einen 50-Dinar-Schein in die Hand, woraufhin dieser sich beschwerte, ob wir es nicht passend hätten. Der Taximann erklärte uns dann wortreich, dass hierzulande ein Taxameter drei Nachkommastellen hätte – und der Fahrpreis somit nur 4,977 Dinar und nicht etwa 49,77 Dinar betrug!

Dieser Mann war die Ehrenrettung für seinen Berufszweig, nachdem wir seit Jahren die Erfahrung machten, dass uns Taxifahrer weltweit nur übers Ohr hauen wollen!

Der 65.000 Zuschauer fassende All-Seater war seit Wochen ausverkauft. Tickets für das Derby konnte man am Stadion ohnehin nicht mehr bekommen. Der Verkauf wurde aus Sicherheitsgründen über die Geschäftsstellen der beiden Clubs geregelt, um zu verhindern, dass Fans beider Lager auf der falschen Tribüne landeten. Frauen sahen wir im Stadion übrigens keine. In arabischen Gefilden waren weibliche Zuschauer auch nicht üblich. Das Stadtderby in Teheran zwischen Esteghlal und Persepolis gilt beispielsweise als „größte Männerrunde der Welt“, da im Azadi-Stadion 100.000 ausschließlich männliche Zuschauer Platz finden. Da weiblichen Fußballfans der Zutritt versagt ist, versuchen diese sich gelegentlich als Männer verkleidet ins Stadion zu schmuggeln. Ohne Scheiß! Fast so wie bei Monty Pythons „Das Leben des Brian“, in der Szene mit der Steinigung! Der sehr empfehlenswerte iranische Film „Offside“ hat das Thema aufgenommen und wurde dafür auch ausgezeichnet.

Espérance hatte zwar Heimrecht, insgesamt stand jedem Club jedoch die Hälfte des Stadions zu. Wir ließen uns wie so oft auf der Haupttribüne nieder, wobei ich dabei nicht unbedingt behaupten würde, dass es sich um einen neutralen Block handelte. Die Kurve der Espérance-Anhänger war völlig überfüllt, und immer wieder kletterten ein paar Fans über den Trennzaun, um in die Mitte der Haupttribüne auszuweichen. Eine Handvoll Polizisten versuchte zwar, dem Treiben Einhalt zu gebieten, hatte aber nur mäßig Erfolg.

Club Africain wird kurz CA genannt und gilt als Club der Intellektuellen. Seit der Gründung der Liga im Jahr 1921 sind die „Clubistes“ noch nie abgestiegen. Espérance gilt gemeinhin als der Revoluzzerclub, da man zu Zeiten der Zugehörigkeit zum französischen Kolonialreich der einzige rein islamisch geprägte Club des Landes war. Zudem war EST der erfolgreichste Verein Tunesiens.

Auch bei den Fans von Espérance war es üblich, sich mit Devotionalien anderer schwarz-rot-goldener Institutionen zu kleiden. Neben Trikots von AS Roma sahen wir etliche Deutschland- und Belgienfahnen. Sehr zur Freude des Kapuziners entdeckte er in der Kurve sogar eine Fahne des wegen politischer und wirtschaftlicher Unfähigkeit untergegangenen Arbeiter- und Bauernstaates. Ganz nach dem Motto: „Hauptsache schwarz-rot-gold“.

Anhand der Fahnen der Fangruppen konnten wir erkennen, wo die beiden Fanlager ihre Vorbilder hatten. Die „Clubistes“ erinnerten mit Gruppennamen wie „Dodgers“, „Yankees“ und „Winners“ nicht etwa an amerikanische Baseballclubs, sondern an die Fankurven von Olympique Marseille. Auf Seiten von Espérance klang es mit „Supras“, „Ultras“ und „Torcida“ etwas internationaler, aber auch hier war die Fanszene eindeutig europäisch geprägt.

Beide Fankurven sangen sich schon lange vor Anpfiff auf das bevorstehende Duell ein und ließen erahnen, was hier während des Spiels los sein würde, wenn 60.000 Fans loslegen. Zudem konnten wir beobachten, dass die Fangruppen auch etwas fürs Auge vorbereiteten.

Im Oberrang der Espérance-Fankurve wurde vor dem Anpfiff ein Transparent entrollt, auf dem die Botschaft zu lesen war: „12.000 – Ihr träumt von dem, was wir längst erreicht haben“, was sich auf das Saisonziel von 12.000 verkauften Dauerkarten bei Club Africain bezog.

Zum Einlaufen der Teams waren in beiden Fankurven aufwändige Choreographien zu bewundern: Die Zuschauer im Unterrang der Espérance-Kurve hüllten sich mittels Überziehleibchen in rot und gelb. Dazwischen standen vereinzelte Zuschauer mit schwarzen Leibchen. Die schwarzgekleideten Fans ergaben im Kontrast zu den rot und gelb gekleideten Zuschauern arabische Schriftzeichen. Leider war von uns keiner des Arabischen mächtig.

Der Oberrang wurde von den Espérance-Supportern in rote und gelbe Papptafeln getaucht. Dazu wurde in der Mitte eine Überziehfahne herabgelassen, auf der eine Comic-Figur zu sehen war, die im linken Arm einen Löwen und auf dem rechten Arm einen Adler trug. Im Hintergrund gab es dann die zu gewinnenden Pokale für Meisterschaft, Tunesienpokal und afrikanische Champions League zu sehen, und dazu ein überdimensionales Spruchband mit dem alten Revoluzzer-Spruch „Seid realistisch, verlangt das Unmögliche“, der auf das mögliche noch zu gewinnende Triple anspielte.

Auf CA-Seite wurden in den beiden Rängen der Kurve mit roten und weißen Papptafeln der Schriftzug „Club Africain“ ausgelegt, wobei der aufgrund der ungünstigen Sonneneinstrahlung nicht so gut zur Geltung kam (auch generalstabsmäßige Planung kann wichtige Details übersehen). Dazu wurde in der Mitte des Unterranges eine Überziehfahne präsentiert, auf der Moses zu sehen war, wie er das Rote Meer teilt. Nur dass der Weg nicht ins Gelobte Land führte, sondern symbolisch in den Oberrang. Dort war eine weitere Überziehfahne mit dem Wahrzeichen aus der Médina zu sehen, dem „Tor nach Paris“. Die Fahne wurde entzweigerissen, und das Wappen des „Club Africain“ wurde darunter freigelegt. Dazu war auf Transparenten zwischen den Rängen in rot-weißen Lettern zu lesen: „Unser Land, unser Maßstab. Um das zu verstehen, bedarf es nicht eurer Lippenbekenntnisse“.

Die Fangruppen zeigten sich mit diesen gut durchdachten und perfekt umgesetzten Kurvenshows von ihrer kreativen Seite. Der dazugehörige Support beider Seiten war bombastisch, anders kann ich es nicht beschreiben. Es war genial, in welcher Lautstärke die bekannten Melodien aus Europa und Südamerika gesungen wurden. Auch mir noch unbekannte Gesänge auf Arabisch waren zu hören, die ins Blut gingen und sich im Kopf festsetzen. Diese Emotionen waren einfach fantastisch.

Sportlich saß die Enttäuschung vom gestrigen Fallobst-Tag noch tief, da mangelnder Spielfluss sich natürlich negativ auf die Stimmung auswirkt. Heute wurde allerdings sofort offensiv gespielt, und es gab kaum Unterbrechungen. Aus heiterem Himmel fiel das 0-1 für die „Clubistes“, und die Gästekurve schien förmlich zu explodieren in einem gigantischen Torjubel. Die Spieler selbst waren völlig aus dem Häuschen und kamen dabei der Kurve der Espérance-Anhänger zu nahe, aus der ein Geschosshagel von locker 50 mit Wasser gefüllten Plastikflaschen auf die Spieler niederregnete. Die Spieler duckten sich schnell wieder Richtung Spielfeld ab.

Genau aus diesem Grund wurden in den meisten Stadien dieser Erde Getränke nur in Bechern abgegeben oder die Schraubverschlüsse der Flaschen einbehalten. Hier störte sich aber niemand dran. Frei nach dem Motto: Die gegnerischen Spieler sind doch selbst schuld, wenn sie vor der falschen Tribüne jubeln.

Keine drei Minuten später erhöhte CA auf 0-2, und die Gästekurve geriet in erneute Ekstase, während die Gastgeber in einen kurzen Moment des Schweigens verfielen und ihren Unmut mittels auf die Tartanbahn geworfener bengalischer Fackeln ausdrückten.

Die nächsten sieben Minuten gehörten ganz den „Clubistes", wenn sie auch akustisch nicht an die Lautstärke ihrer Gegner rankamen. Irgendwie musste auf dem Platz was passieren, sonst wäre das ganze Derby gefährdet gewesen. Der Referee dachte sich wohl Ähnliches und pfiff bei der passenden Gelegenheit bereits vier Minuten später einen Elfmeter für die Gastgeber, den diese selbstredend verwandelten. In der 29. Minute fiel der Ausgleichstreffer zum 2-2, und das Stadion erlebte einen neuen Roar. Besser konnte es für uns als neutrale Beobachter dieses Spiels gar nicht laufen.

Zur zweiten Hälfte hatten die „Clubistes" eine weitere Choreographie vorbereitet. Zwischen dem Ober- und dem Unterrang wurden auf einer Länge von etwa fünfzig Metern abwechselnd fünfzehn Meter lange rote und weiße Bänder gespannt. Das Gesamtbild ergab die Landkarte Tunesiens, dessen Mittelpunkt das Vereinswappen des Club Africain darstellte. Dazu war der Slogan „Es liegt an uns" zu lesen. Die Botschaft richtete sich klar an die Mannschaft: Das Team sollte noch mal zusätzlich motiviert werden, alles zu geben.

Auf Seiten von Espérance verzichtete man vorerst auf weitere Botschaften. In der 80. Minuten zündeten die „Supras" auf engstem Raum innerhalb von Sekunden locker fünfzig bengalische Fackeln und warfen diese im Sekundentakt unter dem Jubel der Massen auf die Tartanbahn. Die gesamte Kurve sang dazu erst leise ein „Tout allez" und steigerte sich zu einem immer lauteren „Allez Rouges Allez". Das brachte die Tribünen zum Schwingen, und die Stimmung wurde noch mal richtig angeheizt. Die Lautstärke war schlichtweg ohrenbetäubend.

In der deutschen Presse hätte man nach dieser Aktion garantiert von „heftigen Ausschreitungen“ und „unbelehrbaren Chaoten“ lesen können. Gott und die Welt hätten daraufhin wieder beteuert, dass solche Szenen beim Fußball nichts verloren hätten, und dass die Apokalypse bevorstehen würde.

Hier jedoch störte sich keine Sau daran. Man erwartete geradezu, dass die Fans das Stadion zu einem echten Hexenkessel machten, denn das gehört bei einem richtig heißen Derby einfach dazu.

Sportlich blieb es allerdings beim 2-2. Die Spieler schienen von Taktik und Ballabgabe bisher wenig gehört zu haben. Es war zwar glücklicherweise nicht so ein langweiliges Debakel wie das Gekicke vom Vortag – schön anzusehen ist diese Art des Fußballspiels trotzdem nicht.

In dem Moment war mir das herzlich egal. Wenn ich schönen Fußball sehen will, kann ich in Europa bleiben oder nach Südamerika fliegen. Aber actiongeladene Fankurven dieser Größenordnung sind in Europa immer seltener zu sehen. Dementsprechend happy waren wir drei über den gelungenen Besuch.

Nach dem Spiel standen wir vor der Frage des Rücktransports nach Tunis. Aus den Erzählungen von Wolle und Stefan wussten wir, dass dies erfahrungsgemäß größere Probleme bereiten konnte.

Die glücklichen Autofahrer wurden über die Autobahn geleitet, weil die Landstraße, über die wir mit dem Taxi gekommen waren, nach dem Spiel komplett für den Autoverkehr gesperrt wurde. Zum Teil waren die Jungs recht abenteuerlich unterwegs und standen mit zwanzig Leuten auf der Ladefläche eines Pick-Ups.

Die Masse der Zuschauer lief jedoch die kompletten zehn Kilometer zu Fuß zurück in die Stadt. Taxis oder Pendelbusse waren am Stadion leider Fehlanzeige. So blieb auch uns nur der Fußmarsch übrig.

Nach 45 Minuten konnten wir in einer Seitenstraße ein Taxi stoppen, was uns zumindest die letzten zwei Stunden Fußmarsch ersparte.

Der Rückflug nach Frankfurt stand um 4:20 Uhr morgens an, so dass sich eine Übernachtung in der Stadt nicht mehr rentierte. Sehr zu unserem Leidwesen war das Restaurant im „Café de Paris“ leider geschlossen, und unser Plan, die Zeit bis zum Abflug dort zu verbringen, hatte sich erübrigt. Sonntagabend war in der Innenstadt tote Hose angesagt. Wir fanden lediglich ein geöffnetes Restaurant, das auch Essbares anbot. Die Thunfischpizza wurde durch undefinierbares Gammelfleisch mit versalzenen Beilagen ersetzt. Glücklicherweise konnten wir dem ersten Würgegefühl mit ein paar Flaschen „Celtia“ entgegenwirken. Die tunesische Küche kann ich jedenfalls nicht weiterempfehlen.

Sportlich gesehen war Tunesien ein völliger Reinfall, aber in Sachen Atmosphäre waren die Spiele top. Das Derby zwischen Espérance und dem Club Africain hat sich einen Platz in meiner Top 10 der emotionsgeladensten Spiele verdient. In Tunesien war ich bestimmt nicht zum letzten Mal, und beim nächsten Besuch bleibt dann vielleicht auch etwas mehr Zeit, um sich das Land abseits der Stadien anzusehen.

Schön gemütlich, mit einer Flasche „Celtia“ in der Hand, versteckt in einer Plastiktüte.

Kapitel 14

Venceremos

Honeymoon auf Kuba im November 2009

Als Vertreter der alten Kavaliersschule wollte ich meiner Zukünftigen an einem möglichst romantischen Ort einen Heiratsantrag machen. Wer kann schon seiner Freundin zu Weihnachten ein Wochenende in einer Stadt wie Paris oder Venedig schenken, ohne dass diese sofort Verdacht schöpft und den Hochzeitsbraten riecht? Wenn der Freund Groundhopper ist und die Freundin daran gewöhnt, regelmäßig quer durch Europa geschleppt zu werden, nur um sich mehr oder weniger guten Fußball ansehen zu müssen, wird die Verschleierung durchaus einfacher.

Der Januarausflug nach Venedig wurde dementsprechend als Hopping- und Sightseeingausflug getarnt, um möglichst wenig Verdacht zu erregen. Zwischen den Heimspielen von US Triestina und dem SSC Venezia passte ich im abendlichen Glanze Venedigs den perfekten Zeitpunkt ab, um die alles entscheidende Frage zu stellen.

Zu behaupten ich wäre leicht angespannt gewesen, wäre maßlose Untertreibung. Das war schlimmer, als würde ich beim Champions-League-Endspiel auf der Tribüne sitzen, wir schreiben die 93. Spielminute, und die Eintracht führt 1-0 gegen den FC Barcelona, Barca wird vom georgischen Schiedsrichter nach einer astreinen Schwalbe von Thierry Henry ein unberechtigter Elfmeter zugesprochen, Oka Nikolov steht nervös zappelnd im Tor, Lionel Messi nimmt eiskalt Anlauf und...

Glücklicherweise hat Jessica mit „Ja" geantwortet. Und das hab ich im Gegensatz zum Champions-League-Endspiel der Eintracht nicht geträumt.

Wenn man seine Hochzeit plant, ergeben sich ziemlich viele Fragen:
Wen soll ich heiraten? Okay, abgehakt, die Frage war geklärt.
Aber:
Wann und wo wird geheiratet?
Wie groß soll die Feier werden?
Wen laden wir ein?

Nur eine Frage konnten wir noch am gleichen Abend beantworten: Den Honeymoon verbringen wir auf Kuba.

Der Fußball sollte auf der Hochzeitsreise zwar ausnahmsweise nicht im Vordergrund stehen, doch ohne wenigstens ein Spiel zu sehen, wollte ich Kuba nun auch nicht wieder verlassen. Doch das war gar nicht so einfach zu bewerkstelligen.

Die kubanische Revolutionsgeschichte um Fidel Castro und Che Guevara wird in unseren Breitengraden gerne romantisiert. Auch bei Fußballfans, vor allem unter Ultras, gilt die Verwendung entsprechender Motive als äußerst beliebt.

Als man solche Fahnen höchstens bei St. Pauli erwartet hätte, haben mein Bruder und ich bereits den ersten Che-Guevara-Doppelhalter in der Frankfurter Ultraszene gemalt. Passend dazu noch einen mit den Köpfen von Marx, Engels und Lenin. Damit sind wir beim Auswärtsspiel in Cottbus aufgelaufen und haben die Eingeborenen zur Weißglut gebracht. Für uns war das kein politisches Statement, sondern purer Jux und Tollerei; einfach nur, um den Gegner aus der Reserve zu locken.

Nicht wenige Pseudo-Revolutionäre hüllen sich mittlerweile in blinder Verehrung in Che-Guevara-Devotionalien, ohne sich auch nur ansatzweise über die politischen Hintergründe der kubanischen Revolution informiert zu haben – und darüber, welche Folgen dieses System für das Alltagsleben der dortigen Bevölkerung brachte. Oder, in meinem Fall noch viel wichtiger, was dies für die Reiseplanung eines Groundhoppers bedeutet!

Da in totalitären Systemen die Freiheiten eines Internetzuganges auch immer als Gefahr für den Erhalt des Systems gesehen werden, ist die Anzahl der Internetzugänge in Kuba stark beschränkt. Dementsprechend wenige Informationen ließen sich über solche Nebensächlichkeiten wie Fußball aus dem Netz ziehen. Erschwerend kam noch hinzu, dass Kuba keine Fußballnation ist, da in der Karibik Baseball die Liste der beliebtesten Sportarten souverän anführt.

Für größere Schlagzeilen sorgte der kubanische Fußball hierzulande, als der Bonner SC in der Saison 1999/2000 ernsthaft über die Verpflichtung der kompletten kubanischen Nationalmannschaft nachdachte. Die Sache scheiterte aber an den Einreiseformalitäten für die Kubaner.

Kuba rangiert irgendwo im Mittelfeld der FIFA-Weltrangliste und hat bei der WM 1938 in Frankreich zum ersten und letzten Mal an einer Endrunde teilgenommen. Zu behaupten, dass es seitdem still um die Nationalmannschaft geworden ist, wäre wohl mehr als untertrieben. Nach dem Spielplan der FIFA sollte Kuba während unseres Aufenthaltes sowieso kein Länderspiel bestreiten.

Ein Redakteur der kommunistischen Jugendzeitung „Juventud Rebelde" ließ mir großzügigerweise am Vorabend unserer Abreise den Spielplan für das „95. Campeonato Nacional de Futbol" zukommen. Dem war zu entnehmen, dass die kubanische Liga in vier Gruppen mit je vier Vereinen aufgeteilt ist, die von Oktober bis Februar gegeneinander antreten, nur unterbrochen durch eine kurze Winterpause im Dezember. Im März spielen die jeweiligen Gruppensieger den neuen Meister aus. Interessanterweise spielen die Kubaner in der Gruppenphase jeden Samstag und jeden Mittwoch um 15 Uhr. Die Spiele würden zwar alle zeitgleich stattfinden, aber immerhin bestand die Möglichkeit, sich zwei Partien ansehen zu können.

Die frühen Anstoßzeiten unter der Woche ließen aber auch darauf schließen, dass die Stadien nicht über Flutlicht verfügten und dementsprechend wohl nicht sehr groß sein würden. Selbst über die

Fußballstadien des Landes konnte man kaum Informationen, geschweige denn Bilder, im Netz finden. In Sachen Fußball war es also endlich mal eine Reise ins Nichts, bei der nicht schon jedes Detail im Vorfeld bekannt war!

Über Paris flogen wir in die kubanische Hauptstadt Havanna. Air France hatte bei Langstreckenflügen in den Monaten nach dem Flugzeugabsturz auf der Strecke von Rio de Janeiro nach Paris nicht gerade die beste Presse, beruhigenderweise aber erwischten wir eine Maschine neueren Baujahrs.

Am Airport in Havanna machte ich mich noch lustig über die allgemeine Hysterie wegen der Schweinegrippe. Ausnahmslos alle Airport-Mitarbeiter liefen in Schutzmasken herum, und auch wir mussten einen Gesundheitsfragebogen zur Schweinegrippe ausfüllen. Da konnte ich noch lachen.

Aber bereits bei Ankunft in unserem Hotel in Havanna sah es bei mir schon anders aus. Mein Magen-Darm-Trakt machte, was er wollte, und das Fieberthermometer zeigte 39,5 Grad an. Warum wird man eigentlich immer nur im Urlaub krank?

Dank Jessica verfügten wir über eine gut sortierte Reiseapotheke, und ich warf kräftig Dopingmittel in Form von Paracetamol und Imodium ein, in der Hoffnung, über Nacht wieder fitter zu werden.

Am nächsten Morgen sah es immer noch nicht besser aus, aber wir hatten eine Verabredung. Maria ist eine Afrokubanerin und Anhängerin der Santeria, einer religiösen Vermischung aus christlichen und afrikanischen Göttern. Sie hatte Deutsch noch zu Zeiten des Kalten Krieges in der Schule gelernt und nutzte ihre Sprachkenntnisse, um sich mit Stadtführungen für deutschsprachige Ausländer ihren Lebensunterhalt zu verdienen. Und für den Nachmittag stand das erste Fußballspiel zwischen dem Hauptstadtverein Ciudad Habana und dem Club de Futbol de Granma im Estadio Pedro Marrero an.

Den Stadtrundgang durch Havanna erlebte ich nur im Delirium. Mein Kreislauf war im Eimer. Zwischendurch wurde mir immer mal wieder schwarz vor Augen. Ich kann mich zwar erinnern, dass wir durch die Gassen der Hauptstadt schlenderten und auch im Capitol, im Hemingway Museum und sonstwo waren, aber wenn ich die Bilder davon sehe, kommt es mir vor, als hätte ich das alles nur geträumt.

Trotzdem wollte ich nachmittags unbedingt ins Stadion. Mit Fieber und Fußball hatte ich in der Vergangenheit schon schlechte Erfahrungen gemacht: Auf einer Tour nach Norditalien klappte ich bereits vor Abfahrt in Frankfurt mit dem Kopf in meine Pizza, aber 40 Grad Körpertemperatur konnten mich seinerzeit nicht von der Mitfahrt nach Italien abhalten. Derart im Delirium bekam ich weder von der Fahrt noch von den Spielen großartig etwas mit, aber selbst mit hohem Fieber war ich zu verbohrt, um die Tour abzusagen.

Jetzt war ich immer noch genauso dickköpfig und wollte unbedingt ins Stadion, hatte aber eine Frau, die mir ins Gewissen redete, und außerdem regnete es wie aus Eimern. Das Fußballspiel wurde ersatzlos gestrichen. Nachdem Jessica den Mietwagen entgegengenommen hatte, brachte sie mich zurück ins Hotel, wo ich bis zum nächsten Morgen läppische 15 Stunden am Stück durchschlief. War vielleicht doch nicht so schlecht, auf meine Frau zu hören.

Auch am Sonntagmorgen sah es nicht wirklich besser aus. Schüttelfrost, hohes Fieber, und der Magen-Darm-Trakt war immer noch hyperaktiv. Jessie packte mich ins Auto, sammelte Maria als Dolmetscherin ein und brachte mich ins nächste Krankenhaus. In Deutschland mied ich Krankenhäuser schon wie der Teufel das Weihwasser und hasste es bereits, wenn ich eine Klinik auch nur zu Besuchszwecken betreten musste. Nun war ich nicht wirklich scharf darauf, auch noch das Innenleben eines kubanischen Krankenhauses zu erleben. Immerhin brachten mich die Frauen in eine Privatklinik im Botschaftsviertel, und der Warteraum hatte wenigstens den Anschein westlichen Standards.

Der Arzt dort untersuchte mich auch sofort und meinte, dass er davon ausgehe, dass ich mir nur den Magen verdorben hätte. Aber er könne nicht garantieren, dass es nicht doch die Schweinegrippe wäre, und er sei verpflichtet, jeden Fall zu melden. Als Maria plötzlich etwas von einer Verlegung ins kürzlich eingerichtete staatliche Quarantänezentrum übersetzte, wurde ich noch eine Spur bleicher im Gesicht. Jessie und Maria wurden zügig aus dem Raum gescheucht, und ich bekam eine Atemmaske über den Kopf gezogen. Na toll, die ganze Zeit hatte ich mich über die Hysterie um die Schweinegrippe lustig gemacht – und jetzt saß ich in einem kubanischen Krankenhaus und hatte mich möglicherweise mit dem H1N1-Virus infiziert!

Das Quarantänezentrum befand sich außerhalb des Stadtgebietes. Nachdem ich in einen Krankenwagen verfrachtet und auf einen Stuhl geschnallt worden war, fühlte ich mich wie Hannibal Lecter in „Schweigen der Lämmer" und erschreckte an jeder Ampel die kleinen Kinder am Straßenrand. Zumindest hatte ich noch Lust auf solche kleinen Scherze. Das musste doch eigentlich ein gutes Zeichen sein, oder?

Jessie und Maria folgten dem Krankentransport mit dem Mietwagen, und als wir nach zwanzig Minuten die Quarantänestation erreichten, fühlte ich mich in einen schlechten Siebziger-Jahre-Abenteuerfilm versetzt: Das Gebäude sah aus wie eine verlassene Fabrikhalle, mitten im Dschungel. Diverse Fensterscheiben in den oberen Etagen waren zerbrochen, und die Fassade war übersäht mit Rissen, aus denen Pflanzen emporwuchsen. Rund um das Gebäude standen nur Palmen und wilde Sträucher. Wie Havanna sah das nicht mehr aus.

Andere Fahrzeuge oder Menschen waren auch nicht zu sehen. Scheinbar war ich der erste Gast in diesem Domizil für Aussätzige. Ziemlich verlassene Gegend. Außer mir durfte das Gebäude niemand betreten. Jessie und Maria mussten auf dem Parkplatz warten. Das hieß: Ich hatte keine Dolmetscherin mehr zur Verfügung!

Das Krankenhaus erinnerte von seiner Inneneinrichtung an ein Buschkrankenhaus aus „Daktari" oder „Tarzan". Der kahle Raum war mit einem Schreibtisch und einer Liege recht spärlich eingerichtet. Die Instrumente hätten auch aus dem roten Plastik-Ärztekoffer stammen können, den ich als Kind mal besessen hatte. Auf jeden Fall war es nicht mal ansatzweise der neueste Stand der Technik, der hier auf mich wartete.

Die Ärztin und ihre Krankenschwester sprachen nur wenig Englisch, und ich verstand so gut wie kein Wort Spanisch. Das war aber auch nicht weiter schlimm. Erstens hören Ärzte sowieso nicht auf das, was ihnen ihre Patienten erzählen, und zweitens lief die Untersuchung wie in heimischen Gefilden ab: Holzspatel in den Mund geschoben und kurz mal „Ah" gesagt, Fieberthermometer unter den Arm und kurzer Horchtest mit dem Stethoskop.

Nach dieser eingehenden Untersuchung gab mir die Ärztin zu verstehen, dass ich keine Schweinegrippe hätte. Da fiel mir ein echter Stein von Herzen, denn ich hatte mich schon in einer vierwöchigen Quarantäne im Keller dieses Buschkrankenhaus gesehen.

Die Ärztin wollte noch wissen, was ich in den letzten Tagen gegessen hatte. Das war nicht sonderlich viel: In Kuba hatte ich noch gar nichts gegessen. Und das Essen im Flieger war nicht sonderlich berauschend und entsprechend weitgehend von mir ignoriert worden.

Am Donnerstag war ich in Frankfurt mit Jessica noch auf einem Geburtstag bei Freunden, und da gab es eine sächsische Kuchenspezialität namens „Eierschecke". Dieser Kuchen bestand aus vielen roh verarbeiteten Eiern. Mit der Präzision eines Dr. Brinkmann schlussfolgerte die Ärztin nun messerscharf, dass meine gesundheitlichen Probleme garantiert daher rührten. Das erklärte zwar nicht, warum die restlichen Gäste gesund waren, aber wenigstens hatten wir einen Schuldigen ausfindig gemacht.

Mit einem Kichern verpasste mir die Sprechstundenhilfe eine Spritze in den Hintern, und mir wurde ein Rezept für Antibiotika in die Hände gedrückt. Ich musste angesichts der bevorstehenden Spritze in meinen Allerwertesten wohl einen ziemlich entgeisterten Blick draufgehabt haben, denn die beiden Damen lachten sich kaputt. Jetzt konnte ich auch wieder lachen. Und als ich Jessie und Maria später pantomimisch vorführte, wohin mir eine Spritze verpasst wurde, hatten wir alle etwas zu lachen. Jessica war mindestens genauso erleichtert wie ich. Gibt ja nix Schlimmeres, als auf der Hochzeitsreise krank zu werden.

Als es dann noch hieß, die gesamte Behandlung und der Transport wären kostenfrei, war ich vom sozialistischen Gesundheitssystem dann doch hellauf begeistert! Im Gegenzug übergab ich den Damen eine kleine Spende für das Krankenhaus.

Das Gesundheitssystem gehört neben dem Bildungswesen zu den Aushängeschildern des sozialistischen Kubas. Ärzte gehören übrigens zu den „Exportschlagern". Es heißt, dass über 10.000 kubanische Ärzte nach Venezuela ausgeliehen wurden. Im Gegenzug erhielt Kuba dafür wichtige Rohstoffe. Dieses System kann aber auch nur funktionieren, weil es Menschen gibt, die freiwillig im öffentlichen Dienstleistungssektor arbeiten. Ein einfacher Kofferträger verdient in einem Touristenhotel über die Trinkgelder das x-fache von dem, was etwa ein Arzt in einem öffentlichen Krankenhaus verdienen kann. Auf der anderen Seite kann dieses Sozialsystem aber auch nur funktionieren, weil das politische System die Bevölkerung daran hindert, sich frei zu entfalten oder das Land zu verlassen.

Im Grunde erinnerte mich hier vieles an die DDR, nur dass das Klima weitaus angenehmer war und die Regierung keine Zäune brauchte, um die Bevölkerung an der Flucht zu hindern: Das Karibische Meer bildet einen natürlichen antifaschistischen – im kubanischen Sinne einen vor allem antikapitalistischen – Schutzwall.

In Alltagsangelegenheiten wie beispielsweise beim Einkaufen gab es weitere Parallelen. Da gibt es Läden ähnlich dem ostdeutschen „Konsum", in denen man so gut wie nichts kaufen kann. Die Grundnahrungsmittel Mehl, Reis, Nudeln, Salz und ähnliches erhält man in diesen Läden nur über Bezugsscheine. Wer reiche Westverwandtschaft hat, im kubanischen Sinne also meist Exil-Verwandte in Florida, kann mit Devisen in den DDR-ähnlichen „Intershops“ einkaufen gehen. Dort kann man dann mit harter Touristenwährung ein paar „Luxusprodukte“ wie Seife, Shampoo oder Coca-Cola kaufen.

Der US-Dollar galt bis 2004 als offizielles Zweitzahlungsmittel. Das passte nie wirklich zum propagierten Weltbild der Regierung, worauf eine eigene Touristenwährung kreiert wurde, der sogenannte *Peso Convertible*, kurz CUC. Der ist für Touristen das offizielle Zahlungsmittel. Es ist aber nicht so, dass es für alle Waren und Dienstleistungen zwei Preise gibt, also einen für Touristen und einen für Einheimische. Vielmehr benötigen auch die Einheimischen den CUC zum Erwerb von Konsumartikeln, und das ist für einen Großteil der Kubaner ein Ding der Unmöglichkeit.

Das öffentliche Nahverkehrssystem auf der Insel ist ein weiteres Desaster. An der Küste gibt es eine veraltete Bahnstrecke, die uns aufgrund ihrer überfüllten Waggons stark an indische Personenzüge erinnerte, bei denen die Fahrgäste auch auf dem Dach Platz nehmen. Mangels Alternativen besteht das Transportsystem jedoch mehrheitlich aus veralteten Omnibussen und fahrbaren Eigenkonstruktionen. Auf den Straßen sahen wir regelmäßig LKW oder landwirtschaftliche Nutzfahrzeuge, auf deren Ladeflächen sich Menschenknäuel gegenseitig am Umfallen hinderten. Nicht unbedingt die schnellste oder bequemste Art zu reisen, aber bestimmt eine interessante Erfahrung. Wenn man sie auch nicht täglich machen möchte.

Weitaus sympathischer waren hingegen die privaten fahrbaren Untersätze, mit denen die Kubaner unterwegs sind. Mehrheitlich sah man auf den Straßen alte Ladas des ehemaligen Brudervolkes aus der Sowjetunion oder uralte Ami-Schlitten aus den fünfziger Jahren. Die alten Plymouth und Chevrolets gaben einem das Gefühl einer Zeitreise. Amerikanische Modelle können aber seit der Revolution von 1959 nicht mehr importiert werden, und so basteln sich die Kubaner ihre alten Fahrzeuge immer wieder aufs Neue zurecht. Die Mietwagen sind jedoch mehrheitlich europäische oder asiatische Fabrikate, da in dieser Richtung seit der Machtübernahme von Fidel Castros Bruder Raul zumindest kein völliger Stillstand mehr herrscht. Mittlerweile gibt es auf Kuba sogar ein staatliches Handynetz. Allerdings können sich die meisten Kubaner die Nutzungsgebühren kaum leisten. Daher lassen sich die Einheimischen meist auf dem Handy anklingeln und rufen die anrufende Nummer vom nächsten Festnetzanschluss aus zurück.

So richtig fit war ich erst Tage später, aber es ging stetig bergauf, und wir konnten zumindest ein paar Runden um den Malecon drehen. Der Malecon ist die Hafenpromenade von Havanna, und wenn die Brandung gegen die Ufermauern peitscht, schießt die Gischt meterhoch und kracht auf die Fahrbahn runter. Das ist besonders lustig, wenn man als Spaziergänger die Promenade entlangläuft; das spart die morgendliche Dusche.

Durch die vielen Tabletten ist meine Erinnerung an Havanna seltsam getrübt; ich weiß nur, dass mich der koloniale Charakter der Stadt durchaus beeindruckt hat und ich mich schon ärgerte, dass Jessie und ich nicht mehr vom Nachtleben mitnehmen konnten. Außerdem musste auch mein erster Mojito noch einige Tage auf mich warten.

Am Montag verließen wir Havanna in Richtung Pinar del Rio. Jessie war nicht wirklich begeistert, dass sie den Mietwagen steuern musste, aber ich wäre nach der ersten Dopingkontrolle disqualifiziert worden. Da wir etwas von der Insel sehen wollten, ließ sich das im Moment nicht anders machen. Nicht, dass sonderlich viel Verkehr auf den Straßen geherrscht hätte, aber es gab einfach keine Verkehrsschilder, an denen wir uns hätten orientieren können, und das machte das Fahren eben nicht unbedingt einfacher. Ich beschwere mich nie wieder über den Schilderwald in Deutschland.

Während wir uns durch das Straßengewirr Havannas stadtauswärts schlängelten, überquerten wir eine sechsspurige Asphaltstraße.

Die Autobahn hatten wir schon mal gefunden. Aber nirgendwo war ein Schild zu sehen, welche Auffahrt wohin führte, geschweige denn, was von den Zubringern Auffahrt und was Ausfahrt war! Glücklicherweise hatten wir einen kleinen Spielzeugkompass dabei, und da Pinar del Rio im Norden der Insel ist, orientierten wir uns halt an der Kompassnadel. In unserem Roadbook standen zudem die Entfernungen zwischen den einzelnen Städten. Die Ausfahrten waren selbstredend nicht beschildert, und so nahmen wir die Kilometeranzeige des Tachos zu Hilfe, wann in etwa die nächste Ausfahrt kommen könnte. Nicht die genaueste Methode, aber es funktionierte. Irgendwie erinnerte es mich ein wenig an meinen Grundwehrdienst, nur dass der mosernde Unteroffizier in meinem Rücken fehlte, der sich beschwert, weil wir uns schon wieder trotz des „unfehlbaren" Systems mit der Marschkompasszahl verlaufen haben.

Pinar del Rio liegt am Valle de Viñales, einem der größten Tabakanbaugebiete des Landes, das zugleich eine atemberaubend schöne Landschaft ist. Der ortsansässige Fußballverein spielt in der „Bombonera", benannt nach der gleichnamigen Heimat des argentinischen Topclubs Boca Juniors. Leider war in der Stadt kein Spiel terminiert, aber die Region verdankt ihren Bekanntheitsgrad auch nicht den sportlichen Leistungen des Lokalmatadors, sondern ausschließlich dem Tabakanbau.

Kubanische Zigarren sind in den staatlichen Zigarrenläden übrigens fast so teuer wie bei uns zuhause. Daher lohnt sich eigentlich nur der Kauf auf dem Schwarzmarkt. Aber da kann man zum einen tierisch Ärger mit dem kubanischen Zoll bekommen, und zum anderen wird dort oft nur Mängelware angeboten. Mein Kumpel Sascha hatte auf einer Silvesterparty ein einschneidendes Erlebnis mit einer „Original"-Havanna. Der erste Zug war noch okay, aber danach löste sich die Zigarre in ihre Einzelteile auf – weil unter dem ersten Tabakblatt nur Zeitungspapier gerollt war.

Die echten kubanischen Zigarren haben es jedoch mächtig in sich. Als Nichtraucher war ich nach dem Genuss meiner „Romeo y Julieta“ dermaßen platt, dass ich mich die nächsten zwei Stunden nicht von meinem Liegestuhl erheben konnte.

Unser Nachtquartier schlugen wir in einem Hotel am Wasserfall von Soria auf. Das hatte in dieser menschenleeren Gegend schon was für sich, da wir nur von Dschungel umgeben waren und nachts statt Straßen- oder Partylärm die vielfältigen Geräusche des Urwalds hörten. Der Wasserfall an sich war übrigens nicht sonderlich spektakulär, aber die Kletterpartie bis zum Fuß des Wasserfalls war ganz empfehlenswert.

Der Dienstag führte uns wieder in Richtung Süden nach Cienfuegos, einem beschaulichen Hafenstädtchen in der Landesmitte. Etwas abseits der eigentlichen Strecke liegt die „Bahia de Cochinos“, die sogenannte Schweinebucht. Im April 1961 verhinderten die revolutionären kubanischen Truppen an dieser Stelle die Invasion eines aus Exil-Kubanern zusammengestellten und von den USA unterstützten Expeditionskorps. Zur Erinnerung daran wurde ein „Museum der Revolution“ errichtet. Dafür, dass die Verhinderung der Invasion zu den größten militärischen Erfolgen des Systems gehört, ist das Museum für ein sozialistisches Regime doch eher knapp gehalten. Zwei Räume mit ein paar Zeitungsartikeln und ein paar entmilitarisierten Ausstellungsgegenständen sind nicht wirklich sehenswert.

Auf Kuba gibt es keine Filialen amerikanischer Fast-Food-Restaurants. Zumindest noch nicht. In einem Artikel über zukünftige Entwicklungen in Kuba war zu lesen, dass McDonalds bereits 70 mögliche Standorte ins Auge gefasst hätte und nur auf den entscheidenden Machtwechsel warte. In fast allen größeren Städten des Landes findet man aber eine Filiale der einheimischen Burger-Kette „El Rapido“. Allerdings haute uns das Angebot an trockenen Burgern, kalten

Pommes Frites und Salaten nicht vom Hocker. Auch das Essen in den staatlichen kubanischen Restaurants war generell nicht so der Bringer. Kaum frischer Salat oder Gemüse, dafür schwach gewürztes Fleisch, und dazu Weißbrot oder Kartoffeln. Lediglich das Nationalgericht Kubas wusste zu begeistern: „Moros y Cristianos“ (Mauren und Christen) ist ein Reisgericht mit schwarzen Bohnen und anderem Gemüse, das man unbedingt probiert haben sollte.

Am Mittwochnachmittag stand dann nach dem ganzen Sightseeing auch endlich Fußball an. Dass Kuba keine Fußballnation ist, wurde auf der Suche nach dem Spielort zur Genüge verdeutlicht. Die riesigen Flutlichtmasten des 30.000 Zuschauer fassenden „Estadio de 5 de Septiembre“ waren schon von weither zu sehen. Dummerweise war der dortige Spielbetrieb dem örtlichen Baseball Club vorbehalten.

Fußball wird nur im deutlich kleineren „Estadio Municipal Perez de Lozano“ gespielt, das eher einem Trainingsplatz des Baseball-Teams gleicht. Ein einfacher Sportplatz, mit einer Tribüne, die von der Hälfte der Längsseite bis kurz hinters Tor reichte. Eben ganz so, wie man es aus Baseball-Stadien kennt.

Dafür erhielten wir Eintrittskarten schon für 1 Peso Cubano – das sind umgerechnet 0,03 Euro. Das Ticket war ein Stück Löschpapier mit einem Stempel des Stadionnamens drauf und einer mit Kuli eingetragenen Nummer; ein echtes Unikat in meiner Eintrittskartensammlung.

Während im Rheinland der Beginn der närrischen Jahreszeit eingeläutet wurde, saßen wir mit rund 2.000 Einheimischen bei angenehmen 26 Grad auf der Tribüne und warteten auf das Aufeinandertreffen des aktuellen kubanischen Meister FC Cienfuegos und des Vertreters aus dem südlichen Santiago de Cuba. Zwei Dutzend Jugendliche hatten sich mit Trommeln und Trompeten im unteren Tribünenbereich niedergelassen, um die Mannschaft mit rhythmischen Klängen anzufeuern. Fangesänge schienen eher unüblich zu sein, zumindest bekamen wir das gesamte Spiel über keine zu hören. Eine Handvoll Polizisten stand gelangweilt am Rand des Spielfelds und beobachtete abwechselnd die Szenerie auf dem Rasen und der Tribüne.

Bier wurde im Stadion keines angeboten, dafür aber Rum aus Halbliterflaschen, den man dann standesgemäß mit seinen Sitznachbarn teilte. Hinter der Tribüne konnte man süße Teigwaren probieren, und es duftete nach gegrilltem Hähnchen und frischem Maisbrot. Da kam so etwas wie Karibik-Feeling auf.

Das Gekicke auf dem grünen Rasen ließ unsere europäischen Fußballherzen nicht unbedingt höher schlagen. Unsere Erwartungshaltung war auch nicht sonderlich hoch, so dass wir nicht allzu enttäuscht waren. Die Einheimischen feierten jeden Torschuss ihrer Spieler begeistert. Immerhin gab es in der ersten Hälfte zwei zu sehen. Der sportliche Höhepunkt des Matches war der Siegtreffer in der 72. Minute durch den Gästestürmer Ever Hardy, der Santiago de Cuba die Tabellenführung in der Gruppe 4 verschaffte. Bejubelt wurde das Tor nur von den Teamkameraden; Gästefans sind auf Kuba vermutlich höchstens beim Stadtderby in Havanna zu erwarten. Mit Stau auf den Straßen mussten wir nach dem Abpfiff ebenfalls nicht rechnen. Wir waren die einzigen motorisierten Zuschauer.

Nun hieß es, sich zu beeilen: Spätestens um 18 Uhr wurde es stockdunkel auf den Straßen, und somit hatten wir in der Dämmerung arge Probleme, unser knapp 80 Kilometer entferntes Etappenziel Trinidad unfallfrei zu erreichen. Die kubanischen Straßen sind oftmals nur geteerte Feldwege ohne jegliche Fahrbahnmarkierungen. Dafür sind sie mit riesigen Schlaglöchern versehen, denen man tagsüber schon kaum ausweichen kann. In der Dunkelheit ist die Gefahr eines platten Reifens oder eines Achsbruches entsprechend höher, und die gelben Engel gab es dort nicht. Erschwerend kommt noch hinzu, dass viele einheimische Fahrzeuge keine Lichtmaschine besitzen und blind auf den Straßen unterwegs sind – von den vielen Esel- und Pferdekarren ganz zu schweigen. Dank Jessies Fahrkünsten erreichten wir Trinidad aber ohne größere Schäden.

Die nächsten Tage verbrachten wir in dem malerischen Karibikstädtchen. Trinidad ist durchaus eine sehenswerte Kolonialstadt, die sich viel ihres ursprünglichen Charmes erhalten hat. Von dort kann man verschiedene Tagesausflüge in das nahegelegene „Valle de los Ingenios“ starten, einem der größten Zuckerrohranbaugebiete Kubas. Nur einen Fußballverein gibt es in Trinidad nicht.

Auf unseren Exkursionen belächelten wir immer wieder die Horden von Pauschaltouristen, die sich in Reisebussen auf einer festgelegten Touristenstrecke über die Insel kutschieren ließen. Da bevorzugten wir lieber die Erkundung auf eigene Faust, auch wenn sich das nicht immer als ganz einfach erwies.

Ein paar Tage später stand die Weiterreise zu unserem Endziel in Varadero an, wo wir unseren eigentlichen Honeymoon verbringen wollten. Zuvor fuhren wir noch nach Santa Clara, wo die sterblichen Überreste von Che Guevara in einem Mausoleum zur Ruhe gebettet waren.

Der Weg dorthin führte uns durch das Mittelgebirge der „Sierra Escambray“. Eine landschaftlich durchaus ansprechende Mischung aus Gebirge und Tropenwald, aber auch eine der miesesten Straßen, auf der ich jemals unterwegs war. Für die läppischen 80 Kilometer benötigten wir mehr als vier Stunden, da ein etwa 30 Kilometer langes Teilstück der Strecke durch den unbewohnten Dschungel führte. Der geteerte Feldweg war dermaßen zerstört, dass man zeitweise nur Schritttempo fahren durfte, wollte man keinen Achsbruch riskieren. Zudem konnten wir uns nie sicher sein, ob wir noch auf der richtigen Piste waren, da es an den Abzweigungen keinerlei Wegweiser gab. Unser kleiner Peugeot 206 hielt sich wacker, und wir schwitzten abwechselnd am Steuer Blut und Wasser.

Keine Ahnung, wie wir es geschafft haben, ans Ziel zu gelangen, ohne uns zu verfahren, aber wir waren ebenso schweißnass wie erleichtert, als wir endlich in Santa Clara ankamen.

Das Mausoleum am dazugehörigen Platz der Revolution konnten wir gar nicht verfehlen. Che Guevara wurde am 9. Oktober 1967 in Bolivien exekutiert und sein Leichnam dort verscharrt. Erst 1989 konnte die kubanische Regierung die sterblichen Überreste nach Santa Clara überführen.

Auf dem etwas schmucklos wirkenden Platz thront eine bronzene Statue des aus Argentinien stammenden kubanischen Nationalhelden. Unterhalb des Denkmals befinden sich das Mausoleum und ein informatives Museum über das Leben des Revolutionärs.

Von Santa Clara zogen wir weiter nach Varadero, wo wir unsere letzten Urlaubstage in einem auf Hochzeitsgäste spezialisierten Nobelhotel verbrachten. Mit Mojito und Cuba Libre ließen sich am berühmten weißen Strand durchaus ein paar entspannte Tage verbringen, und die hatten wir uns sehr wohl verdient. Und was wir dort sonst noch gemacht haben, geht nur uns beide etwas an.

Fußballerisch war Kuba wie erwartet kein Highlight, aber das stand ausnahmsweise auch mal nicht im Vordergrund der Reise.

Es gibt schließlich Wichtigeres im Leben als Fußball.

Oder etwa nicht?

Seitdem ich das erste Mal auf Reisen war, hat sich, wie du lesen konntest, privat und beruflich bei mir viel verändert, aber dem Groundhopping bin ich immer noch verfallen. Es ist wie eine nicht zu kontrollierende Sucht, die man nie endgültig befriedigen kann.

In meinem Freundes- und Familienkreis sorgt mein Hobby regelmäßig für Kopfschütteln. Manchmal auch für Bewunderung. Doch selbst die Fußballfans tun sich schwer, mein Interesse am Fußball in Nationen wie dem Iran, Albanien oder Namibia nachzuvollziehen.

Mit Nichtfußballfans über mein Hobby zu diskutieren macht die Sache meist noch eine Spur schwieriger. Das ist oft in etwa so unterhaltsam, als würde man sich mit einem Vegetarier über die Vorzüglichkeit eines blutigen argentinischen Rindersteaks unterhalten.

Eine Frage, die mir oft gestellt wird, ist, wie ich das alles eigentlich zeitlich und finanziell auf die Reihe bekomme. Entgegen der landläufigen Meinung sind die meisten Hopper weder arbeitslos, noch haben sie im Lotto gewonnen. Sicherlich gibt es unter uns auch ein paar Lebenskünstler, aber die sind die Ausnahme.

Was soll ich in meinem Fall sagen? Ich hatte eben schon immer flexible Arbeitszeiten. Die meisten Trips starten ohnehin Freitagmittags und enden am Sonntagabend. Unter der Woche fahre ich eigentlich kaum noch zum Fußball, es sei denn, die Eintracht spielt irgendwo, denn die vernachlässige ich zwar oft zugunsten des Hoppens, aber ganz und gar verzichten kann ich auf sie nun auch wieder nicht.

Ansonsten ist aufgrund der Entfernungen unter der Woche fast nur deutscher Amateurfußball machbar, und die Helden der Kreisliga können mich nur selten begeistern. Sicherlich hat es gelegentlich auch seinen Reiz, bei strahlendem Sonnenschein mit einer Flasche Bier und einer Bratwurst in der Hand am Spielfeldrand zu stehen und dem Treiben auf dem Rasen fernab des Profifußballs zuzusehen. Ich kenne genug Hopper, die daran ihren Spaß haben und auch in diesen Ligen voller Tatendrang dabei sind, aber im Grunde genommen ist mir meine Zeit viel zu schade, um sie mit Fahrten zu irgendwelchen Dorfsportplätzen zu verschwenden, nur um das Groundpunktekonto möglichst schnell nach oben zu katapultieren.

Für alle größeren Touren gibt's außerdem den normalen Urlaub, den ich im Gegensatz zu Otto Normalverbraucher nicht mit zwei Wochen All-Inclusive in der Türkei oder Ägypten vergeude.

Der finanzielle Gesichtspunkt ist allerdings so eine Sache. Sicherlich habe ich für mein Hobby über die Jahre trotz aller Spartricks schon ein kleines Vermögen auf den Kopf gehauen. Andererseits bin ich dafür auch ganz schön in der Welt rumgekommen und habe was erlebt, während meine Altersgenossen ihr Geld beim Auto-Tuning auf den Kopf gehauen oder in Kneipen versoffen haben. Solange meine Ausgaben nicht meine Einnahmen übersteigen, sehe ich keinen Grund zur Besorgnis.

Familie und Beruf sind auch kein zwingendes Ausschlusskriterium fürs Groundhopping. Viele meiner Hopperfreunde leben inzwischen in mehr oder weniger festen Beziehungen oder haben sogar Kinder in die Welt gesetzt. Trotzdem zieht es sie immer noch regelmäßig in die Weltgeschichte hinaus. Mir geht es da nicht anders.

Meine Frau Jessica, meine Familie und meine Freunde sind mir inzwischen jedoch wichtiger geworden, als jedes Wochenende auf Tour zu gehen. Was aber garantiert nicht heißen soll, dass ich einen Schlussstrich unter mein Hobby gezogen hätte!

Statt mit meinen Hopperkollegen bin ich nun öfter mit Jessica on Tour. Dabei ist es natürlich von Vorteil, dass Jessica fußballbegeistert ist. Inzwischen stellt sie öfter selbst Forderungen, welche Spiele sie sehen will, wenn wir zusammen unterwegs sind. Ein Ende ist also nicht in Sicht.

Außerdem gilt immer noch der alte Hoppergrundsatz in Anlehnung an die Weisheiten des Sepp Herberger: „Nach dem Hoppen ist vor dem Hoppen“.

Denn die nächsten Touren sind natürlich schon längst geplant.

Danke

- an Jessica für die vielen schönen Stunden zu zweit, aber auch das entgegenbrachte Verständnis fürs regelmäßige Alleinlassen
- allen Freunden und Verwandten, die mir trotz der vielen ausgefallenen Geburtstage, Hochzeiten und anderen Partys nicht die Freundschaft gekündigt haben
- allen *Hopp Hard*-Lesern für die jahrelange Treue
- allen Hopperfreunden für die endlosen geilen Fahrten durch die Weltgeschichte
- an Stephan Trosien von *www.die-fans.de* für die Inspiration zu diesem Buch

ISBN
978-3-9812649-6-8
Euro 12.90

ISBN
978-3-9812649-5-1
Euro 12.90

ISBN
978-3-9812649-2-0
Euro 14.90

ISBN
978-3-9812649-1-3
Euro 14.90

ISBN
978-3-9809064-9-4
Euro 12.90

ISBN
978-3-9809064-8-7
Euro 13.90

ISBN
978-3-9809064-6-3
Euro 12.90

ISBN
978-3-9809064-4-9
Euro 13.90

ISBN
978-3-9809064-3-2
Euro 14.90

ISBN
978-3-9809064-2-5
Euro 14.90

ISBN
978-3-9812649-4-4
Euro 19.80

DIREKT ONLINE BEIM VERLAG ODER IN JEDER BUCHHANDLUNG BESTELLBAR